BASTEI LÜBBE

Abenteuer Leben

JACOB, 13, GLOBETROTTER

JACOB DUFOUR

Afghanistan, Indien, Japan, China, Indonesien ... Das sind nur wenige der Länder, in denen Jacob auf den abenteuerlichen Reisen mit seinen Eltern schon gewesen ist, von denen er in diesem Buch erzählt.

Aus dem Französischen von Sylvia Strasser

BASTEI LÜBBE

BASTEI-LÜBBE-TASCHENBUCH
Band 61908

Deutsche Erstveröffentlichung

Die französische Ausgabe erschien unter dem Titel
MOI, JACOB, 13 ANS, GLOBETROTTER

Printed in Germany, Juli 1996
Titelfoto: Stéphane Korb
Titelgestaltung: CCG, Köln
Satz: hanseatenSatz-bremen, Bremen
Druck und Bindung: Ebner Ulm
ISBN 3-404-61908-0

Der Preis dieses Bandes versteht sich einschließlich
der gesetzlichen Mehrwertsteuer.

Für Mamy und Bon-papa, meine Urgroßeltern

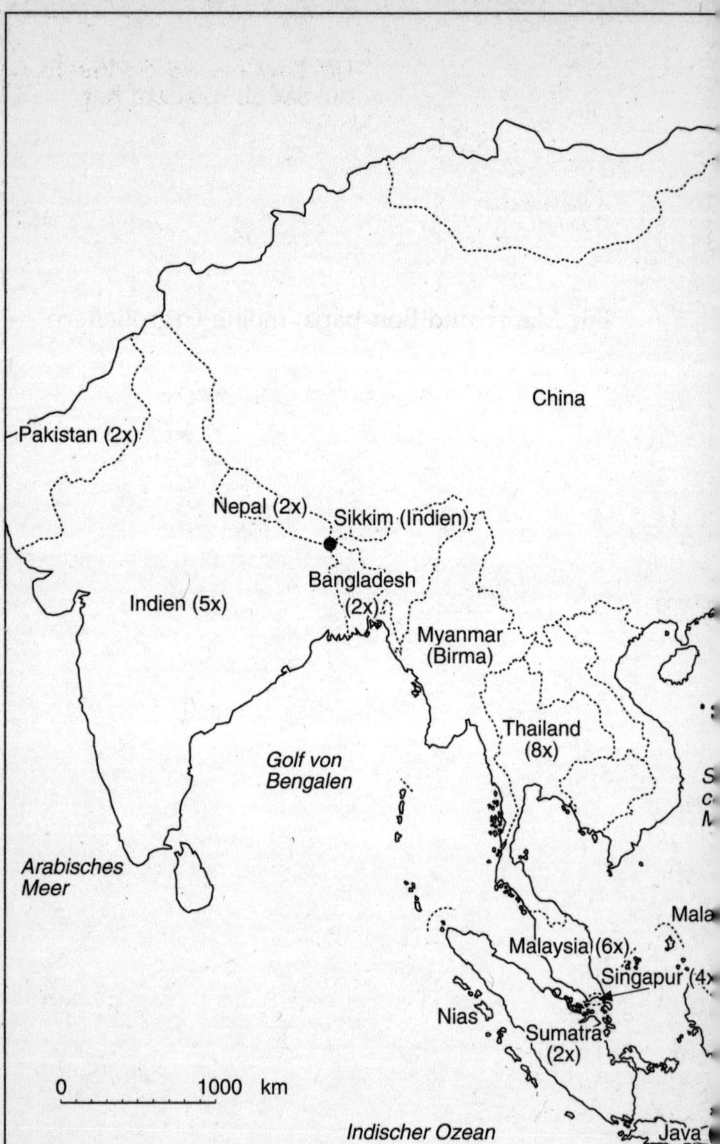

China
Pakistan (2x)
Nepal (2x)
Sikkim (Indien)
Bangladesh
(2x)
Indien (5x)
Myanmar
(Birma)
Thailand
(8x)
Golf von
Bengalen
Arabisches
Meer
Mala
Malaysia (6x)
Singapur (4x
Nias
Sumatra
(2x)
0
1000 km
Indischer Ozean
Java

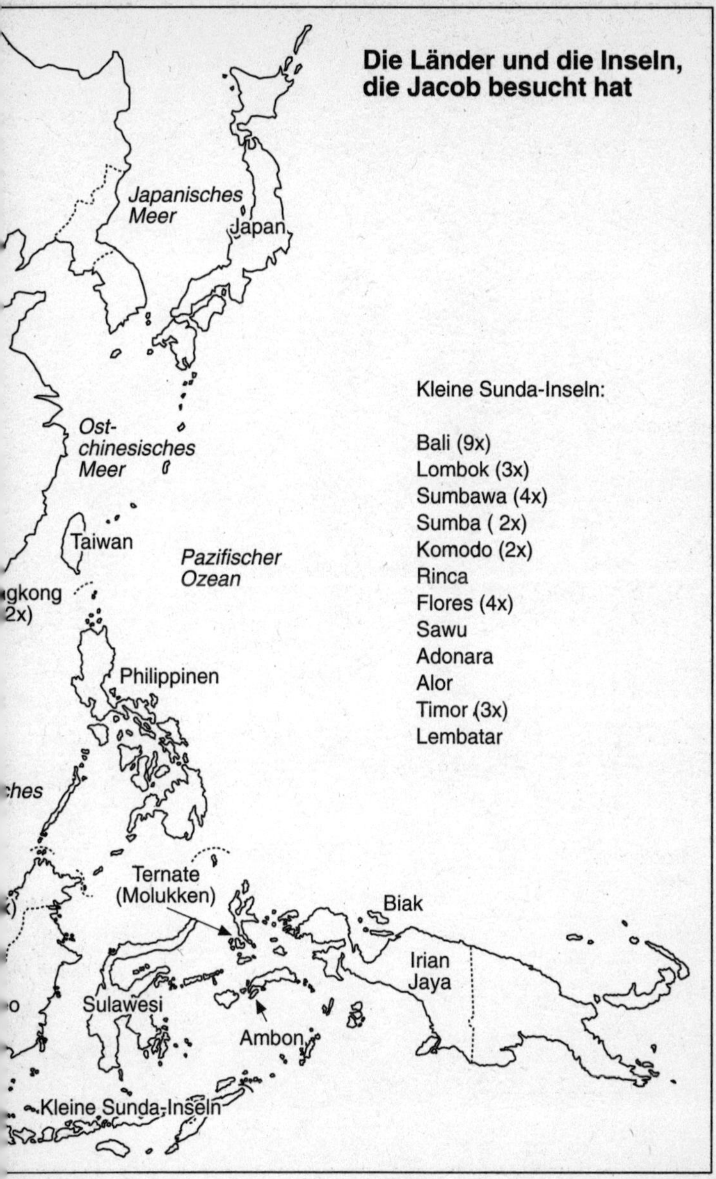

Die Länder und die Inseln, die Jacob besucht hat

1

Als ich noch ganz klein war . . .

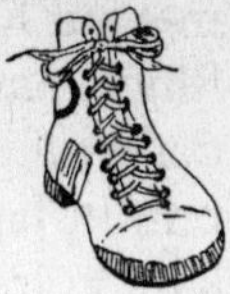

»Willst du lieber einen geruhsamen Winter mit deinen Freunden verbringen? Nervt dich dein Alter vielleicht?«

Die Frage brauche ich meinem Vater nun wirklich nicht zu beantworten. Falls meine Eltern je auf die Idee kämen, mich ins Internat zu stecken und ohne mich zu verreisen, würde ich keinen Bissen mehr anrühren.

Papa wirft einen mißbilligenden Blick auf meinen neuen Gameboy. Arthur tut das, was er meistens tut: Er malt.

»Diesmal folgen wir der Route von Monfreid: Ägypten, Sudan, Äthiopien. Du kommst jetzt in die Tertia, du bist alt genug, um allein zu arbeiten. Arthur kommt in die erste Klasse, mit ihm fangen wir ganz von vorn an.«

Probleme kennt mein Vater nicht, nur Lösungen. Träume werden Wirklichkeit. Es wird eine beschwerliche, mörderische Reise werden, aber ich vertraue ihm. Bei ihm lerne ich mehr als in der Schule. Die Lehrer sind ja ganz nett, aber im Unterricht habe ich das Gefühl, ich vertrödle nur meine Zeit. Man bewegt sich auf der Stelle. Man lebt nicht. Man wartet auf die Zukunft.

Ich bin dreizehn Jahre alt und habe bereits die halbe Welt bereist. Ich war auf Borneo, zweimal in Nepal, in Birma, neunmal auf Bali, viermal auf Java, zweimal auf Sumatra, zweimal auf Sumba, viermal auf Sumbawa, dreimal auf Lombok, auf Nias, dreimal auf Timor, zweimal auf Komodo, viermal auf Flores, auf Lembatar, Alor, Rinca, Sawu, Ternate, Adonara, Sulawesi, Biak, Ambon, den Philippinen, sechsmal in Malaysia, viermal in Singapur, in Japan, zweimal in Hongkong, in Taiwan, in Sikkim, in Irian Jaya, zweimal in Pakistan, in China, fünfmal in Indien, achtmal in Thailand, zweimal in Bangladesh.

Jedes Jahr reisen meine Eltern woandershin, immer auf der Suche nach seltenen Kunstgegenständen. Ich schleppe meine Bücher und Hefte mit und mache meine Schularbeiten, wo wir gerade unser Lager aufschlagen: in einer Jurte in Kasachstan, in einer Hütte bei den Papua, in einem Pfahlbau auf Komodo. Das ist manchmal etwas unbequem, aber mir gefällt es. Mein Schulhaus ist die ganze Welt.

Meine Freunde glauben, ich führe ein Leben wie Tintin: aufregende Abenteuer an jeder Ecke, jede Menge Blut, Angriffe von verrückten Wilden. Und ich mittendrin, auf der Flucht oder um mein Leben kämpfend. So wie im Fernsehen eben.

In Indien habe ich ein paarmal eine Schlägerei auf der Straße miterlebt, aber so etwas ist harmlos. Wirklich schwer zu ertragen sind andere Dinge: Kinder, die auf Bürgersteigen schlafen müssen, Obdachlose, die erfrieren, Schmutz, Elendsviertel, die Aggressivität der Menschen, Seuchen, verheerende Flutkatastrophen. Schwer zu ertragen sind die Fußmärsche mit Gepäck auf dem Rücken, das ungewohnte Klima, die Verkehrsmittel, das Durchhaltenmüssen, obwohl man halbtot ist vor Erschöpfung. Schwer zu ertragen sind die vielen Menschen, die dich anstarren, dich umringen und dir hinterherlaufen, sind die Kinder, die mich ständig anfassen. Sie glauben, weil ich ein Weißer bin, hätte ich alles.

Ich habe ja auch sehr viel. Ich habe das Glück, Franzose zu sein und weder Hunger noch Durst zu kennen; ich habe das Glück, schöne Hefte, funktionierende Füller, ein hübsches Federmäppchen, einen Taschenrechner, einen Gameboy und einen Walkman zu besitzen; ich habe das Glück, *Guns and Roses* hören zu können, einen Vater zu haben, der bestimmt, wo's langgeht, und eine Mutter, die immer für mich da ist, und mit einem strahlenden kleinen Bruder durch die Welt zu reisen und alle paar Monate neue Länder und neue Menschen kennenzulernen. Und trotzdem ist es nicht immer ein Zuckerschlecken.

Im November 1986 hat mein Vater mir das erste Schulheft in die Hand gedrückt. Ich war fünfeinhalb, und wir hielten uns gerade in Jakarta auf. Seitdem sitzt er jeden Abend da, in eine Decke eingemummelt oder nackt unter dem Moskitonetz, und verbringt drei Stunden damit, meine Aufgaben vom Vormittag zu korrigieren und meine Lektionen für den nächsten Tag vorzubereiten.

Mein Vater hat sich immer um mich gekümmert. Daher war es für ihn ganz selbstverständlich, mich auch unterrichten zu wollen. Bis ich ungefähr zwei Jahre alt war, trug er mich auf seinem Rücken kilometerweit durch die Savanne oder quer durch die Berge. Indien, Pakistan und was weiß ich wieviele andere Länder habe ich auf seinen Schultern durchquert, auf dem Kopf ein Käppchen aus Rajasthan zum Schutz vor der Sonne. Als ich dann endlich laufen konnte, hatte er das Schlimmste keineswegs hinter sich: Ich war ständig in Bewegung, wuselte überall herum. Ein paarmal hätten mich meine Eltern beinah verloren, auf irgendwelchen Basaren, in Bahnhöfen, sogar in offenem Gelände.

Einmal, da war ich vier, habe ich im Bahnhof von Bombay mit einem kleinen Inder gespielt. Seine Eltern kamen vom Land und waren ganz fasziniert von meinem blonden Schopf. Irgendwann sind meine Eltern eingenickt, und als sie wieder aufwachten, war ich verschwunden. Mein Vater hat den Bahnbeamten die Hölle heiß gemacht: »Wo ist mein Sohn? Haben Sie meinen Sohn gesehen?« Plötzlich entdeckte er in dem Gewimmel die Bauern, mit deren Sohn ich gespielt hatte. Sie stiegen in einen Zug ein, und ich hinterher, weil ich mich nicht von meinem neuen Kumpel trennen wollte. Paddy, mein Vater, hetzte über den Bahnsteig hinter uns her. Als die Inder sein grimmiges Gesicht sahen, stießen sie mich schnell zurück und entschuldigten sich tausendmal. (In Indien stellt ein blondes Kind einen ungeheuren Wert dar. Es wird als eine Art kleiner Gott betrachtet.)

Ein andermal – das war in Nepal, und ich war noch ein Baby – haben meine Eltern irgendwo im Grünen Rast gemacht. Auf einer Decke hatten sie einen Korb mit Proviant abgestellt, und daneben krabbelte ich. Plötzlich tauchte eine Horde Affen auf, das Essen hatte sie angelockt. Es war ein richtiger Überfall. Und aus mir wäre um ein Haar ein Affenjunge geworden! Einer riß mich nämlich an sich und wollte mich wegtragen. Meinen Eltern gelang es zum Glück, sie mit Steinen und lautem Gebrüll zu vertreiben.

Wer wie wir in der Weltgeschichte herumreist, muß schwindelfrei sein, darf weder see- noch luftkrank werden und in bezug auf Essen und Unterkunft nicht wählerisch sein.

Leider ist mein Magen etwas empfindlich. Aber ich habe schon erhebliche Fortschritte gemacht: Früher habe ich mich nämlich strikt geweigert, überhaupt etwas zu essen. Landestypische Gerichte waren mir ein Greuel. In Indien zum Beispiel habe ich die *Masala dosai* (riesige, mit Süßkartoffeln und Gewürzen gefüllte Eierkuchen) sofort wieder erbrochen. Meine Eltern brauchten zwei Stunden, um mich in einem Luxusrestaurant mit einer Schüssel

Reis und Gemüse zu füttern. »Ich hab' keinen Hunger«, maulte ich. »Ich hasse die Inder! Das ess' ich nicht!« Ich wollte Kartoffelbrei, Pfannkuchen, Hamburger, Früchtejoghurt. Mir war nicht klar, daß die Mehrzahl der Kinder in diesem Land nicht genug zu essen hat. Heute esse ich meinen Teller immer leer, egal, wo ich bin. Ich habe viel zuviel unterernährte Kinder gesehen. Oder, schlimmer noch, Kinder, die wie der letzte Dreck behandelt wurden.

In den indischen Großstädten herrscht ein Mordsverkehr. Einmal habe ich etwas wirklich Schlimmes gesehen. Ein kleines Mädchen war von einem Auto angefahren worden. Von allen Seiten kamen Erwachsene angerannt und zogen das Mädchen an den Haaren von der Fahrbahn, damit der Verkehr nicht länger behindert wurde! Solche oder ähnlich traurige Szenen habe ich einige Male erlebt. Aber das sind Ausnahmen. Meistens macht die Entdeckung der Welt unheimlich viel Spaß. Vor allem die der Tiere. Ich bin auf Pferden, Dromedaren, sogar auf Elefanten geritten. Schlangen haben immer einen besonderen Reiz auf mich ausgeübt. Wie oft hat Mama geschrien: »Nicht, Jacob! Laß die Schlange! Nicht anfassen, hörst du?« In Jaipur habe ich einmal einen alten Inder gesehen, der sich mit seinem Sohn in einen Käfig einschließen ließ, in dem Hunderte von Reptilien krochen. Der Alte winkte mich zu sich. Ich war damals drei. Schlangen in allen Größen und Farben glitten über den Boden auf mich zu, legten sich um meinen Hals, schmiegten sich an mich. Aber ich wußte, daß sie ungefährlich waren, sonst hätte der Alte mich nicht in den Käfig gelassen. Ich fand es so toll da drin, daß ich gar nicht mehr raus wollte.

Ich erinnere mich nicht, jemals wirklich Angst gehabt zu haben. Aber wer sich nicht traut, in kleine Propellerflugzeuge zu steigen, in Busse ohne Bremsen oder auf morsche Flöße, der sollte lieber zu Hause bleiben.

In Sumatra wollten Papa und ich – ich war fünf damals – mit einem kleinen hölzernen Fischerkahn auf die Insel Nias übersetzen. Im letzten Moment kamen Papa Bedenken, weil der Kapitän total betrunken war.

»Na und? Was riskieren wir schon?« meinte Kurt, ein Schweizer mit einer ziemlich großen Klappe, den wir unterwegs zufällig kennengelernt hatten. »Verkehr gibt's dort draußen keinen!«

Nein. Aber jede Menge Haie.

Wir sind dann doch an Bord gegangen. Das Schiff hatte Reissäcke und große Benzinkanister geladen. Der Kapitän nahm mich auf den Schoß, und ich durfte das Ruder halten. Es regnete in Strömen. Das Boot schaukelte ziemlich, mir war schlecht, und der Kapitän stank nach Alkohol. Plötzlich Stille: Der Motor ist ausgefallen. Man hörte nur noch den prasselnden Regen und die Wellen.

Paddy, mein Vater, stürzte herein und rief:

»Das Schiff sinkt! Schnell, Jacob, zieh das an!«

Es gab kein Rettungsboot, nichts. Aber Papa hatte meine Schwimmflügel mitgenommen, und die streifte ich mir über. Die Indonesier, Plastikeimer in der Hand, rannten schreiend übers Deck.

»Im Rumpf klafft ein Riesenloch!« rief Kurt aufgeregt. »Der Motor ist durch den Boden gekracht und abgesoffen.«

Die Mannschaft warf die Reissäcke und die Benzinfässer über Bord. Dann haben alle eine Kette gebildet und die ganze Nacht das Wasser aus dem Schiffsrumpf geschöpft. Ich mußte an Mama denken, sie drehte gerade einen Film in Indien. Ich dachte auch an die Haie. Als ich aufwachte, hörte ich meinen Vater lauthals jubeln, obwohl er sich kaum noch rühren konnte: Der Sturm war vorbei, und das Schiff hatte am Ufer angelegt. Wir waren nicht ertrunken! Und ich hatte zwölf Kilo Schokolade gewonnen. Kurt hatte nämlich versprochen: »Wenn wir heil da rauskommen, bekommst du von mir soviel Schokolade, wie du wiegst.« Er hat Wort gehalten.

Das meiste von dem, was ich mit meinen Eltern zwischen meinem ersten und meinem fünften Lebensjahr erlebt habe, habe ich vergessen. Erst so ab dem sechsten Lebensjahr habe ich angefangen, meine Erlebnisse bewußt im Gedächtnis zu speichern. Von da an kann ich alles ganz genau erzählen.

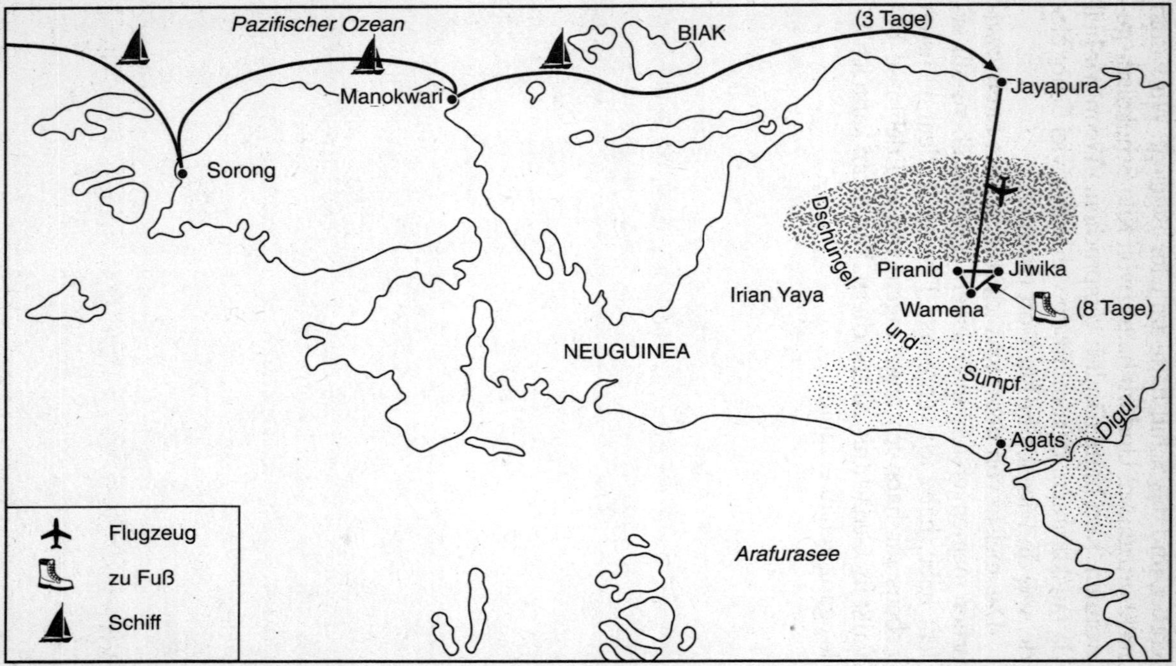
Pazifischer Ozean
BIAK
(3 Tage)
Manokwari
Jayapura
Sorong
Dschungel
Piranid
Jiwika
Irian Yaya
Wamena
(8 Tage)
und
NEUGUINEA
Sumpf
Digul
Agats
Flugzeug
zu Fuß
Schiff
Arafurasee

2

Mein Geburtstag bei den Papuas

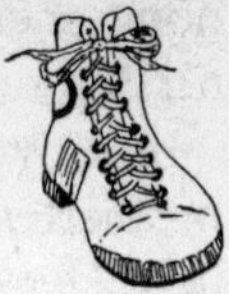

Seit meinem ersten Lebensjahr gehe ich mit meinen Eltern auf Reisen. Wir haben schon überall geschlafen: in Palästen, in schäbigen Absteigen, in Wartesälen, am Strand unter freiem Himmel, auf der Straße in Gesellschaft Obdachloser. Abgesehen vom Essen habe ich meinen Eltern nie ernsthafte Schwierigkeiten bereitet. Aber als ich fünf Jahre alt wurde, mußten sie mich wohl oder übel in der Schule anmelden.

Mein Vater sammelt mit Begeisterung primitive Kunst und ist im Lauf der Jahre Antiquitätenhändler geworden. Er stockt seinen Bestand an Kunstgegenständen jedes Jahr auf. Und Mama hatte keine Lust, zu Hause in Südfrankreich, wo sie sich mehr oder weniger endgültig niedergelassen haben, herumzusitzen und auf ihn zu warten, während er sechs von zwölf Monaten durch die Welt reiste.

Deshalb suchten sie 1985 meinen Lehrer, Monsieur Serrat, auf und erklärten ihm die Situation.

»Ich fühle mich durchaus in der Lage, Jacob Lesen, Schreiben und Rechnen beizubringen«, sagte Papa. »Und was kann seine Aufgeschlossenheit besser fördern als reisen?«

Monsieur Serrat hatte im Grunde nichts dagegen, daß ich von meinem Vater unterrichtet wurde. Er zweifelte nicht an seinen Fähigkeiten, aber würde er unterwegs die nötige Zeit und auch die Energie aufbringen können, Tag für Tag regelmäßig mit mir zu arbeiten?

Das würden wir nur herausfinden, wenn wir es ausprobierten. Es war eine Herausforderung. Mein Vater liebt Herausforderungen.

»Wenn er zurückkommt, wird er das Klassenziel erreicht haben«, versprach Papa.

Nach seiner Unterhaltung mit Monsieur Serrat machte Papa mir unsere Situation klar. Obwohl ich noch nicht einmal sechs war, begriff ich sofort. Die Sache war ganz einfach:

»Wir nehmen dich mit, Jacob, und ich werde dein Lehrer sein. Aber wenn du nicht mitkommst oder deine Hausaufgaben nicht sorgfältig machst, war es das letzte Mal, daß wir zusammen verreist sind, klar?«

Ich begriff noch etwas, das weder mein Vater noch meine Mutter aussprachen, das ich aber aus ihren Blicken ablesen konnte. Da war auf der einen Seite die Schule, der Lehrer, die Freunde, meine kleine Welt. Auf der anderen die Reisen und ein unbedingter Gehorsam meinem Vater gegenüber. Unterwegs ist Papa der Boß. Wir sind immer zusammen, und wir erleben eine Menge Dinge, die uns noch fester zusammenschweißen. Ein solches Leben ist nur möglich, wenn ich meine Eltern wirklich liebe. Ich habe die Frage in ihren Augen gesehen, und ich brauchte keine Sekunde über die Antwort nachzudenken.

Mama ist mit mir in die Stadt gegangen, um Hefte, Schreibzeug und einen robusten Schulranzen zu kaufen.

»Den behältst du immer bei dir, egal, wo du bist, im Flugzeug, im Bus, überall. Dieser Schulranzen enthält alles, was du für dein Leben brauchen wirst.«

Ich versprach es.

Als wir nach Hause kamen, saß Papa mit ernstem,

aber zufriedenem Gesicht über eine riesengroße Karte gebeugt. Ich zeigte ihm meinen Ranzen und fragte, wo wir hinfahren würden.

»Zu den Papuas, kleiner Mann!«

Das war am anderen Ende von Indonesien, ganz unten rechts. Ich habe mir die Karte genau angesehen. Da würden wir Stunden unterwegs sein, mit dem Flugzeug, dem Bus, dem Schiff, zu Fuß. Und dann die Affenhitze! Aber was sich mein Vater vornimmt, das führt er auch durch. Er träumt von irgendeinem fernen Land, und Mama und mich steckt er mit seinen Träumen an. Und eines Tages wird der Traum Wirklichkeit.

Meine vierte große Reise konnte beginnen.

Das war im November 1985. Im April des folgenden Jahres wollten wir wieder zurück sein. Monsieur Serrat erwartete mich dann zum letzten Trimester. Es lag in meinem eigenen Interesse, den vorgesehenen Lehrstoff zu bewältigen.

Wir landeten auf dem Flughafen von Jakarta. Ein Schiff sollte uns auf die Insel Java bringen, bevor wir nach Sulawesi übersetzen. Aber als wir im Hafen von Surabaya ankamen, ging es Mama sehr schlecht.

Im Jahr zuvor hatte sie in Indien eine Stechapfelvergiftung bekommen. Seitdem litt sie unter furchtbaren Angstzuständen, die immer wieder auftraten. Einen Tag, bevor wir an Bord gehen sollten, geriet sie in Panik und weigerte sich, die Reise fortzusetzen. (Dabei ist sie sonst die waghalsigste von uns allen!) Auf Rat des Hotelmanagers ließ Papa eine *Dukun*, eine heilkundige Zauberin, holen, die ihr die Angst aus dem Leib ziehen sollte.

Ich hatte schon viel von diesen Hexen gehört und nichts Gutes. Die Frau, die unser Hotel betrat, war klein, hatte ein verschrumpeltes Gesicht und pechschwarze

Zähne vom Tabakkauen. Sie lächelte und hatte sanfte Augen. Für eine Hexe sah sie sehr nett aus. Sie nahm Mamas Hand und sagte:

»Komm, entspann dich. Hab keine Angst.«

Mama ging mit ihr. Sie schlossen sich im Zimmer ein. Papa und ich liefen zum Fenster: Drinnen lag Mama auf dem Bett, und die Hexe bohrte ihr die Faust in den Bauch.

»Mama weint ja! Die Frau tut ihr weh!«

Aber Papa meinte: »Das sind Tränen der Erleichterung. Die Zauberin massiert ihr die Leber.«

Als die *Dukun* fort war, eilten wir zu Mama. Sie hatte ziemlich viel Gallenflüssigkeit ausgespuckt und war dann mit einem Lächeln auf dem Gesicht eingeschlafen. Alles würde gut werden.

Wir fuhren also mit dem Schiff nach Sulawesi, das frühere Celebes hieß. Die Häuser dort sehen ein bißchen wie große Boote aus, und über der Tür hängt ein Büffelkopf. Seltsam ist das Ritual der Totenbestattung. Bevor der Tote in den Bergen begraben wird, wird eine Figur aus Holz geschnitzt und mit den Sachen des Toten bekleidet. Dann stellt man die Figur in der Felswand hoch über dem Dorf auf. *Tau-Tau* heißen diese Holzpuppen. Sie sind schon ein merkwürdiger Anblick, wie sie so das Dorf bewachen.

Die Reise im Bus und im Geländefahrzeug quer durch den Archipel hat drei Wochen gedauert. Andauernd ging etwas kaputt: Wenn wir keine Reifenpanne hatten, dann einen Motorschaden. Ich war auch völlig kaputt. Mein verlängerter Rücken tat mir ganz schön weh. Aber da muß man durch. Wir sind über Schlammpisten gefahren, auf denen die Räder nicht mehr griffen. Einmal saßen wir in einem Kleinbus, dicht gedrängt wie Ölsardinen. Es war dunkel, und es regnete, als der Fahrer unvermittelt anhielt und uns aufforderte auszusteigen. Draußen wurde mir klar, warum: Der Wagen stand vor einer Holzbrücke, die lediglich aus zwei Brettern rechts und links bestand. Und da sollte er rüber? Niemals! Doch, der Fahrer schaffte es, blind sozusagen, denn es war ja stockdunkel. Papa hat mich auf seine Schultern gesetzt und sich dann auf eins der Bretter gewagt. Ich spürte, wie seine Beine schlotterten. Tief unter uns rauschte ein reißender Fluß. Als ich auf der anderen Seite war, ging Papa zurück, um Mama herüberzuhelfen. Wir stiegen wieder ein. Keiner sagte etwas. Wir hatten eine Heidenangst ausgestanden.

In den Nestern auf unserer Route gab es höchstens eine Wellblechbaracke, wo wir schlafen konnten. Ich weiß noch, einmal kamen wir in einen Ort namens Poso. In der Küche hockte ein rot-grün-gelber Papagei. Abends, nachdem mein Vater Diktat mit mir geübt hatte, holte ich den Papagei und ließ ihn auf meinem Heft herumtrippeln. An Manado kann ich mich noch besser erinnern: Das ist die letzte Stadt auf Sulawesi. Meine Eltern hatten ein Boot gemietet, sie wollten tauchen und sich die Korallenbänke ansehen. Ich mußte solange im Boot warten, ganz allein. So was mag ich überhaupt nicht! Was soll aus mir werden, wenn sie nicht zurückkommen? Aber sie sind bald wieder aufgetaucht, sie hatten nämlich Angst vor den Haien.

Wo wir auch hinkamen, jeder mußte mich anfassen. Die Leute berührten meine Arme, meine Waden und strichen mir unablässig übers Haar, das von der Sonne gebleicht war. Die Menschen dort haben alle schwarze Haare und eine dunkle Haut. Ich kann es nicht leiden, wenn man mich anfaßt. Als ich zwei, drei Jahre alt war, wollte ich in kein Dorf: Sämtliche Kinder stürzten sich auf mich und kniffen mich, um zu sehen, ob ich echt war. Ich bekam Angst und schloß mich in unserem Kleinbus ein. Mein Vater zerrte mich heraus, hob mich auf seine Schultern und raste zur Hütte des Dorfältesten. Der verjagte dann die Kinder mit einem Stock. Aber sie kamen immer wieder und warteten auf mich. Sobald ich den Kopf zum Fenster rausstreckte, fingen sie an zu brüllen wie die Wahnsinnigen. Sie wollten mich unbedingt berühren, befingern, begrapschen. Sie hatten noch nie in ihrem Leben einen kleinen Weißen gesehen. Und ich hatte noch nie in meinem Leben einen solchen Haufen Verrückter gesehen.

Ich will nichts als meine Ruhe. Ich weiß noch, einmal, in Thailand, da war ich fünf, wurde gerade das Wasserfest gefeiert. Ein Thaijunge winkt mir: »*Come on, come on!*« Ich mache ein paar Schritte auf ihn zu, und er schüttet mir Wasser ins Gesicht. Ich fackele nicht lange und haue ihm eins auf die Nase. Mama meinte, ich käme ganz nach meinem Vater.

Am andern Ende von Sulawesi bestiegen wir ein richtiges großes Schiff. Das war super, wir hatten eine Kabine mit sauberen Betten und einer Dusche, die sogar funktionierte!

»Nutzen wir die Überfahrt, um vorzuarbeiten«, sagte Papa. »Wer weiß, was uns bei den Papuas erwartet.«

Die ersten Hausaufgaben hatte ich gleich nach unserer Ankunft in einem Hotel in Jakarta gemacht. Ich schrieb die Wörter ab, die Papa in Schönschrift an den Rand des Hefts geschrieben hatte: *Schule, Wange, Garten . . .* Lesen lernte ich mit Hilfe eines kleinen Buchs im Großdruck. Es handelte von Béatrice, ihrem Freund Yves und ihrem Hund. Die Geschichte war ein bißchen doof, aber sie erfüllte ihren Zweck. Abends las mein Vater mir immer etwas vor, meistens islamische Märchen, und das war toll.

Nach dem Diktat schrieb ich eine Reihe von Wörtern

ab. Ich hätte gern in einem Aufsatz meine Erlebnisse festgehalten, aber das schaffte ich noch nicht. Da hatte Papa eine prima Idee: Ich solle Fotos von unserer Reise in mein Heft kleben, dann hätte mein Lehrer eine Vorstellung von den Orten, die ich besucht hatte. Monsieur Serrat war wichtig für mich. Bei den Schularbeiten dachte ich an ihn. Mein Vater unterrichtete mich zwar, aber als meinen Lehrer betrachtete ich Monsieur Serrat. Ihm hatte ich Rechenschaft abzulegen.

Unterwegs legte das Schiff an der Insel Ternate an, die zu den Molukken gehört. Es ist eine winzige Insel voller Gewürze und Papageien. Die Bewohner haben mich in einem fort angefaßt. Es war so schlimm, daß wir in eine Kneipe geflüchtet sind. Der Wirt führte uns in einen Raum über der Küche, damit wir unsere Ruhe hatten. Neugierig, wie Mama nun mal ist, stöberte sie in Truhen und Schränken herum und entdeckte altes chinesisches Porzellan, Silberschmuck und Goldmünzen in blechernen Keksdosen. Anscheinend war der Wirt ein Pirat!

»Hier bleiben wir keine Sekunde länger«, entschied Papa. »Los, wir gehen zurück aufs Schiff.«

Aber Mama wollte dem Mann unbedingt den Schmuck abkaufen. Papa war dagegen:

»Schwer zu sagen, wieviel der wert ist.« Er witterte eine Falle.

»Eins will ich dir sagen, Paddy«, maulte Mama, während sie hinter Papa her trottete, der mit großen Schritten dem Schiff zustrebte. »Du hast nicht den geringsten Geschäftssinn!«

»Ich habe vor allem keine Lust, im Gefängnis zu landen.«

»Denn sonst wüßtest du«, fuhr Mama unbeirrt fort, »daß die Geschichte eines Schmuckstücks oft doppelt soviel wert ist wie das Schmuckstück selbst. Und der Schmuck eines Piraten, das ist ein Traum!«

Meine Eltern sind nicht immer derselben Meinung, aber da jeder recht hat und die Argumente des andern akzeptiert, gehen sie schrittweise aufeinander zu, bis sie sich einig sind.

Ein paar Tage später, draußen auf dem Meer, erscholl plötzlich lautes Sirenengeheul. Ich machte gerade Schularbeiten und fuhr erschrocken zusammen.

»Schnell, raus aus der Kabine!« rief Mama und griff nach den Rettungswesten. »Wir sinken!«

Ich raffte meine Hefte und meine Spielsachen zusammen. Wenn schon, dann sollten sie mit mir untergehen. Mama war in heller Aufregung. Ich nicht. Ich hatte ja bereits Erfahrung in diesen Dingen. Man braucht bloß das Wasser rauszuschöpfen, dann ist der Fall erledigt. Dachte ich.

Ganz außer Atem kamen wir auf dem Deck an. Im gleichen Moment verstummte die Sirene. Es war nur eine Alarmübung gewesen. Ich fand das echt doof und hatte keine Lust mehr, meine Schularbeiten zu machen. Papa wurde wütend.

»Du setzt dich augenblicklich an deine Rechenaufgaben! Morgen sind wir in Neuguinea.«

Endlich bei den Papuas! Ich stand den ganzen nächsten Tag an der Reling und wartete darauf, daß nach vier Tagen auf See die Küste Neuguineas auftauchte.

Lange Fischerboote legten längsseits am Schiff an.

»Achtung, die Kannibalen kommen«, witzelte Papa.

»Ich hab' keine Angst! Hier klettern sie bestimmt nicht rauf, das schaffen sie nicht. Außerdem finde ich, sie sehen ganz normal aus. Wie wir. Bloß, daß sie schwarz sind wie mein Freund Joseph aus der Vorschule.«

»Eine unbekannte, ursprüngliche Welt liegt vor uns«, meinte Mama.

Wir gingen im Hafen von Jayapura an Land. Irian Jaya heißt dieser Teil Neuguineas. Die Stadt war häßlich und schmutzig. Papuas, die nur mit einer Unterhose bekleidet waren, bettelten um Geld, damit sie Arrak (ein unglaublich starkes alkoholisches Getränk) kaufen konnten. Papa wollte ihnen nichts geben. Da wurden sie aggressiv und schubsten uns. Papa hielt ein Taxi an.

»Wir schlafen im Flughafen, da ist es sicherer.«

Ich streckte mich auf einer Bank aus und sagte kein Wort. Ich war furchtbar enttäuscht.

Am andern Morgen stiegen wir in eine kleine Maschine ein und überflogen den Dschungel. Ich schmiegte mich eng an Mama. Die Luftlöcher behagten mir gar nicht.

»In der grünen Hölle dort unten sind Krokodile, Schlangen und Moskitos zu Hause«, sagte Papa.

»Und warum gehen wir da nicht hin?«

»Es gibt keine Straße, Jacob.«

»Wie groß ist Neuguinea eigentlich?«

»Ich weiß nicht genau. Jedenfalls größer als Frankreich.«

Das Flugzeug landete auf einer Piste inmitten eines wunderschönen Tals namens Balien, wo es keine Moskitos, keine Schlangen und der kühlen Nächte wegen leider auch keine Krokodile gab. Ich hätte so gern welche gesehen. Vielleicht ein andermal. Die Papuas gefielen mir auf Anhieb. Ich fand sie drollig mit ihrem Nasenschmuck und den schwarzen Korkenzieherlocken. Was auf mich besonders komisch wirkte, war die Hülle über ihrem Schniedel (Paddy nennt es einen Penisköcher). Sie trugen Steinäxte sowie Bögen und Pfeile aus Holz. Einige hatten sich Muschelketten umgehängt.

Als wir auf sie zugingen, um sie zu begrüßen, wichen sie erschrocken zurück.

»Sie mögen die Weißen nicht«, erklärte mir Mama. »Sie halten uns für Tote, die zurückgekommen sind, um ihnen Ärger zu machen.«

Womit denn? Wir hatten keine Waffen. Bloß kleine Messer, um uns im Fall eines Angriffs verteidigen zu können. Angeblich sind die Papuas gefährlich: Es sind Wilde. Mir kamen sie ziemlich klein vor. Papa überragte jeden von ihnen um einen guten Kopf.

Mein Vater verhandelte mit einem muschelgeschmückten Papua um einen Schlafplatz für uns. Diesmal wurde ich nicht enttäuscht. Unsere Unterkunft war spitze: eine große, runde Holzhütte. Eine Wanne stand davor. Aber als ich am Hahn drehte, kam kein Wasser.

»Kommst du mit, Jacob?« rief Mama. »Ich geh' einkaufen.«

Das Dorf heißt Wamena. Papuas mit Schniedelhülle und Pfeil und Bogen spazierten über den Markt. Sie sprachen ganz leise miteinander. Die Frauen trugen Röcke aus Bananenfasern. Ihre Oberkörper waren nackt, und sie hatten einen ziemlichen Hängebusen.

»Ihre Brüste sehen aus wie Waschhandschuhe.«

»Das kommt daher, daß sie Schweine säugen.«

»Du lügst, das glaube ich nicht!« Ich schaute Mama an. »Stimmt das?«

Papa erzählt oft die tollsten Sachen, aber manchmal stellt sich hinterher heraus, daß er mir keinen Bären aufgebunden hat. Und da Mama ihm nicht widersprach, stimmte es ja vielleicht doch . . .

Die Papuas ernähren sich von Karotten, Gurken, Tomaten und Süßkartoffeln. Im Urwald essen sie alles, was sie in die Finger bekommen: Menschen, Frösche, Raupen, Regenwürmer. Ich habe versucht, das alles aufzuschreiben, aber die Wörter sind so lang, daß es eine Ewigkeit gedauert hat.

Die Papuas sind von Beruf Krieger und Jäger. Die Dörfer führen Krieg gegeneinander. Es finden richtige Schlachten statt, an denen nicht selten Tausende teilnehmen. Wenn es einen Toten gibt, ist der Kampf zu Ende. Eines Nachts hörte ich Schüsse. Ein Papua aus einem benachbarten Dorf hatte eine Frau und zwei Schweine gestohlen. Aber die Papuas besitzen keine Gewehre, lediglich Steinäxte und Bögen. Es waren indonesische Polizisten, die geschossen haben, um die Gemüter zu beruhigen.

Polizeibeamte aus Java waren in das Gebiet geschickt worden, um die Papuas zu überwachen. Sie schienen nicht sehr glücklich über ihre Aufgabe. Die Fenster an ihren Häusern haben sie vergittert. Sonntags mähen sie den Rasen in ihren winzigen Gärten, und die Papuas schauen ihnen verständnislos dabei zu: Was hat es für einen Sinn, das Gras zu mähen, wenn es sowieso wieder nachwächst?

Ein alter Krieger mit Schniedelhülle und Kraushaar hat mir beigebracht, mit Pfeil und Bogen umzugehen. (Der Bogen besteht aus Holz, die Sehne aus Bambus. Es gibt verschiedene Arten von Pfeilen: solche für Fische, für Vögel und für Menschen. Die, die zur Jagd auf Fische verwendet werden, haben drei Spitzen. Das sind die schönsten. Und ein Tempo haben die drauf, wenn sie abgeschossen werden! Irre!)

»Jacob! Wo bleibst du denn? Jetzt rufe ich dich seit einer Viertelstunde!«

Es war besser, Mama nicht länger warten zu lassen. Ich ließ Pfeil und Bogen fallen und rannte zurück zur Hütte. Sie war voll von Papuas, die einen in Unterhose, die andern mit Hülle. Was war denn hier los? Schweigend (sie reden ohnehin nicht viel) sahen sie Mama zu, wie sie Kerzen anzündete. Sechs Kerzen. Fast hätte ich meinen Geburtstag vergessen! Ich bin sechs geworden. Ich blies die Kerzen aus, und meine Eltern klatschten und riefen: »Bravo!« Die Papuas fuhren erschrocken zusammen. Fremde Geräusche machen ihnen angst.

»Pack dein Geschenk aus«, sagte Mama.

Aus einer blauen Schachtel packte ich einen großen Dinosaurier aus Plastik mit einer beweglichen Zunge und riesigen weißen Zähnen aus. So etwas hatten die Papuas noch nie gesehen. Ich packte den Dinosaurier am Schwanz und lief knurrend auf sie zu. Da flohen sie Hals über Kopf aus der Hütte und versteckten sich draußen hinter der Hecke. Sie wollten nicht mehr hereinkommen, nicht einmal, als Mama sie mit Kuchen lockte.

Aber am andern Tag kamen sie wieder. Einer ihrer Anführer mit Schniedelhülle und Muschelkette stand in der Tür, während wir frühstückten. Er wollte ein hartgekochtes Ei. Ich gab ihm meins. Er riß es mir förmlich aus der Hand und lief davon. Am nächsten Morgen konnte ich ihn überreden hereinzukommen, aber hinsetzen wollte er sich nicht. Er nahm das Ei und verschwand wieder. (Eier als Nahrungsmittel sind ihnen unbekannt, sie essen hauptsächlich Schweinefleisch mit Süßkartoffeln.) Als er das nächste Mal kam, setzte er sich zu mir. Ich versuchte, ihm das Kartenspielen beizubringen, eins von den ganz einfachen. Zuerst dachte ich, er hätte es kapiert, weil er gewann. Aber dann merkte ich, daß das Zufall gewesen war. Er dachte nur an eins: wie er sein Ei bekommen könnte.

Er war nicht der einzige, der uns besuchte. Die Papuakinder kamen auch regelmäßig zu uns. Sie warteten draußen vor der Hütte, bis ich meine Schularbeiten gemacht hatte, und dann spielten wir Ball. Einmal wollte ich ihnen einen Schreck einjagen. Leute erschrecken mache ich besonders gern. Ich habe eine Taucherbrille mit Schnorchel aufgesetzt und bin nach draußen gelaufen. Die sind vielleicht gerannt! Der einzige, der keine Angst hatte, ist mein Freund geworden. Wir haben uns gebalgt und Murmeln gespielt, und ich habe ihm das Malen beigebracht. Er war ganz schön auf Draht, er hat ziemlich schnell begriffen. Vielleicht lag das daran, daß er eine Unterhose trug.

Mama meinte, es sei Zeit, daß ich wüßte, wie die Verben »sein«, »haben« und »lieben« im Präsens konjugiert werden. Sie überlegte, wie ich es am schnellsten lernen könnte, und hatte eine Idee. Als Beispiele schrieb sie mir für das Verb »sein« auf: »Ich bin der Freund eines Papua, du bist der Freund eines Papua, er/sie/es ist der Freund eines Papua usw.«. Für das Verb »haben«: »Ich habe einen Freund aus Papua, du hast einen Freund aus Papua, er/sie/es hat einen Freund aus Papua usw.«. Und für das Verb »lieben«: »Ich liebe die Papuas, du liebst die Papuas, er/sie/es liebt die Papuas usw.«. Leicht zu merken, oder?

Nachmittags lief ich nackt durch das hohe Gras der Savanne. Dornen, vor denen man sich hätte in acht nehmen müssen, gab es nicht. Die Pfade führten in den Wald hinauf, wo die Frauen Salz holten. Dazu weichen sie große Blätter in einem Loch mit Salzwasser ein. Dann zerkauen sie sie zu einem Brei, den sie zu Klumpen formen und in der Sonne trocknen lassen. Anschließend werden die Brocken mit einem flachen Stein zerstampft, bis das Salz herausfällt. Als ich ihnen dabei zusah, fiel mir etwas Merkwürdiges auf: Die älteren unter den Frauen hatten überhaupt keine Finger mehr.

Ich erzählte es Papa.

»Für jeden Toten schneiden sie sich ein Glied ab«, erklärte er mir. »Eins, wenn ihr Mann stirbt, eins beim Tod ihres Vaters, ihres Bruders, ihres Cousins, ihres Sohns, ihres Schwiegervaters.«

Ein Glück, daß sie nicht so alt werden, sonst würden ihnen zehn Finger nicht reichen!

Überall im Tal und versteckt im Wald liegen wehrhafte Dörfer. Sie sehen ein bißchen wie das Dorf von Asterix aus. Um jedes ist eine Palisadenwand gezogen. Vor dem schmalen, sehr niedrigen Eingang steht ein Wächter. Das Dorf, das wir besuchten, hatte einen besonders furchteinflößenden Aufpasser. Er war noch größer als Papa und schaute ganz grimmig. Er trug eine Schniedelhülle und hatte einen Speer in der Hand. Als wir an ihm vorbei wollten, stürzte er sich auf Mama und packte ihren Zopf. Sie stieß einen Schrei aus:

»Er wird ihn mir noch herunterreißen!«

Sie hatte sich einen falschen Zopf angesteckt, damit die Papuas sie noch schöner finden sollten. (Bravo, Mama, das ist dir geglückt!) Wenn der Wächter zu fest daran zog, würde er den falschen Zopf in der Hand halten, und dann würde er denken, die Weißen hätten einen Zauber angewendet. Er würde Angst bekommen und gefährlich werden. Eine dumme Situation. Meine Mutter verteidigte ihren Zopf. Schließlich gab der Wächter widerwillig auf und ließ uns hinein. Mama machte sich ganz klein, als sie neben Papa durch die Öffnung schlüpfte.

Drinnen wurde Papa plötzlich klar, daß wir uns in einer verzwickten Lage befanden:

»Jetzt sind wir hier gefangen. Das gefällt mir gar nicht.«

In der Dorfmitte stand ein langes Haus, in dem die Frauen, die Küche und die Schweine untergebracht waren. In den kleinen runden Hütten ringsherum wohnten die Männer. Der Dorfälteste erwartete uns vor seiner Hütte. Er verlangte Geschenke. Er war schon sehr alt, seine Hülle auch. Papa überreichte ihm Salz und ein Messer (die Papuas kennen kein Eisen). Der alte Mann sah das Messer ganz komisch an – und fuhr sich plötzlich damit über die Kehle! Ich hätte um ein Haar aufgeschrien. Wenn er sich nämlich schnitt und Blut floß, würde er glauben, wir wollten ihn töten, und das würde Krieg bedeuten. Aber keiner warnte ihn, weder Papa noch unser Führer. Der Dorfälteste redete mit lauter Stimme auf seine Männer ein und fuchtelte dabei in einem fort mit dem Messer herum. Jetzt piekste er seine Krieger auch noch in den Arm! Wenn das mal gutging . . . Unser Führer schielte zum Ausgang. Er dachte genau das gleiche wie ich. Ich behielt ihn im Auge, nur für den Fall, daß er auf die Idee käme, uns hier sitzenzulassen. Plötzlich wandte sich der Dorfälteste ab und lief in seine Hütte.

»Jetzt holt er den Kochtopf«, sagte Papa.

Mama und ich rückten noch ein bißchen näher an ihn heran; immerhin war er der Größte. Ich schaute mich um. Ich war der einzige, der ganz nackt war. Alle trugen Hüllen (meine Eltern hatten mir extra für den Besuch hier auch so ein Ding überstreifen wollen, aber es hatte zu weh getan).

In Hemd und Unterhose kam der Dorfälteste wieder heraus. Er trug einen Mann in seinen Armen. So was hatte ich noch nicht gesehen: Er war ganz schwarz, zusammengekrümmt, nackt und hatte Papageienfedern auf dem Kopf. Voller Stolz zeigte der Dorfälteste uns seinen Freund.

»Das ist eine Mumie«, sagte Papa. »Die Mumie eines großen Kriegsherrn.«

Unser Führer erklärte uns, wie die Papuas ihre Freunde haltbar machen: Sie entleeren den Toten durch das Hinterteil über dem Feuer; der Rauch dringt durch das

Loch im Hintern in den Körper ein und konserviert ihn. Ich habe die Mumie berührt. Die Haut fühlte sich warm an und wie aus Pappe. Der Dorfälteste setzte den Pappkameraden auf einen Stuhl und gab uns zu verstehen, daß er ein Foto von seinem Freund haben wolle. Genauer gesagt, von ihm und uns dreien. Er legte großen Wert darauf. Also haben Papa, Mama und ich uns um den geräucherten Toten gruppiert, und unser Führer hat das Foto gemacht.

»Autsch!« schrie Mama plötzlich auf.

»Was ist denn?«

»Mich hat einer in den Hintern gezwickt!«

»Selber schuld, das kommt davon, wenn man so einen schönen Po hat.«

»Au! Schon wieder! Tu doch was!«

Papa drehte sich um und fing an zu lachen. Ein Krieger versuchte schüchtern, Mama auf sich aufmerksam zu machen, indem er sie mit seiner Speerspitze in den Po piekste. Er deutete auf eine ganze Reihe wunderschöner Waffen, die er ihr verkaufen wollte. Mama war nicht nachtragend, sie kaufte ihm mehrere ab.

Dann ging sie mit den Papuafrauen, die ihr die Schweineunterkunft zeigen wollten. Papa und ich betraten das Männerhaus. Es war stockdunkel da drin, und es roch nach Rauch. Fenster gab es nicht. Der Eingang, der so niedrig war, daß selbst ich mich bücken mußte, war die einzige Öffnung. Ich erkannte eine Art hölzerne Plattform, die wahrscheinlich als Schlafplatz diente. An den Wänden hingen flache, grüne Steine mit Federn dran.

»Setz dich doch mal ans Feuer, Jacob!«

Mama war uns gefolgt. Sie wollte ein Foto von mir machen. Plötzlich gab es draußen ein riesiges Geschrei. Was war denn jetzt los? Wir gingen hinaus, um nachzusehen.

Das ganze Dorf hatte sich um den Dorfältesten versammelt und zeterte aufgeregt. Da hatten wir den Salat! Bestimmt hatte er irgend etwas Dummes mit seinem Messer angestellt. Denkste! Es war Mama, die den Fehler ihres Lebens begangen hatte. Sie hatte das Männerhaus betreten! Das war ein schweres, ein unerhörtes Vergehen. Besonders die Frauen führten sich wie die Verrückten auf. Kreischend hüpften sie auf und ab wie Grashüpfer und forderten, daß Mama bestraft wurde. Unser Führer versuchte sie zu beschwichtigen: »Sie hat es nicht gewußt. Sie ist eine Weiße, eine Unwissende.« Er redete lange und sehr schnell. Wir warteten beklommen auf das Urteil. Nach einer Weile kam der Führer zu uns. Er machte ein ernstes Gesicht. Wir müßten dem Dorfältesten Geld anbieten, sehr viel Geld, um Mamas Ausrutscher wiedergutzumachen. Wenn nicht, würde man uns zum Essen dabehalten – als Essen wohlgemerkt. Paddy zückte ein Bündel mit 100-Rupien-Scheinen. Der Dorfälteste tat, als zählte er mit, und als er fand, es sei genug, sagte er, wir sollten gehen. Das ließen wir uns nicht zweimal sagen.

Ich wäre gern wieder nach Hause gefahren, weil ich es nicht erwarten konnte, meinen Freunden Pfeil und Bogen zu zeigen und wie ich damit umzugehen verstand. Aber Papa hatte andere Pläne.

»Wir werden eine andere Route zurück nehmen, und zwar über die Insel Flores. Von dort fahren wir nach Jakarta und weiter mit dem Flugzeug zu den Philippinen, wo wir einen kleinen Tauchurlaub einlegen werden.«

Was Papa sagt, wird gemacht. Ich habe mir vorgenommen, später mal genauso zu werden wie er.

Bevor wir aus Indonesien abgereist sind, haben wir einen Brief an meinen Lehrer geschrieben. Mama meinte, es sei höchste Zeit.

Lieber Monsieur Serrat,
wir hoffen, Jacobs Arbeiten fallen zu Ihrer Zufriedenheit aus. Was uns betrifft, so nehmen wir unsere neue Aufgabe sehr ernst. Wir arbeiten durchschnittlich zwei Stunden täglich mit Jacob. Die restliche Zeit streunt er herum oder spielt mit seinen Legosteinen. Wir versuchen, ihn möglichst normal aufwachsen zu lassen. Er spricht übrigens oft von Ihnen und Ihrem ›heiligen Zorn‹. Von seinen Klassenkameraden hat er sich insbesondere an Stéphane, Jonaye, Sébastien, Dimitri und Gilles ein gutes Andenken bewahrt, an den Rest, vor allem die Mädchen, kann er sich nicht mehr so genau erinnern.

Was den Lehrstoff angeht, kommt er gut voran (die Lektionen 1 bis 26 haben wir durch). Lesen und Schreiben macht ihm viel Spaß. Außerdem kann er bis 79 zählen und die entsprechenden Zahlen schreiben; addieren kann er ebenfalls. Seit einiger Zeit interessiert er sich für Englisch. Deshalb möchten wir Sie bitten, uns ein geeignetes Lehrbuch zu schicken sowie Fotokopien der Gedichte, die Sie bisher durchgenommen haben. Vielen Dank im voraus!

Paddy, Anne und Jacob.

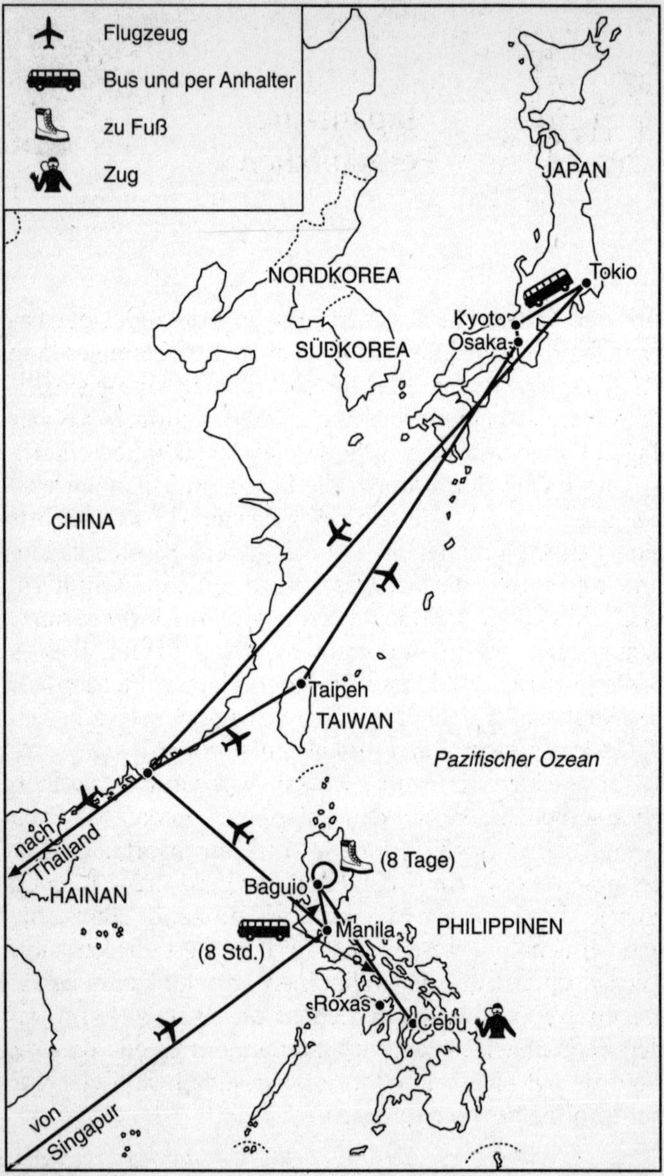

Flugzeug
Bus und per Anhalter
zu Fuß
Zug
JAPAN
Tokio
Kyoto
Osaka
NORDKOREA
SÜDKOREA
CHINA
Taipeh
TAIWAN
Pazifischer Ozean
nach Thailand
HAINAN
(8 Tage)
Baguio
Manila
PHILIPPINEN
(8 Std.)
Roxas
Cebu
von Singapur

3

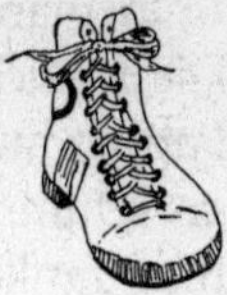

Japanische Fettnäpfchen

Auf der Karte sieht Flores nicht sehr groß aus. Über Papas Daumen gepeilt ist die Insel etwa 400 Kilometer lang (14.275 Quadratkilometer). Er dachte, man könne sie ohne weiteres an einem Tag durchqueren. Irrtum: Nach vier Tagen hatten wir noch nicht einmal die Hälfte geschafft!

Unser Weg führte durch die Berge, an Vulkanen vorbei, über reißende Flüsse hinweg. Dauernd hatte der Bus eine Panne. (Einmal blieb er vor einem Kloster liegen, und da hievten die Fahrgäste mich auf ihre Schultern, und ich stibitzte Pampelmusen aus dem Klostergarten.) Wir setzten uns ins Gras und warteten darauf, daß es weiterging. Ich winkte solange den kleinen Pferden auf der Straße zu (wegen der vielen Schlaglöcher setzen sich die Männer lieber aufs Pferd als aufs Moped).

Zu guter Letzt, wenn auch mit Verspätung, landeten wir dann doch noch auf den Philippinen, genau wie Papa gesagt hatte. Manila erinnerte mich an Jakarta: Es war genauso dreckig. Am Abend hat man ganz graue Kleider, soviel Abgase blasen die *Jeepneys* (stinkende Taxis, die wie Christbäume geschmückt sind) in die Luft. Ich kann mich noch gut an die Philippinen erinnern, zum einen wegen der prächtigen Reisfelder, die treppenförmig an den Berghängen liegen, und zum andern wegen unserer Besuche auf einem Friedhof und in einem Bordell. Nur zur Information, versteht sich.

In manchen Straßen lag eine Bar neben der andern. Die Mädchen, die dort arbeiteten, waren schöner als die Papuafrauen. Sie tanzten barbusig oder schmiegten sich an schimmernde Stahlstangen, während die Männer ihr Bier tranken und ihnen dabei zuschauten. Als ich hereinkam, hörten sie auf zu tanzen. Sie eilten auf mich zu und gaben mir einen Kuß. »Du bist aber süß!« Ich bin ganz rot geworden und habe mich nicht mehr vom Fleck gerührt. Im Spiegel habe ich sie heimlich beobachtet. Ich hatte Angst, sie würden mich aufziehen, weil ich noch so klein war. Hoffentlich würde ich nicht wieder rot anlaufen!

»Ich trinke mein Sprite aus, und dann gehen wir«, sagte ich.

»Sei doch nicht so schüchtern«, erwiderte Papa.

»Ich finde es blöde, dein Bordell. Ich würde lieber wieder zum Bowling gehen.«

Am nächsten Tag wartete eine weitere Pflichtübung auf mich.

»Was wir dir jetzt zeigen, gehört zu den Dingen, die du fürs Leben wissen mußt«, sagte Mama und nahm mich bei der Hand.

»Später einmal wirst du in einem Sarg liegen, in einem tiefen Loch, ganz allein«, fügte Papa hinzu. »Je eher du dich mit dem Gedanken vertraut machst, desto besser.«

Wir betraten eine Höhle in den Bergen. Drinnen ging es abwärts, immer tiefer in den Berg hinein, bis wir in einen Raum gelangten, wo ungefähr ein Dutzend Särge kreuz und quer durcheinander standen. Bei manchen war nicht einmal der Deckel richtig zu. Mir war das ein bißchen unangenehm. Mama öffnete einen der Särge.

»Das macht man nicht«, tadelte Papa sie.

»Ich will ja nur einen Blick hineinwerfen.«

Ich hatte bis dahin noch nie einen Toten gesehen. Der Mann im Sarg trug Shorts und ein T-Shirt mit dem Aufdruck einer Biermarke. An seinen Beinen war noch Haut, und seine blauen Sandalen hatte er auch noch an.

Jetzt, wo ich wußte, was Sterben bedeutete, wollte ich so schnell wie möglich fort von diesem Ort.

»Genauso langweilig wie euer Bordell!«

Wir besuchten noch eine weitere Höhle. Wenigstens gab es da keine Leichen. Wir leuchteten den Weg mit Petroleumlampen aus, während wir tiefer und immer tiefer ins Innere der Erde vorstießen.

»Das Höhlensystem hat insgesamt eine Länge von fünfzig Kilometern«, sagte Papa.

Manche Höhlen waren riesengroß, mit Bergen und Flüssen wie an der Erdoberfläche. Papa und Mama stiegen in wassergefüllte Becken und schwammen darin herum. Mich hätten keine zehn Pferde da hineingekriegt. Das Wasser war ganz dunkel. Man konnte nicht das geringste sehen. Vielleicht lauerten irgendwelche Tiere da drin. Oder es gab Strudel, die einen in die Tiefe saugten. Und wenn plötzlich die Taschenlampen ausgingen? Und wir uns im Dunkeln verirrten? Ich will endlich hier raus!

»Hör auf zu quengeln, Jacob!«

Wir robbten durch die Gänge wie Indianer. Ich kam mir vor wie in einem Darm, der kein Ende nehmen wollte. Ich wußte nicht einmal mehr, ob wir aufwärts oder abwärts krochen.

»Jetzt sind wir bestimmt schon zwei Stunden hier drin!«

»Du weißt doch gar nicht, wie lange das ist: zwei Stunden.«

»Doch weiß ich das. So lange brauche ich morgens für meine Schularbeiten.«

Papa leuchtete auf seine Armbanduhr. »Ich werd' verrückt! Weißt du, wie lange wir hier unten sind, Anne? Sechs Stunden! Ich habe jedes Zeitgefühl verloren.«

»Mir geht's genauso«, erwiderte Mama zufrieden.

»Ich weiß nicht, was das ist, Zeitgefühl«, sagte ich, »aber eins weiß ich: Sechs Stunden, das ist so lang wie ein halber Tag im Bus!«

Meine Eltern nehmen einfach nichts ernst! Manchmal wünschte ich, sie würden mal einen richtigen Denkzettel verpaßt bekommen. Aber da ich immer mit ihnen zusammen bin, würde es mich dann ja auch treffen. Also lieber nicht. Ich begnüge mich damit, blaß zu werden und zu schmollen.

Später, am Strand, ging es schon wieder los. Sie wollten tauchen, um sich die Korallenbänke und die großen Fische anzusehen. Sie meinten es ernst: Sie liehen sich Anzüge und Sauerstoffflaschen, obwohl sie die Flaschen überhaupt nicht bedienen konnten. Aber so ist das immer: Plötzlich haben sie eine Idee, und schon wird die Sache in Angriff genommen. Aber diesmal habe ich Terror gemacht. Wir waren ganz allein an diesem Strand. Wir kannten keinen Menschen. Was, wenn sie nicht zurückkämen? Wer würde sich um mich kümmern? Mit mir in der Welt herumreisen? Mich unterrichten? Ich wollte nicht, daß sie ins Meer hinausschwammen und mich hier allein ließen. Ich fing an zu weinen.

Papa motzte mich an. Er machte ein paar Schritte ins Wasser. »Brr! Ist das kalt! Ich hasse kaltes Wasser.«

»Und ein schöner Fleck zum Tauchen ist das auch nicht gerade«, meinte Mama. »Suchen wir uns lieber einen andern Platz.«

Super!

In Manila bekam Mama die Adresse einer Modeagentur in Osaka. Und weil meine Eltern pleite waren, beschlossen sie, nach Japan zu fahren und dort einen Job zu suchen. Unser Flug ging über Hongkong. (Als das Flugzeug zur Landung ansetzte, flog es so dicht an den Häusern vorbei, daß ich den Chinesen beim Löffeln ihrer Glasnudelsuppe zusehen konnte.) Auf dem Flughafen herrschte ein Wahnsinnsgedränge. Und laut war es! Mir dröhnte der Schädel. Wir betraten einen Wolkenkratzer, der mindestens fünfzig Stockwerke hatte. Auf jeder Etage gab es irgend etwas anderes: Hotels, Restaurants, Ateliers, Chinesen, Araber, Weiße. Und alles traf sich im Fahrstuhl. Mir war ganz schwindlig. Auf der Etage der Inder stiegen wir aus und marschierten ins Hotel. Und da erwartete uns eine Überraschung. Der Empfangschef war sich sicher, daß er Mama kannte. Dabei war sie zum ersten Mal in Hongkong.

»Doch, doch, irgendwoher kenne ich Sie. Ich habe ein gutes Gedächtnis für Gesichter, ich irre mich bestimmt nicht.«

»Vielleicht haben Sie mich in dem Film *Tan Badam* gesehen. Ich trete in einem verführerischen Badeanzug auf und tanze. Die Szene muß Sie sehr beeindruckt haben.« Mama drehte sich zu Papa um. »Ich habe gehört, daß die indischen Männer vor lauter Begeisterung ihre Kinosessel zertrümmert haben, als sie mich auf der Leinwand sahen. Habe ich dir das noch nicht erzählt?«

»Angeberin!«

Wir hatten noch nicht mal ausgepackt, da klopfte es an der Tür. Draußen stand der Manager: Er habe die Videokassette gefunden, teilte er uns aufgeregt mit. Wir gingen mit ihm hinunter und sahen uns den Film an. Er spielt in Indien, die Inder singen und tanzen, ein Zwerg treibt allerlei Unfug und dann: Mama, barfuß, im Badeanzug, wie sie singend und tanzend einen gutgekleideten Inder bezirzt. Ich war auch ganz weg: meine Mama im Fernsehen! Das hat mich umgehauen.

Papa grinste, machte ein paar Witze und klatschte zu guter Letzt Beifall. Er war sehr stolz auf Mama.

In Hongkong erwartete uns auch eine postlagernde Sendung von Monsieur Serrat. Er hatte mein Heft bekommen und gratulierte mir. Ich habe mich riesig gefreut.

Da wir kaum noch Geld hatten, konnten wir keine großen Sprünge machen. Schließlich hatte Papa eine Idee, wie wir umsonst nach Japan fliegen könnten. Jeder erfahrene, abgebrannte Reisende kennt den Trick. Man muß nichts weiter tun, als Cognac und Fotoapparate nach Taiwan und Osaka mitzunehmen. Echten französischen Cognac wohlgemerkt. Die reichen Japaner sind ganz wild darauf, manche trinken ihn sogar zu den Mahlzeiten. Auf Obst sind sie genauso scharf, sie bezahlen eine Menge Geld für Kirschen und Orangen.

In Taiwan winkte der Zollbeamte uns einfach durch.

»Gute Organisation«, bemerkte Papa.

»Wahrscheinlich gehört er dazu«, meinte Mama.

Vor dem Flughafen wartete ein Wagen. Ein Chinese mit Sonnenbrille chauffierte uns zu einem Haus außerhalb der Stadt. Als wir den Cognac und die Fotoapparate auspackten, erlebten wir eine böse Überraschung. Die Flasche, für die ich verantwortlich gewesen war, war kaputtgegangen. (Das mußte passiert sein, als ich zur Toilette gegangen und die Flasche, die ich unter meinem Pullover versteckt hatte, heruntergefallen war, weil ich nicht mehr daran gedacht hatte.) Der Chinese mit der Sonnenbrille regte sich schrecklich auf. Er rief in Singapur bei einem andern Chinesen an. Das Ergebnis war, daß wir die kaputte Flasche ersetzen mußten und der Chinese auf unsere weitere Mitarbeit verzichtete.

»Jetzt sind wir deinetwegen rausgeflogen«, sagte Papa.

Bevor wir Taiwan verließen, nahmen wir uns die Zeit, Monsieur Serrat mein zweites Heft zu schicken und ein paar Zeilen dazuzuschreiben:

Lieber Monsieur Serrat,
haben Sie vielen Dank für Ihre Antwort, die uns in Hongkong erreichte. Jacob hat sich sehr darüber gefreut. Wir waren gespannt auf Ihre Beurteilung seiner Leistungen. Am 9. März hat er mit seinem dritten Übungsbuch begonnen.

Da wir täglich zweieinhalb Stunden mit ihm arbeiten, Diktat und Grammatik eingeschlossen, dürfte er den leichten Rückstand bald aufgeholt haben. Zumal wir weder Ferien kennen noch Sonntage!

Nach einer Woche in Manila und einem zweitägigen Zwischenstopp in Taiwan werden wir nach Japan weiterfliegen, wo wir zur Aufbesserung unserer Finanzen einen Monat arbeiten werden. Nach zwei, drei weiteren Kurzaufenthalten in Asien werden wir voraussichtlich im Mai nach Frankreich zurückkehren.
Herzliche Grüße,

Anne, Paddy, Jacob.

Wir kamen mitten in der Nacht in Osaka an. Wir waren naß bis auf die Haut und hatten keinen Pfennig in der Tasche. Meine Eltern waren mit gemischten Gefühlen nach Japan geflogen, weil das Leben hier sehr teuer ist. In der Jugendherberge schickte man uns weg. Wir klapperten die Hotels ab, aber entweder waren sie zu teuer oder ausgebucht. Japan ist wirklich ein merkwürdiges Land. In einer Bar, die eigentlich keine Bar, sondern ein Imbiß war, lief ein Fließband rings um die Theke, und auf diesem Fließband standen Teller mit irgendwelchen Speisen, die wie Plastik aussahen und ganz komisch rochen. Da konnte einem ja der Appetit vergehen! Wir versuchten es noch einmal in der Jugendherberge. Diesmal drohte Papa dem Herbergsvater damit, vor der Tür zu übernachten, falls er uns nicht reinließ. Das half.

In der ersten Nacht schliefen wir im Tischtennisraum

auf dem Boden. Am andern Tag wurden Plätze frei, und Mama schlief bei den Mädchen, Papa und ich bei den Jungs.

Die Schlafräume waren winzig, die Betten übereinandergestellt wie Legosteine. Jedesmal, wenn ein Japaner hereinkam, blieb er stehen und sagte: »*Hoje.*« Alle anderen Japaner sahen ihn an und erwiderten: »*Hoje.*« In meinem Zimmer war ein Japaner, der nur im Bett lag. Ich spielte mit meinen Legosteinen. Ich hatte mir ein Raumflugzeug gebaut und lief hin und her, den Flieger am ausgestreckten Arm schwenkend. Jedesmal, wenn ich hinausrannte oder hereinkam, blieb ich stehen und sagte: »*Hoje*«. Und der Japaner stand auf und erwiderte: »*Hoje.*« Ihm blieb gar nichts anderes übrig, wenn er nicht unhöflich erscheinen wollte.

Im Waschraum für Männer gab es keine einzelnen Kabinen. Alle gingen gemeinsam zum Waschen. Man hockte sich nackt auf einen Holzschemel und spritzte sich mit einem Schlauch ab. Danach setzten sich alle in ein großes Becken mit warmem Wasser.

Die Modeagentur entpuppte sich ebenfalls als Organisation: eine, die Prostituierte von den Philippinen ins Land schleuste.

»Tut mir leid, aber das war wohl nichts«, sagte Mama.

»Wir fahren nach Tokio«, entschied Papa. »Dort finden wir eher einen Job.«

Wir packten also unsere Sachen, um per Anhalter nach Tokio zu fahren. Papa hatte gehört, in Japan sei Trampen die reine Freude. Die Autofahrer halten nicht nur gleich an, sondern laden einen auch zum Essen ein und geben einem Geld, damit man den Besuch in ihrem Land unter erfreulicheren Bedingungen fortsetzen kann. Ich hatte den höflichen Japaner, der nie aus dem Bett kam, gebeten, unseren Zielort in seiner Sprache auf ein Stück Pappe zu schreiben.

Wir stellten uns also erwartungsvoll lächelnd mit unserem Pappschild an den Straßenrand – und erlebten eine herbe Enttäuschung. Nicht einer hielt an. Alle drehten den Kopf zur Seite, als ob unser Anblick sie anwidern würde. (Sehr viel später erfuhren wir, warum: Der Anblick einer Familie, die aus Not zum Trampen gezwungen ist, beschämt die Japaner. Das bedeutete nämlich, daß wir nicht gastfreundlich aufgenommen worden waren. Trampen funktioniert nur bei einem einzelnen. Eine ganze Familie am Straßenrand stößt auf Ablehnung.) Wir hatten alles falsch gemacht. Die Japaner waren uns ein Rätsel. Und meine Eltern lernten nichts dazu. Weil die Fahrkarte nach Tokio zu teuer war, lösten sie eine bis Kyoto, um dann von dort schwarz weiterzufahren.

»Ich regle das mit dem Schaffner«, sagte Papa. »Ihr stellt euch am besten schlafend.«

Ich schaute zum Fenster hinaus. Draußen flitzten nur Städte vorbei. Gibt es denn in Japan keine Wiesen, Felder und Wälder? Ein Angestellter in weißer Uniform schob einen Servierwagen durch den Zug. Er blieb vor unserem Abteil stehen, sagte *»Hoje«* und begann aufzuzählen, was er alles hatte.

Ich sprang auf und sagte: *»Hoje.«*

Er unterbrach sich mitten im Satz. *»Hoje.«*

Worauf ich antwortete: *»Hoje.«*

Was ihn zu der Entgegnung nötigte: *»Hoje.«*

»Das reicht, Jacob. Laß den Herrn zufrieden.«

Ich krümmte mich vor Lachen. *»Hoje.«*

Ärgerlich ging er weiter.

Dann kam der Kontrolleur. Ich tat, als ob ich schliefe, aber ich kriegte alles mit. Er betrachtete die Fahrscheine, die Papa ihm reichte, und sagte: *»Kyoto! Kyoto!«*

Papa lächelte ihn mit Unschuldsmiene an. *»Ya, Ya! Tokio! Tokio!«*

So ging es eine Weile hin und her. Dann setzte auch der Kontrolleur ärgerlich seinen Rundgang fort.

Wir dachten, wir wären aus dem Schneider. Irrtum. Im Bahnhof von Tokio wartete die Polizei auf uns. Mit einem Schaffner, der Englisch sprach. Plötzlich verstanden wir nur noch Französisch.

»Kyoto! Kyoto!« Papa nickte zufrieden.

»Tokio! Tokio!« erwiderten die Polizisten gereizt. »Sie sind in Tokio!«

Schließlich mußte Papa seinen »Irrtum« einsehen. Er spielte den Zerknirschten, der sich gelassen ins Unabänderliche fügte.

Der Schaffner wies uns an, in den nächsten Zug nach Kyoto zu steigen.

Mama besann sich auf ihr Englisch. Es sei doch schon viel zu spät, und ihr kleiner Sohn werde die Grippe bekommen, wenn wir noch länger hier draußen herumstehen müßten.

Das war dem Schaffner nun auch wieder nicht recht. Trotzdem stellte er uns vor die Wahl: entweder nachzahlen oder zurück nach Kyoto.

Wir hätten ja gern bezahlt, aber wir hatten nur noch Travellerschecks, und es war Sonntag, und alle Banken hatten geschlossen. Dafür konnten wir nun wirklich nichts.

»Geben Sie mir Ihre Pässe. Sie bekommen sie zurück, wenn Sie mir das Geld bringen.«

»Um die Schecks einzulösen, brauchen wir die Pässe aber«, sagte Papa. »Wer Travellerschecks einlösen will, muß sich ausweisen können. Und wir haben wie gesagt keine anderen Schecks.«

Der Schaffner wurde wütend. »Dann unterschreiben

Sie mir ein Papier und schwören, daß Sie morgen wiederkommen werden!«

Meine Eltern haben unterschrieben und tausend Eide geschworen. Dann sind wir verduftet.

In dem Hotel, das wir ausgesucht hatten, musterte mich der Empfangschef mit finsterer Miene. Ob ich ins Bett mache, wollte er wissen, und nachts weine. Am liebsten hätte ich ihm eins auf die Nase gehauen, diesem *Hoje*. Das Zimmer war winzig klein. Eine Karatematte lag auf dem Boden, auf der haben wir geschlafen. Ringsherum standen kleine Schiebeschränke und ein Ofen. Mir hat es überhaupt nicht gefallen. Ich kam mir wie in einem Taubenschlag vor. Außerdem mußten wir das Zimmer bis spätestens 9 Uhr am andern Morgen geräumt haben.

Meine Eltern irrten auf der Suche nach einer Arbeit durch die Stadt. Ohne Erfolg. Mein Vater war sauer. Obwohl wir wie Stadtstreicher lebten, hatten wir bereits 10.000 Francs verbraucht. Mindestens. Japan ist wahnsinnig teuer. In der U-Bahn wollten wir schwarzfahren. Irgendwas müssen wir falsch gemacht haben. Plötzlich fing eine Feuerwehrsirene an zu heulen. Wir mimten die Verwirrten und lösten nach. Dann kam Papa auf die Idee, mit dem Zug nach Osaka zurückzufahren. Kostenlos, versteht sich.

»Wir sagen am Bahnhof einfach, wir hätten unser Geld in der U-Bahn verloren.«

Im Büro der Bahnpolizei: »Sie haben Ihr Geld in der U-Bahn verloren? Machen Sie sich keine Sorgen, das finden wir wieder!«

Mein Vater verzog spöttisch den Mund. »In der U-Bahn? Sind Sie sicher?«

»Ein Japaner stiehlt nicht. Bestimmt hat ein Fahrgast Ihr Geld inzwischen gefunden und einem Beamten übergeben. Ich werde in der zuständigen Stelle anrufen. Das haben wir gleich.«

Er meinte es wirklich ernst. Wir hatten die Lage einmal mehr falsch eingeschätzt. Japaner stehlen nicht. Fundsachen geben sie bei den Behörden ab, und die machen den Eigentümer ausfindig. Die spinnen, die Japaner! Wenn eine Japanerin in einem großen Kaufhaus in einer Kabine ein Kleid anprobiert, läßt sie ihre Handtasche solange draußen an einer Kleiderstange hängen. Niemand wird hier bestohlen. Unsere Rechnung ging nicht auf. Meine Eltern mußten ihr letztes Geld für unsere Flucht aus dem schrecklichen Land der *Hoje* opfern.

Wir flogen wieder nach Hongkong.

»Entweder wir finden bald einen Job, oder wir müssen nach Hause zurück«, sagte Papa.

Oh, einen Job, einen gutbezahlten sogar, hatte er schnell gefunden. Beim Film. Er bräuchte sich bloß den Schädel kahl zu rasieren, in eine amerikanische Uniform zu schlüpfen und sich in China fünf Tage lang von Karatekämpfern verdreschen zu lassen.

»Okay, das war's dann. Verduften wir von hier. Wir legen uns noch ein paar Tage in die Sonne, und dann ab nach Hause.«

Monsieur Serrat hatte auf unseren zweiten Brief noch nicht geantwortet, aber Mama meinte, wir sollten ihm trotzdem schreiben.

Lieber Monsieur Serrat,
anbei Jacobs drittes Heft. (Haben Sie das andere erhalten?) So langsam nähert sich unsere Reise dem Ende. Wir haben sehr viel Schönes erlebt, aber auch schwierige Situationen durchgestanden, vor allem in Japan. Zur Zeit halten wir uns in Thailand auf, wo wir uns nach 31 anstrengenden Tagen in den Monsterstädten Südostasiens (Manila, Hongkong, Taipeh,

Osaka, Tokio, Bangkok) einige Tage Ruhe gönnen, bevor wir nach einem Abstecher nach Nepal und Sri Lanka nach Europa zurückkehren werden. Spätestens am 1. Mai wird Jacob wieder in der Schule sein. Wir sind fast ein wenig traurig darüber, weil es uns soviel Freude gemacht hat, ihn zu unterrichten.

Herzlichst

Anne, Paddy, Jacob.

Nepal und Sri Lanka würden warten müssen. Meine Eltern hatten wirklich keinen Pfennig mehr. Wir fuhren nach Hause, reich beladen mit Souvenirs: Speeren, Bögen, Pfeilen und einer großen Axt mit prähistorischem Stiel aus Neuguinea. Mein Lehrer hatte alle meine Hefte bekommen. In das zweite hatte ich eigenhändig Fotos und eine Papageienfeder geklebt.

»Monsieur Serrat, ich kann bis 79 zählen! Und lesen und Geschichten erzählen kann ich auch!«

Mehr brauchte ich gar nicht zu tun. Mein Lehrer war sichtlich zufrieden mit mir.

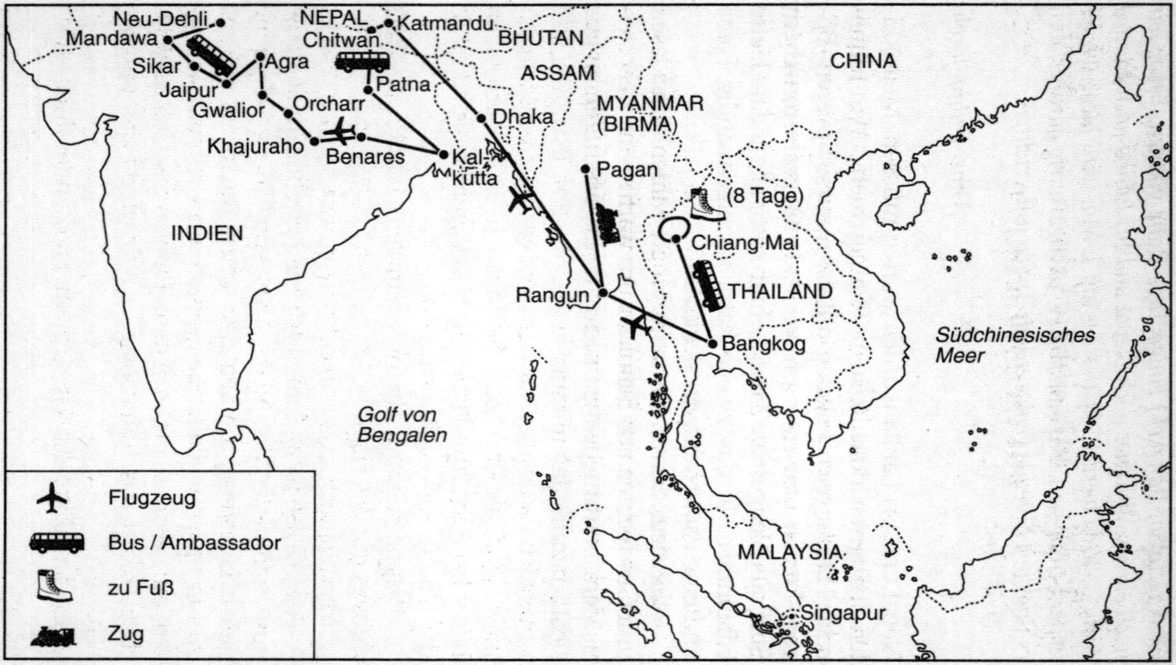
Neu-Dehli
Mandawa
Sikar
Jaipur
Agra
Gwalior
Orcharr
Khajuraho
Benares
NEPAL
Chitwan
Katmandu
Patna
Kal-
kutta
BHUTAN
ASSAM
Dhaka
CHINA
MYANMAR
(BIRMA)
Pagan
Rangun
(8 Tage)
Chiang·Mai
THAILAND
Bangkog
INDIEN
Golf von
Bengalen
Südchinesisches
Meer
MALAYSIA
Singapur
Flugzeug
Bus / Ambassador
zu Fuß
Zug

4

Mit sieben Jahren auf einem Elefanten

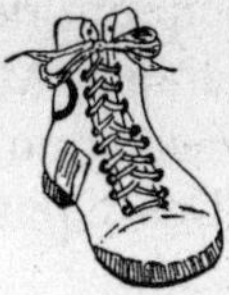

Da sich meine letzte Reise nicht negativ auf meine schulischen Leistungen ausgewirkt hatte (ganz im Gegenteil!), hat Monsieur Serrat mich in die 2. Klasse versetzt. Ich ging vier Wochen zur Schule. Und dann sagte Papa eines Abends:

»Es ist soweit, Junior, wir brechen wieder auf.«

»Auf zu neuen Abenteuern!« fügte Mama hinzu.

Ich packte meinen Schulranzen, warf meine Legosteine, mein kleines Taschenmesser und meine Hefte hinein.

Ein paar Stunden später landeten wir in Bangkok. Das kannte ich von früher. Es war noch genauso heiß wie damals. Und dieser Krach! Bei meinen Schularbeiten im Hotel habe ich fünf Fehler im Diktat gemacht und elf in der Übung zur Satzkonstruktion.

»Was ist denn mit dir los?« wunderte sich Papa. »Hast du was mit der Hand?«

Ich versprach, daß es nicht wieder vorkommen würde.

Am nächsten Tag fuhren wir mit dem Bus in die Berge zum Stamm der Meo (in der Nähe von Chiang Mai). Eine ganze Tagesreise, um Leute zu sehen, die nichts mit uns zu tun haben wollten. Sie grüßten nicht einmal, sie sagten nur: »Wenn ihr in einem Pfahlbau schlafen wollt, dann kostet das soundsoviel . . .« Ich fand das unmöglich.

In der Hütte lag ein Opium rauchender Meo. (Das

Opium riecht angenehm, ein bißchen wie Karamel.) Am andern Morgen lag er auf der linken statt auf der rechten Seite und hatte sich schon die nächste Pfeife angezündet. Das Opium machte ihn glücklich. Er lächelte die ganze Zeit.

»Er ist der Sklave seiner Pfeife«, bemerkte Papa.

In den folgenden Tagen marschierten wir durch hügelige Blumenkohlfelder, die so stark nach DDT rochen, daß ich Kopfweh bekam. Unser Weg führte durch Reisfelder und Urwald. Am dritten Tag wurde der Weg immer beschwerlicher. Da beschloß Papa, einen Reitelefanten zu mieten. Zu dritt saßen wir in dem Korb auf seinem Rükken und klammerten uns mit beiden Händen fest. So ein Elefant schaukelt gewaltig! Vor allem, wenn er über Felsen klettert. Außerdem muß man rechtzeitig den Kopf einziehen, so ein dicker Ast kann ganz schön weh tun. Ich war über und über mit Blättern und irgendwelchem Viehzeug bedeckt. Irgendwann kletterte Papa hinunter, um Fotos von uns zu machen. Das war nur eine Ausrede. Er wollte nämlich nicht wieder raufkommen. Sein Rükken schmerzte höllisch, und schlecht war ihm auch. Er war elefantenkrank geworden. Am Abend gab es Reis und Blumenkohl zu essen. Danach bin ich sofort eingeschlafen.

Die Menschen waren nicht sehr zugänglich, also sind wir nach Chiang Mai zurückgekehrt, und zwar auf dem Fluß, auf einem langen Bambusfloß. Das war lustig.

»Lassen wir Thailand, fliegen wir lieber nach Birma weiter«, meinte Papa.

In Rangun war alles alt. Die Farbe blätterte von den Häusern, überall hingen elektrische Leitungen, und die Autos wurden nur noch von Draht zusammengehalten.

»Das stammt alles noch aus der Kolonialzeit«, sagte Mama, »danach ging es bergab.«

Die Hotels waren voll. Zum Glück hatte unser Taxifahrer, ein Dicker mit einem schwarzen Schnurrbart, eine große Familie. Er fuhr uns zu einem Cousin, der in der Cafeteria des YMCA, des Christlichen Vereins junger Männer, bediente. Das vierstöckige Gebäude war mir irgendwie unheimlich.

Wir durften im Filmvorführraum auf Matten schlafen. Am andern Morgen wurden wir von Volleyball spielenden Jugendlichen geweckt. Ich wußte erst gar nicht, wo ich war. Alles kam mir so merkwürdig vor.

Ich ging auf Entdeckungsreise. Schlauer wurde ich dadurch aber auch nicht. Alles hier war groß: die Treppen, die Flure, die Wände, die Decken, die Ventilatoren, die zerlöcherten Teppiche. Auf einem Treppenabsatz saß ein Birmaner an einem kleinen Holztisch und schrieb eifrig. Es herrschte ziemlicher Andrang, alle wollten sich irgendwelche Papiere stempeln lassen. Der Birmaner hob den Arm und haute den Stempel mit Wucht auf das Blatt vor ihm. Bei jedem bamm! fuhren die Leute erschrocken zusammen. Ich setzte mich auf eine Stufe und schaute zu. Und dann habe ich etwas wirklich Unglaubliches gesehen. Eine Frau trat vor Herrn Bamm hin und drückte ihm statt eines Papiers eine lebende Heuschrecke in die Hand. Er wird doch nicht die Heuschrecke stempeln!? Nein, er betrachtete sie von allen Seiten – und steckte sie sich in den Mund. Er hat sie gegessen, so wie sie war, lebendig und roh. Einfach so!

Am Nachmittag fuhren wir mit dem Zug nach Pagan. Auf jeder Sitzbank hatten zwei Personen Platz. Als der Zug anfuhr, gab es einen gewaltigen Ruck. Da lachten wir noch darüber. Der Zug wurde schneller und schneller. Mama versuchte zu lesen. Unmöglich: Ihre Beine hüpften auf und ab, und ihre Brille rutschte ihr andauernd von der Nase. Wir amüsierten uns köstlich. Aber dann wurde uns mulmig zumute, wir hatten Angst, der Zug würde entgleisen, so wurden wir durchgeschüttelt. Wer sich beim Aufstehen nicht den Schädel einschlagen wollte, mußte sich gut festhalten. Mir tat alles weh, der Rücken, der Po, der Kopf. Ich war heilfroh, als wir endlich da waren, und sagte zu Papa, daß wir auf dem Rückweg lieber fliegen sollten.

»Ach, weißt du, mein Junge, in Birma werden die Flugzeuge vom Pech verfolgt«, antwortete er.

Pagan ist die Stadt der Klöster, Tempel und Pagoden. Ich habe von allem eine Menge gesehen. Vormittags übte ich die Zeiten des Verbs und den Plural, addieren und subtrahieren – und Diktat.

Nachmittags ging ich im Fluß schwimmen oder fuhr mit dem Rad auf viel zu sandigen Wegen. Im Schatten eines Baums, der so groß wie fünf Maulbeerbäume war, ruhte ich mich aus. Ich beobachtete die kahlköpfigen Mönche in ihren orangefarbenen Gewändern, die Ziegenherden und die Schüler auf ihren Fahrrädern. Wenn sie dicht genug an meinem Baum vorbeiradelten, sprang ich hinter dem Stamm hervor und wedelte mit einer großen grünen Plastikschlange aus Thailand. Einige kreischten, andere fielen vor Schreck vom Rad. Gelangweilt habe ich mich jedenfalls nicht, während meine Eltern unterwegs waren: Papa, eine Zigarre im Mund, kaufte Kunstgegenstände auf dem Schwarzmarkt ein, Mama schaute sich nach Schmuck um. Eines Abends stiegen wir wieder in den Schüttelzug nach Rangun, und von dort flogen wir nach Bangladesh weiter.

Meine Eltern hatten in Birma einen großen Wandteppich und einen Marionettenelefanten erstanden. Der birmanische Zollbeamte verweigerte die Ausfuhrgenehmigung: Beides sei zu alt und zu wertvoll. Papa kennt das Lied. Aber Mama hat sich aufgeregt und die Zöllner als

Diebe und Halsabschneider beschimpft. Es gab einen Auflauf. Die Gelegenheit, die Beamten zu bestechen, war vertan. Mama schmollte, Papa versuchte, die Sache mit Zigaretten und Whisky wieder in Ordnung zu bringen. Die Zöllner ließen sich erweichen und erlaubten uns, entweder den Elefanten oder den Wandteppich auszuführen. Nur eins von beiden wohlgemerkt, wegen der Frau, die Krach geschlagen und sie beleidigt hatte und die besser den Mund gehalten hätte. Papa winkte Mama zu sich: Sollte sie entscheiden, was wir behalten wollten. Sie entschied sich für den Elefanten, den sie selbst im Kloster Thingarasa gekauft hatte.

Am Zoll von Bangladesh war der Elefant nicht mehr aufzufinden.

»Das habt ihr absichtlich gemacht!« schrie Mama die Zöllner an. »Ihr seid doch alle von derselben Sorte!«

Es nutzte alles nichts. Einen Zollbeamten beleidigt man nicht, man schmiert ihn. Papa verteilte großzügig einige Dollarnoten, um die Atmosphäre zu entspannen. Dann verfolgten wir den Weg des Gepäcks bis zurück in den Flugzeugschuppen, und da fanden wir unseren Elefanten: Er hatte sich auf dem Förderband verklemmt.

»Jetzt hast du etwas fürs Leben gelernt«, sagte Papa.

Bangladesh war nicht nach unserem Geschmack gewesen. Daher setzten wir uns ins Flugzeug nach Nepal.

Ich entdeckte ein dünn besiedeltes Land mit Tempeln und Straßen, die jedem Radfahrer zu stahlharten Waden verhelfen. Allein die Namen der Städte klingen hart für einen Radfahrer: Baktapur, Pashupatinah, Bagdaon. Wir waren geschafft. Papa setzte uns in einen Ochsenkarren. Das ging zwar nur langsam voran unter der sengenden Sonne, aber Mama und ich genossen es trotzdem. An der Straße nach Katmandu lag ein kleines Dorf mit Häusern aus Lehm und Stroh. Wir schliefen in geflochtenen Betten. Die Nächte waren so feucht, daß sich Papa am andern Morgen nicht mehr rühren konnte. Das Rheuma machte ihn ganz steif, wie er sagte. Erst gegen 10 Uhr, wenn die Sonne etwas höher stand, ging es ihm besser. Wie ein alter Mann!

Während Papa stöhnend im Bett lag, machte ich meine Schularbeiten. Ich lernte multiplizieren und Sätze bilden. Und ich schrieb zehnmal: »Ein Eigenname wird immer groß geschrieben.« Irgendwann würde es schon in meinen Schädel gehen.

Im hohen Gras und in den Wäldern habe ich vieles gesehen: Männer mit Arbeitselefanten, Krokodile mit ganz langen Schnauzen, ein Chamäleon, das mit seiner klebrigen Zunge einen Schmetterling fing. Und nachts hörte ich die Nashörner.

Sie waren sehr groß und mit beweglichen Platten gepanzert. Richtig urweltlich sahen sie aus. Sie kamen, um Süßkartoffeln zu klauen. Sie pflügten die Erde mit dem Horn auf ihrer Nase um, und am andern Morgen war nicht eine einzige Kartoffel mehr im Boden. Die Bauern tobten. Es ist verboten, die Nashörner zu töten, wer es trotzdem tut, wandert ins Gefängnis. Also haben sie rings um ihre Felder hohe Wälle aus Erde und Dornensträuchern errichtet. Und was taten die Nashörner? Sie stampften einfach weiter und durchbrachen den Wall. Als die Bauern sie kommen hörten, eilten sie hinaus und veranstalteten einen Höllenlärm, um sie zu vertreiben. Da Nashörner äußerst kurzsichtig sind, fanden sie die Lücke nicht mehr, durch die sie hereingekommen waren, und trampelten den Wall in ihrer Panik an einer anderen Stelle nieder. Der Kartoffelacker sah aus wie nach einem Granatenangriff.

Neben den Nashörnern gab es auch noch andere Unterhaltung. Eines Nachts wachte ich auf, weil ich aus dem Nachbarhaus Musik hörte. Ich stand auf, um einen Blick zu riskieren. Oder auch zwei.

Ein alter Nepaler schlug eine kleine Trommel.

»Das ist ein Schamane«, erklärte Papa. »Der Urwalddoktor.«

Ein merkwürdiger Doktor war das, der weder ein Fieberthermometer besaß noch einen Apparat, mit dem er die Brust abhorchen konnte. Seine Behandlungsmethoden waren nicht minder merkwürdig. An einem Holzpflock hatte er ein Huhn festgebunden. Singend und trommelnd stand er neben der Kranken. Dann bückte er sich plötzlich und begann an der Frau zu saugen. Nachdem er ziemlich lange an ihrem Hals und an ihrer Brust gesaugt hatte, drehte er sich zur Seite und spuckte kräftig aus.

»Jetzt hat er die Krankheit ausgespien«, sagte Papa.

Der Schamane fing wieder zu singen an. Was er mit dem Huhn gemacht hat, weiß ich nicht, ich bin schlafen gegangen. Aber als ich im Bett lag, konnte ich ihn noch lange singen und trommeln hören.

»Aufstehen, Jacob! Wenn du mit deinen Schularbeiten fertig bist, gehen wir auf Nashornjagd«, sagte Papa.

»Wozu? Sie kommen doch von ganz allein.«

Aber Papa wollte sie in der freien Natur erleben. Wir folgten unserem Führer durch den Urwald. Plötzlich ein tiefes Grunzen. Ein Schwein? Dann entdeckten wir das Horn, das aus dem Dickicht ragte. Mußte ein seltsames Schwein sein, das ein Horn trug.

»Schnell, auf die Bäume!« schrie unser Führer.

Nashörner sind angeblich sehr angriffslustig und wegen ihrer Hörner auch sehr gefährlich. Wenn man so ein Ding in den Bauch kriegt, gibt es ein ziemliches Loch. Ich renne also, so schnell ich kann, klettere auf den nächsten Baum und rühre mich nicht mehr.

Auf dem Baum neben mir hatte sich unser Führer eine Zigarette angesteckt. Dabei hatte er vorhin noch getönt, in seinem Wald sei Rauchen verboten! Vom Nashorn war nichts zu hören und zu sehen. Es lauerte uns im Unterholz auf. Wir warteten. Totenstille. Hatten wir uns das nur eingebildet? Aber wir konnten ja nicht ewig in den Bäumen hockenbleiben. Also kletterten wir irgendwann wieder herunter, allein schon wegen der roten Ameisen, der echten und der eingebildeten, die auf mir herumkrabbelten. Ich war trotz allem zufrieden: Jetzt konnte ich meinen Freunden erzählen, daß mich fast ein Nashorn aufgespießt und mir um ein Haar Angst eingejagt hätte!

»Pack deine Sachen, Jacob! Wir fliegen nach Kalkutta.«

Unterwegs muß ich meinem Vater aufs Wort gehorchen, da gibt es keine Diskussionen. Aber diesmal muckte ich auf.

»Ich will nicht nach Kalkutta! Die Inder sind doof. Ich kann sie nicht ausstehen! Sie sind immer so laut.«

Papa blieb ganz ruhig.

»Wie du willst. Dann bleibst du eben hier, und wir holen dich später ab.«

»Kommt nicht in Frage!«

Leider war ich noch zu klein, um ohne meine Eltern auszukommen, aber irgendwann würde ich erwachsen sein und dann würde die Sache anders aussehen. Dann würden mich keine zehn Pferde mehr nach Indien kriegen! Ich zog eine Flappe. Als ich meine Sachen in meinen Schulranzen packte, kam Mama und tröstete mich.

»Wir müssen nach Kalkutta, Jacob. Beruflich und weil wir bestimmte Papiere brauchen. Es geht nicht anders.«

»Die Inder kneifen mich andauernd.«

»Sie meinen es nicht so. Sie mögen dich eben.«

»Die Balinesen mögen mich auch, und trotzdem kneifen sie mich nicht!«

»Die Inder kneifen dich, weil du noch klein bist. Wenn du erst mal groß bist, werden sie es bleibenlassen.«

»Das will ich ihnen auch geraten haben, sonst gibt's was auf die Birne!«

Wir fuhren also mit den Zug nach Kalkutta. Mein Vater wetterte gegen die Inder und ihre Verwaltung. »Die können einen echt nerven!« Ich konnte ihm nur recht geben: Vom Bahnhof bis zum Hotel war ich mindestens zehnmal gekniffen worden.

Man ließ uns mehrere Tage schmoren. Zur Abwechslung hatten sich meine Eltern diesmal für ein komfortables, teures Hotel entschieden. Dicke Matratzen, weiße Bettwäsche, warme, weiche Decken und reich möblierte Zimmer. Ich fand es toll. Meine Eltern weniger: Sie lieben das Rare, das Uralte, das Wurmstichige.

Das Fairlawn Hotel wurde von einem englischen Ehepaar geführt, das ebenso sehenswert war wie die Taxis in Birma. Die Angestellten mußten weiße Uniformen tragen und einen Turban mit Federwisch. Zum Frühstück servierten sie uns den Porridge mit blütenweißen Handschuhen. Ein perfekter Service. Das fanden meine Eltern auch.

»Suchen wir uns lieber ein anderes Hotel, eins, das nicht so etepetete und so teuer ist«, meinte Papa.

Ich packte meinen Ranzen und folgte meinen Eltern – auf die andere Straßenseite. Das Hotel dort war weder teuer noch etepetete: keine weißen Handschuhe, aber auch keine saubere Wäsche mehr. Wir teilten uns das Zimmer mit Ratten und Kakerlaken. Mir kam es so vor, als hätten wir nicht die Straßenseite, sondern den Planeten gewechselt.

Die indische Verwaltung, die Papa so ans Herz gewachsen war, sah uns täglich in ihren Wartezimmern. Wir fuhren immer mit der Rikscha hin. Selbst zu dritt hat man bequem Platz. Ich versuchte, mich ganz leicht zu machen, weil ich nicht wollte, daß der barfüßige Mann, der uns zog, sich die Füße an irgendwelchen Steinen verletzte.

»Um ihn brauchst du dir keine Sorgen zu machen«, meinte Papa. »Er hat eine dicke Schicht Hornhaut an den Füßen.«

Da er ziemlich schwitzen mußte, hat Papa ihn gut bezahlt.

»Gib ihm noch einen Schein«, bat ich.

Der Mann drückte die Lippen auf die Banknote. *»Namaskar!«* wünschte er uns.

Das heißt »viel Glück«. Anscheinend hatten wir ihm doch nicht genug gegeben, denn Glück hatten wir keins. Papa wollte zu den Naga, Kopfjägern, die irgendwo in Assam leben, aber das ging nicht wegen des Kriegs.

In Kalkutta war es letzten Endes doch nicht so übel. Auf dem Rasen hinter dem Hotel hatten sich Schlangenbeschwörer niedergelassen. Sobald ich mit den Schularbeiten fertig war, setzte ich mich zu ihnen. Sie legten mir eine oder zwei Schlangen um den Hals, und ich war selig. Ich verbrachte Stunden bei meinen neuen Freunden. Ich durfte alles, nur nicht die Kobras anfassen. (Das sind die Schlangen mit der Brille auf dem Kopf. Sie sind angriffslustig, und ihr Biß ist sehr schmerzhaft, auch wenn sie kein Gift mehr haben.)

In den Straßen lebten sehr viele Bettler. Manche waren schrecklich verkrüppelt. Ich sah einen Jungen in meinem Alter, der keine Arme mehr hatte. Als ich ihm in die Augen schaute, hätte ich fast zu weinen angefangen, so traurig blickte er drein. In Indien trennt man den Kindern

Arme und Beine ab, nur damit man sie zum Betteln schicken kann. Andere müssen von klein auf arbeiten. Ich habe im Restaurant selbst erlebt, wie kleine Kinder die Tische abräumten, von den größeren schikaniert wurden, die ihrerseits von den Erwachsenen hinter der Theke geschlagen wurden, wenn sie nicht spurten.

Von Kalkutta sind wir nach Varanasi, dem früheren Benares, gefahren. Mama wollte noch einmal die Leichenverbrennungen sehen. (Es kann nur der wiedergeboren werden, dessen Leiche eingeäschert wurde.) Ich begleitete Mama durch die schmalen Gassen zum Jalashayin, einer der wichtigsten Verbrennungsstätten der Stadt. Verlaufen konnte man sich nicht: Man brauchte bloß dem Geruch zu folgen. Nahe dem Eingang schichteten Frauen Kuhmist zum Trocknen auf (damit wird das Feuer entfacht). Am Flußufer waren ungefähr ein Dutzend Tote in weißen oder roten Leichentüchern aufgebahrt und teilweise schon verbrannt. Aufgeregt verfolgte die Menge das Schauspiel. Tausend Augen beobachteten uns. Mich faszinierten besonders die Hunde und die Krähen, die sich um die verkohlten Brocken zankten, die ans Ufer des Ganges zurückgeworfen wurden. Ein Holzhändler verkaufte von seinem Kahn aus Holzscheite. Drei in orangerote Tücher eingewickelte Tote warteten am Ufer darauf, daß ein Scheiterhaufen frei wurde und sie ihre letzte Reise antreten konnten. Ich bin mit Mama in ein Boot geklettert und habe zugesehen, wie die Menschen unter ihren Tüchern verbrannten. Die Flammen spiegelten sich auf dem Wasser wider. Mir gefiel die Leichenverbrennung nicht so besonders, vor allem wegen des Gestanks. Was ich dagegen schön fand, war der Anblick der Menschen, die sich frühmorgens im Fluß wuschen. Sie wateten in ihren Kleidern ins Wasser, bespritzten sich, schneuzten sich, wuschen sich, tranken aus der hohlen Hand. Was für ein farbenprächtiges Schauspiel!

»Komm, Jacob, wir bringen den Leprakranken etwas zu essen«, sagte Mama.

Sie schliefen in der Straße, die zum Ganges hinunterführt. Wir hatten heiße *Naans* gekauft, das sind *Chapatis* aus hellem Mehl. »*Naan! Naan!*« rief Mama, als wir näher kamen.

Unter den Plastiksäcken regte sich etwas. Hände ohne Finger reckten sich nach dem Fladenbrot. Es sah irgendwie komisch aus, wie sie mit den Fladen jonglierten, die viel zu heiß für ihre Stümpfe waren. Von da an gingen wir jeden Abend zu den Aussätzigen. Was die wohl von uns dachten? Und wer würde ihnen ihre *Naans* bringen, wenn wir nicht mehr da waren? Der Gedanke bedrückte mich. Ich hoffe, sie haben nie ernstlich damit gerechnet, daß es immer so weitergeht. Sonst wäre das grausam gewesen.

Damit ich etwas lerne (manchmal scheint mir das eine bequeme Ausrede zu sein!), haben meine Eltern mit mir den Tempel der Liebe in Khajuraho besucht. Mann, was ich da gesehen habe! Richtige Geschichten sind in die Tempelmauern gehauen worden. Zum Beispiel die von den Indern, die ihr Glied in einen Pferdehintern stecken. Ich hatte ja schon immer gewußt, daß die Inder spinnen, aber das schlug dem Faß den Boden aus! Die Geschichte von dem Inder, der gleich mit zwei Frauen Liebe macht, gefiel mir. Ich blieb lange davor stehen. Wir waren nicht die einzigen Besucher, und die Inder neben mir betrachteten grinsend die steinernen Bilder. Ich schaute ihnen ganz fest in die Augen, es war ihnen bestimmt peinlich, daß sie genauso aussahen wie die Inder in Stein, die sich mit den Pferden vergnügten. Das war meine Rache fürs Kneifen. Anschließend durfte ich mir süßen *Pan* kaufen, das ist ein gezuckertes Betelgemisch, das einfach himmlisch schmeckt. Aber die Spucke wird davon ganz rot!

In Khajuraho habe ich mich mit einem großen, unheimlich netten Inder angefreundet. Er nahm mich auf dem Gepäckträger seines Fahrrads (ich legte mir ein kleines Kissen unter den Po) überallhin mit. Ich plapperte den ganzen Tag mit ihm. Zum erstenmal hatte er jemanden kennengelernt, der mehr redete als er. Ich sprach englisch, indisches Umgangsenglisch (mit rollendem R und vielen Fragen). Er fuhr mit mir in einem Boot über den Fluß, er führte mich an einen Wasserfall, wo wir schwimmen gingen (ich schwamm zum erstenmal in tiefem Wasser), er stellte mir seine Freunde vor: Bauern, die mir zeigten, wie man Joghurt herstellt (man rührt mit einem dicken Stock in einem Milchkrug) und wie man Wasser aus dem Brunnen schöpft (man muß die beiden Ochsen antreiben, die im Kreis um den Brunnen trotten).

Die Bauernhäuser sind aus getrocknetem Lehm, auch der Boden. Drinnen ist es sehr sauber. So sauber, daß man draußen vor der Tür die Schuhe ausziehen muß. Der Boden fühlt sich kühl an, ungefähr so wie die Wege im Land der Papuas.

Die Landschaft war wunderschön, viel schöner als in Frankreich. Überall sah man Vögel: große weiße mit einem Schnabel wie ein Tortenheber, große schwarze mit einem langen Schnabel und einem Hautsack am Hals, hübsche braune mit nacktem Hals und kräftigem Schnabel, sehr große, die an den Bahngleisen grünen Papageien auflauerten, deren Flug dem der Schwalben ähnelt.

Drei Tage später mußte ich mich von meinem Kumpel verabschieden. Mama, Papa und ich kletterten in einen dreirädrigen kleinen Lastwagen (ein *Tuk-Tuk*) und fuhren in Richtung Agra. Der holprige Weg endete in einem Fluß. Wir waren am Ziel unserer Reise, einem winzig kleinen, von Mauern umgebenen Dorf. Ich spazierte durch das Tor, das für Elefanten gemacht zu sein schien, und gelangte auf einen Platz. Alle Häuser waren rings um diesen Platz errichtet worden. Ich lief von einem zum andern, bis ich wieder am Tor war. Ich ging hindurch. Links befand sich der Fluß mit seinen Felsbrocken – nein, rechts! (Ich vergesse immer, daß ich anders raus- als reingehe!) Links die geteerte Straße und rechts der Fluß. Wie auch immer: Ich lief jedenfalls den Elefantenpfad hinauf bis zur Hügelkuppe, und von dort oben konnte ich den Palast des Maharadscha sehen!

Einfach irre! Super! Wie im Film! Ein Riesenzimmer, mindestens zwanzigmal so groß wie ein normales Zimmer. Ein elefantöses Bett. Und überall weiche, dicke Teppiche. Tolle Möbel mit Kerzenleuchtern (aber es gab elektrisches Licht). Auf einem niedrigen Tisch stand eine gläserne Pfeife mit einem langen Schlauch dran, damit man von weitem rauchen konnte. An den Wänden hingen Schilde und Speere und Gemälde von schnurrbärtigen Kriegsherren. Das Badezimmer war gigantisch und ganz aus weißem Marmor (aber das Wasser war eiskalt), und von einem schmalen Fenster aus konnte man den Sonnenuntergang über dem Dorf bewundern.

»Deine Schularbeiten, Jacob!«

»Wer in einem Palast wohnt, braucht keine Schularbeiten zu machen!«

Das galt vielleicht für den Sohn des Maharadscha, aber nicht für Jacob. Jeden Tag nervte mich mein Vater mit einem Diktat, schikanierte mich mit der Konjugation von Verben, stopfte mir den Kopf voll mit Additionen, Subtraktionen und dem Einmaleins. Es gab kein Entrinnen, mein Vater stellte sich stur. Wohl oder übel lernte ich Singular und Plural von männlichen und weiblichen Substantiven bilden: der große Hase, die großen Häsinnen, der dicke Kater, die dicken Katzen, der kleine Wolf, die kleinen Wölfe ...

Wenn ich fertig war, lief ich zum Fluß hinunter. Ich ging gern schwimmen, das Wasser fühlte sich so leicht an. Danach lief ich zum Palast zurück. Ich streifte drinnen herum, auch wenn alle Türen verschlossen waren und ich nirgends reinkonnte. Am Abend dann, wenn ich in meinem Prinzenbett lag, setzte sich Papa zu mir und erzählte mir eine Geschichte. Zum Beispiel diese:

»Im Land der Idioten treffen sich zwei Diebe. Weil sie nicht ganz richtig im Kopf sind, prahlen sie um die Wette.

›Ich habe einmal einen Kohlkopf gestohlen, der war so groß wie ein Haus‹, sagt der eine.

›Und ich habe einmal einen Topf gestohlen, der war so groß wie ein Palast‹, sagt der andre.

›Du Trottel! Was willst du denn mit einem Topf, der so groß ist wie ein Palast?‹

›Deinen Kohlkopf kochen, du Idiot!‹«

Wir verließen unseren Palast wieder und fuhren nach Agra. Im Basar hockten reiche, dicke Händler, barfuß und mit einem langen weißen Hemd bekleidet, hinter unwahrscheinlichen Pyramiden klebriger Süßigkeiten aus Kokosöl und Dickmilch. Einer schlug mit einer Fliegenklatsche ganz mechanisch nach den Ratten, die hinter ihm nach Kuchenkrümeln suchten. Ein anderer erinnerte mich an eine träge, auf Beute lauernde Katze, wie er so dasaß und mit schläfriger Miene genüßlich auf seiner Betelnuß kaute.

Es war der 4. Dezember. Am 5. hatte ich Geburtstag. Ich hatte mit etwas Schönem gerechnet, als ich am Morgen aufwachte, aber erst mal hieß es: Schularbeiten machen. Ich sollte die Minuten und die Sekunden lernen, doch es fiel mir schwer, mich zu konzentrieren. Meine Eltern bereiteten bestimmt eine Überraschung für mich vor. Punkt 11 Uhr kamen sie herein:

»Schau mal aus dem Fenster!«

Endlich! Besser spät als nie. Ich sprang auf, rannte ans Fenster und sah — die weiße Kuppel des Taj Mahal. Na ja, ganz nett, aber meine Geburtstagsüberraschung hatte ich mir doch ein wenig anders vorgestellt.

»Schau nach unten, auf die Straße!«

Ich lehnte mich hinaus. Da unten stand ein schöner Elefant mit einem roten Morgenrock auf dem Rücken.

»Er möchte dich abholen, also steig auf!«

Ich sprang aus dem Fenster und stieg auf den Elefanten. Der Sitzkorb war mit weichen Kissen gepolstert. Der Elefant setzte sich in Bewegung. Diesmal wurde ich nicht ganz so schlimm durchgeschüttelt wie damals im Urwald. Weil ich so hoch oben saß, konnte ich in die Häuser hineinschauen, und die Inder starrten verblüfft zurück. Irgendwie fand ich es gar nicht ungewöhnlich, daß ich auf dem Rücken eines Elefanten ritt. Alle andern schon! Das ganze Dorf rannte mir hinterher. Papa auch, die Filmkamera in der Hand.

»Geh näher ran!« schrie Mama.

»Wenn ich näher rangehe, kriege ich nur den Elefantenhintern drauf!«

Die Inder amüsierten sich darüber, wie die beiden sich anschrien.

Mama überholte mich. »Jacob, schau! Da vorn wartet noch jemand auf dich!«

Ein Dromedar. Sie hatten ihm einen schicken gelben Bademantel übergezogen. Ich kletterte runter von meinem Elefanten und rauf aufs Dromedar. Das Schütteln war anders, mehr von vorn nach hinten, schlimmer als damals in dem birmanischen Zug. Das Dromedar brachte mich zu einem Restaurant. Dort erwartete mich ein Kellner mit Federwisch auf dem Kopf.

»*Happy birthday to you, young mister*«, sagte er.

Ich war sieben. Ein junger Herr. Ich blies die Kerzen aus. Es war kein Traum.

Von meinen Eltern bekam ich eine Uhr geschenkt, deren Zeiger nachts leuchteten. Damit ich ihnen nicht länger Löcher in den Bauch fragte. Ich hatte nämlich andauernd wissen wollen, wie spät es gerade in Frankreich war: Waren meine Freunde jetzt in der Schule oder noch daheim im Bett?

Nachdem die Erwachsenen ihren Kaffee getrunken hatten, fuhren wir im Taxi zu einer alten Stadt, wo ein riesengroßes Schachbrett angelegt worden war. Die Maharadschas hatten früher mit lebenden Figuren – Sklaven oder nackten Frauen – hier Schach gespielt. Unterwegs mußten wir eine Pinkelpause einlegen: Ich hatte zuviel Campa Cola (die hiesige Version von Coca Cola) getrunken. Im Gras entdeckte ich eine Kuh ohne Haut. Geier hockten darauf und guckten mich an. Bis auf die Hufe, den Schwanz und die Hörner hatten sie alles aufgefressen. Ich machte, daß ich wegkam.

Am andern Morgen war ich ganz gelb. Zuviel Geburtstagsschokoladentorte, zuviel fettes Fleisch! Ich rappelte mich auf, schleppte mich aus dem Hotel und ließ mich ins Taxi fallen.

Dort, wo wir hinfuhren, gab es viel Sand und große, mit lustigen Bildern bemalte Häuser. Die Zeichnungen stellten Inder auf alten Fahrrädern oder in Flugzeugen mit wuchtigen Tragflügeln dar. Das einzig akzeptable Haus weit und breit war ein Palast. Mein Vater fragte, ob wir für eine Nacht hier schlafen könnten. Der Angestellte holte einen Inder mit Schlips.

»Treten Sie ein«, forderte der Maharadscha uns auf,

»und erleben Sie einen märchenhaften Abend! Morgen erwartet Sie ein Ausflug in die Wüste auf dem Rücken eines Dromedars. Und danach werde ich Ihnen ein Taxi rufen, damit Sie den kleinen Gelben ins Krankenhaus nach Delhi bringen können.«

Mit dem kleinen Gelben meinte er mich.

»Wunderbar«, erwiderte Papa. »Gibt es bei Ihnen warmes Wasser?«

Was für eine Frage! Der Maharadscha lächelte nur.

Ich wohnte ganz oben, wo es am billigsten war. Wenn das heiße Wasser bei uns ankam, war es nur noch lauwarm. Aber es war ein so tolles Gefühl, unter den Dächern eines Palastes zu wohnen, daß ich das Waschen ganz vergaß. Vom Fenster aus konnte ich den Sonnenuntergang betrachten, die Wüste, die Dromedare und die Pfauen, die sich bei ihrem Namen riefen: »Leo! Leo! Leo!«

Am Abend gaben der Maharadscha, seine Frauen und seine Kinder ein Fest wie aus Tausendundeiner Nacht. Sie erwarteten uns. Paddy war skeptisch.

»Die führen was im Schilde, du wirst sehen. Die halten uns für doof.«

»So schlimm wird's schon nicht werden«, meinte Mama lachend. »Nur Mut!«

Wir gingen also hinunter. Der Maharadscha forderte uns auf, auf den Kissen und Teppichen in dem kleinen Innenhof Platz zu nehmen. Über uns leuchteten die Sterne. Ein großes Feuer brannte in der Mitte. Auf einem weißgedeckten Tisch standen Schalen mit Mixed Pickles und *Papars*. Plötzlich erklang vom Himmel her Musik. Wir schauten auf und sahen drei Musiker auf der Innentreppe, die um den Hof herumführte. Sie trugen goldfarbene Sachen und Turbane und hatten Schnauzbärte. Der eine spielte Flöte, der zweite Trompete, der dritte Tamburin. Hinter den Musikern kamen die Köche mit dem Essen. Das Geschirr funkelte im Mondschein.

»Das ist Silber!« flüsterte Mama.

»Das muß ein Vermögen wert sein«, raunte Papa.

Mag ja sein, trotzdem waren die Schüsseln zu klein: Die Pfauenfedern schauten unter den Deckeln hervor. Die Diener gingen einmal um das Feuer herum, bevor sie die Speisen auf den Tisch stellten. Dann klatschte der Maharadscha in die Hände: Das war das Zeichen, daß es losgehen konnte. Wir standen auf. Ich betrachtete das Angebot und tippte auf Ziegen- oder Hammelfleisch. Essen wollte ich nichts, ich hatte keinen Hunger.

»Wie schmeckt Ihnen mein Brunch?« fragte der Maharadscha alle fünf Minuten.

»Sehr gut«, antwortete Papa.

»Ganz ausgezeichnet«, bekräftigte Mama.

Der Maharadscha zog zufrieden ab. Vom Himmel kam noch mehr Essen mit Musik herunter. Kostümierte Tänzer tanzten um das Feuer. Und ich bin auf den weichen Kissen eingeschlafen.

»Du hast Hepatitis A, Junior«, sagte Papa, als ich wieder aufwachte.

Wir waren im Krankenhaus in Delhi gewesen. Die Ärzte hatten mich untersucht. Ich gefiel ihnen gar nicht.

»Aber das ist nicht so schlimm wie B«, sagte Mama.

»Und sehr viel weniger schlimm als C«, sagte Papa.

Das tröstete mich nicht sehr. Papa nahm mich in die Arme und fragte: »Willst du gleich nach Frankreich zurück oder dich erst ein paar Tage am Strand von Thailand ausruhen?«

»Bekomme ich in Thailand chinesische Suppe?«

Am gleichen Abend saßen wir im Flugzeug nach Bangkok. So sind sie, meine Eltern.

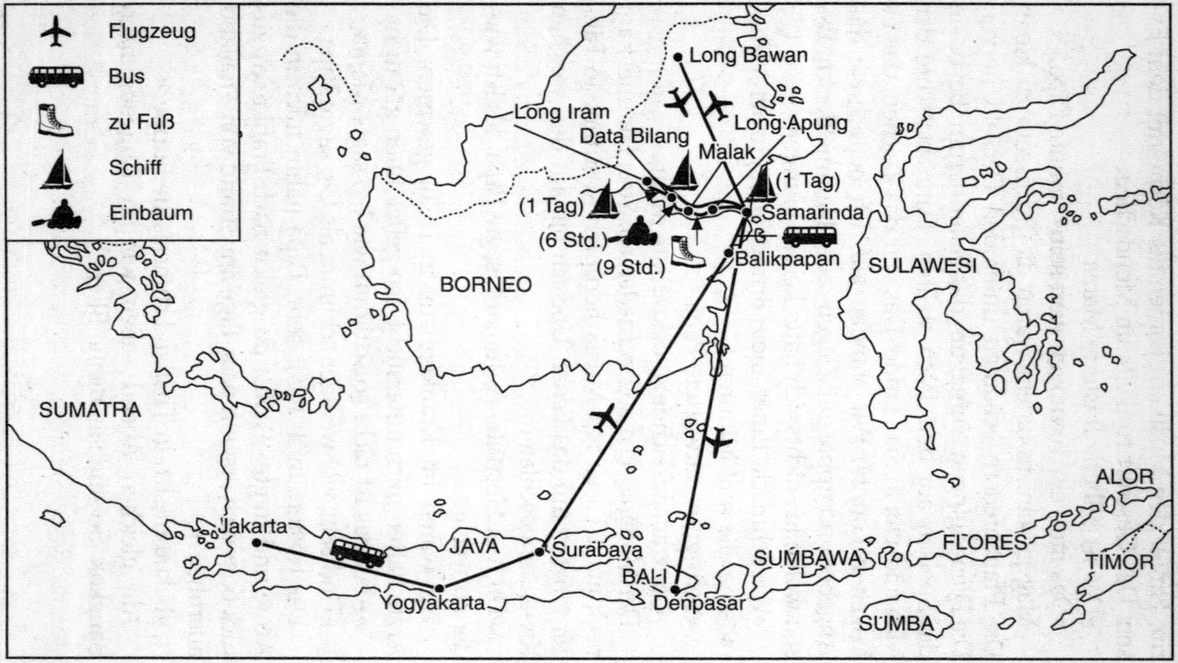
Flugzeug
Bus
zu Fuß
Schiff
Einbaum
Long Bawan
Long Iram
Data Bilang
Malak
Long Apung
(1 Tag)
(1 Tag)
Samarinda
(6 Std.)
(9 Std.)
Balikpapan
BORNEO
SULAWESI
SUMATRA
Jakarta
JAVA
Surabaya
Yogyakarta
BALI
Denpasar
SUMBAWA
SUMBA
FLORES
ALOR
TIMOR

5

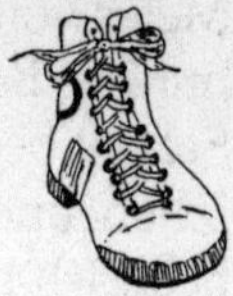

Auf der Suche nach den Langohren

(Borneo)

Bevor wir nach Borneo aufbrachen, mußte ich erst mal wieder zu Kräften kommen. Das tat ich auf den kleinen thailändischen Inseln Ko Lanta, Ko Pipi und in Krabi. Die Hepatitis A hatte ich vor lauter Erschöpfung bekommen. Wir waren seit drei Monaten unterwegs, und noch immer kein Ende in Sicht!

Auf Ko Lanta schliefen wir am Strand, unter freiem Himmel, rings um ein großes Feuer. (Es gab wohl ein armseliges Hotel auf der Insel, aber der Besitzer wollte uns kein Zimmer geben; keine Ahnung, warum. Und auf den klebrigen Tischen im Restaurant wollten wir nun wirklich nicht übernachten.) Im Mondschein versuchten meine Eltern, ein Brüderchen für mich zu machen (wie oft hatten sie sich das schon vorgenommen!). Plötzlich stieß ein Adler vom Himmel herunter und flog haarscharf über das leuchtende weiße Hinterteil meines lieben Vaters hinweg.

»So ein Biest!«

»Das ist ein gutes Zeichen«, meinte Mama. »Du wirst sehen, Jacob, diesmal bekommst du dein Brüderchen.«

»Auf einen Adler ist kein Verlaß«, erwiderte ich und drehte mich auf die andere Seite.

Es ist wunderschön auf diesen kleinen Inseln. Überall wachsen Kokospalmen. Wir schliefen entweder im Freien oder in kleinen Hütten ganz nah an den Felsen, nur zwei

Meter vom Meer entfernt. In die winzigen Räume paßte nur ein Bett samt Moskitonetz und eine Lampe, die mit Salatöl betrieben wurde. Nachts hörte ich das Meer rauschen und die Moskitos summen. Es war unerträglich heiß. Ich lief dauernd nackt herum.

Bis zur Insel Pinang war es mit dem Flugzeug nur ein Katzensprung. Papa hatte sich an der Lippe einen Pickel ausgedrückt, und am andern Morgen sah er aus wie eine Schwarze mit Lippenpflöcken, so gewaltig war seine Lippe angeschwollen. Es herrschte eine abartige Hitze, und ich konnte fast nicht mehr.

»Was ist denn? Los, weiter, du Schwächling!«

Ich hatte einen kleinen weißen Pickel am Bein, der ganz schön weh tat, und alles, was meinem Vater dazu einfiel, war, mich einen Schwächling zu nennen! Mama ging mit mir zum Arzt. Er gab mir eine Spritze und holte jede Menge Eiter aus der Beule am Bein. Ich hatte einen Staphylokokkus, einen goldenen. Mein Vater auch. Seine Lippe sah aus, als hätte ihm jemand mit der Faust draufgeschlagen.

»Kommt, gehen wir ein Bier trinken«, schlug Mama vor. »Ihr zwei seid wirklich zu bedauern.«

Ich mag diese Restaurants, wo an die dreißig Speisen auf einem langen Tisch aufgebaut sind: Fleisch (Hühnermägen, Hirn, Leber, Kaldaunen), verschiedene Fische, Gemüse und Eier. Man sucht sich aus, was man mag (die Kellner merken sich gut, was man auf dem Teller hat), und setzt sich zum Essen an seinen Tisch, wo es warmen Reis dazu gibt.

Nach dem Essen sind wir mit einer Linienmaschine nach Singapur geflogen. Von dort ging es gleich weiter nach Jakarta, von wo uns ein drittes Flugzeug nach Borneo brachte. Mit dem Taxi sind wir dann von Balikpapan nach Samarinda gefahren. Das liegt am Meer, an der Mündung des Mahakam.

Statt Sandstrand gibt es dort Mangroven, das sind Bäume, die mit ihren Wurzeln übers Wasser gehen, als hätten sie Pfoten. Es ist das Land der Krabben und der Nasenaffen (das sind die mit dem großen Zinken).

Im Hotel habe ich mir auf der Karte angeschaut, wo die Menschen leben, die man »Langohren« nennt. Borneo ist riesig, mit seinen 736.000 Quadratkilometern die drittgrößte Insel der Welt.

»Wenn wir richtige sehen wollen, keine katholischen, dann müssen wir nach Norden bis zur Grenze nach Sarawak«, sagte Papa.

»Das ist ganz oben auf der Karte, gar nicht weit von Brunei!«

»Vier Wochen in der Piroge oder drei Stunden im Flugzeug, was ist dir lieber?«

Ich entschied mich für die Piroge – und genommen haben wir das Flugzeug. Es war ein nettes kleines, weiß und blau, mit zwei Propellern. Es flog ziemlich niedrig, ich konnte alles genau sehen. Die ersten sechzig Minuten kam ich aus dem Staunen nicht heraus: Der Wald war verschwunden!

»Sie fällen die Bäume, weil sie das Holz für Zündhölzer, Zahnstocher und Eßstäbchen brauchen. Das wird alles nach Japan verkauft, und die Japaner bauen im Gegenzug Straßen, damit sie ihre Benzinkutschen absetzen können«, erklärte Papa.

Die Japaner stehlen vielleicht nicht, aber sie sind ganz schön clever, sagte ich mir.

Nach einer weiteren Stunde war der Wald wieder da. Grün und so groß wie ein Meer. Die Flüsse kringelten sich auf seinem Bauch wie Schlangen.

Hinter dem Piloten saß eine alte Dame. Sie war tätowiert und hatte ein Käppchen auf. Ihre schweren Ohrringe zogen ihr die Ohrläppchen bis zu den Schultern herunter. Sie war wunderschön, aber sehr traurig. Unser kleiner Vogel überflog Long Bawan: zehn Langhäuser aus Holz und eine kurze Schlammpiste. Der Pilot drehte zwei Runden über der Piste und flog dann wieder zurück. Er konnte nicht landen, weil der Boden vom Regen völlig aufgeweicht war. Der Frau mit den langen Ohren liefen die Tränen übers Gesicht: Zehnmal hatte sie versucht, nach Hause zu kommen, und jedesmal hatte sie wegen des Regens wieder umkehren müssen.

»Dann werden wir eben mit dem Boot flußaufwärts fahren, bis wir die ersten Langohren sehen«, entschied Mama.

Ich war sofort Feuer und Flamme. (Mama ist eine Draufgängerin.) Papa weniger. Er hatte Staphylokokken auf dem Po. Das tat weh, er konnte kaum sitzen.

Der Fluß war breit. Hunderte von Baumstämmen trieben im Wasser. Sie waren zusammengebunden und wurden von Booten gezogen. Ein Mann balancierte über die Stämme, er achtete darauf, daß sie sich nirgends festhakten. Unser schwimmendes Taxi hielt an jedem Dorf. Die Javaner wohnten in Holzhäusern. An der Landungsstelle gab es Obst zu kaufen. (Das Essen auf dem Schiff war nicht überwältigend: Reis, Nudeln, scharfe Sauce, ein Ei.) Ich habe mir Litchis gekauft. In Long Apung stiegen wir aus. Papa hatte genug von der Flußfahrt. Wir würden unsere Reise zu Fuß durch den Regenwald fortsetzen. Prima Idee!

Nie zuvor in meinem kurzen Leben war ich soviel gelaufen! Von morgens bis abends, im Regen und durch den Morast. Nach neun Tagen und dreißig Kilometern trafen wir endlich einen Urwaldbewohner, einen muskulösen, lächelnden alten Herrn in Unterhose und Armeehemd. Mein erster Blick galt seinen Ohren: Sie waren normal. Er gehörte zu den Tunjung Dayak. Die mit den langen Ohren gehören zu den Bahao. Sie wohnen noch ein ganzes Stück weiter. Wir hatten einen Bärenhunger. Der Dayak nahm seine Machete und verschwand im Dikkicht. Als er zurückkam, hatte er ein Büschel Bananen und die Frucht eines Brotbaums in der Hand. (Das ist kein Baum, an dem Brot wächst, sondern einer, der Früchte mit weißem Fleisch und dicken Kernen drin trägt. Die schmecken nach Wald und sind sehr lecker, ich mag sie lieber als Bananen.)

Der Dayak sammelte Kautschuk in seinem Wald. Er zeigte mir, wie das gemacht wird. Erst ritzte er mit dem Messer einen Baumstamm an; aus dieser Kerbe lief eine weiße Flüssigkeit heraus, die fing er auf, formte sie zu Klumpen und legte sie in die Mittagssonne zum Trocknen (die Mittagszeit ist die einzige Zeit am Tag, zu der es auf Borneo nicht regnet).

Übernachtet haben wir in einem Dorf, das Malak oder Teluk Dalam hieß. Am andern Morgen machte ich meine Schularbeiten. Ein Diktat und eine Übung zur Bildung des Plurals. Unser Holzhaus stand auf Pfählen. Dahinter der Urwald, wie ich ihn mir vorgestellt hatte: jede Menge Bäume, Feuchtigkeit, Hitze, Regen, Morast.

Als wir am nächsten Tag wieder aufbrachen, war ich nach kurzer Zeit völlig fertig. Ich konnte einfach nicht mehr.

»Du siehst aus wie ein kleiner Greis«, meinte Mama.

Ich war erschöpft. Aber mir schwante, daß mir das Schlimmste noch bevorstand. Papa hielt einen Lastwagen, einen Kipper, an. Er verhandelte mit dem Fahrer und stieg dann ein.

»Wir müssen unsere Kräfte sparen«, rief er uns durchs Fenster zu.

Unser Führer und Mama kletterten in die Mulde auf der Ladefläche. Ich blieb am Straßenrand stehen.

»Was ist, Jacob? Worauf wartest du?«

»Wir haben gesagt, daß wir den Rest des Wegs zu Fuß gehen würden«, maulte ich.

»Du hast gut reden, du mußt ja auch nicht das ganze Zeug schleppen«, sagte Papa. »Also los jetzt, steig endlich ein.«

»Ich will aber zu Fuß gehen!«

Papa wurde böse. »Wirst du jetzt endlich einsteigen oder muß ich nachhelfen?«

Ich fing an zu heulen. »Ihr Feiglinge! Dann geh' ich eben allein weiter!«

Unser Führer grinste. Die Arbeiter im Lkw auch. Sie lachten mich aus. Der Lkw fuhr an, und im gleichen Augenblick packten mich zwei Arme und hoben mich hoch. Ich brüllte wie am Spieß und schlug um mich.

»Du bist ja fix und fertig«, sagte Mama. »Nachher machen wir uns erst mal was Gutes zu essen, dann geht's dir gleich wieder besser, du wirst sehen.«

Was Gutes zu essen? Ha! Reis, wie üblich. Immer das gleiche. Am andern Tag hatte ich lauter Blasen an den Füßen. Papa tat der Hintern weh, und Mama hatte Staphylokokken am Knie. Unser Führer nannte uns »Staphylo-Familie«.

»Außerdem gehen Sie zu schnell für das, was Sie mir bezahlen«, fügte er hinzu.

»Nur nicht schlappmachen, mein Freund!«

»Wenn Sie in diese Richtung weitergehen, erreichen Sie in ein paar Stunden ein Dorf, wo Sie sich eine Piroge mieten können. Mir reicht's, ich hab' die Nase voll!«

So ein Mistkerl!

Weil Papa sich wegen seines »Staphylos« nicht hinsetzen konnte, legte er sich in der Piroge auf den Bauch. Sehen konnte er nichts außer dem schlammigen Wasser des Flusses. Und wenn er sich umdrehen wollte, schrien wir:

»Nicht! Sonst kentern wir!«

Am Abend legten wir bei einem moslemischen Dorf an. Einige Hütten aus Holz und Wellblech, umgeben von Bäumen, in denen Tausende von Vögeln einen Höllenlärm machten. Wir suchten das Haus des Doktors. Im Wartezimmer herrschte peinliche Sauberkeit, und wir schämten uns ein bißchen wegen unserer unappetitlichen Füße. Der Doktor wollte von Papa wissen, was ihm fehle. Paddy ließ seine Shorts runter. Der Indonesier verzog das Gesicht. Er gab ihm ein weißes Pulver für seinen »Staphylo«. Die Behandlung sei kostenlos, sagte er, mehr könne er nicht für uns tun, und er müsse jetzt zum Beten in die Moschee.

»Ich will Antibiotika«, sagte Papa. »Wir fahren zurück nach Samarinda.«

»Erst wenn wir die Langohren gesehen haben.«

Mama hat einen Dickschädel. Wieder einmal bestiegen wir ein Schiff, wo ich wieder einmal Reis, Nudeln, Eier und scharfe Sauce aß. In der Kombüse machte ich mehr schlecht als recht meine Schularbeiten. Addieren, subtrahieren. Hin und wieder schaute ich auf den Fluß hinaus, auf die vorbeitreibenden Baumstämme und Pirogen. Irgendwann wurde der Fluß anscheinend zu schmal für das Flößen von Holz: Ich konnte keine Stämme mehr sehen. Dafür entdeckte ich am Ufer kleine Holzhütten unter großen, krummen Bäumen. Dann gab es nur noch Wald zu sehen. Es war schwülwarm, ich ging pausenlos nach achtern, zog den Eimer, der im Wasser hing, hoch und gönnte mir eine Dusche.

»Wir haben es geschafft, Jacob!« schrie Mama eines Nachmittags. »Da ist die Mission!«

Ich rannte an Deck. »Wenn es Katholiken sind, sind es aber keine richtigen Langohren.«

»Wir werden uns trotzdem damit zufriedengeben.

Dein Vater geht auf dem Zahnfleisch, der Ärmste. Du solltest ihm dankbar sein, daß wir überhaupt so weit gekommen sind. Gib ihm einen Kuß, dann freut er sich.«

Mein Vater war mir im Moment völlig schnuppe.

»Die Katholiken haben keine langen Ohren«, beharrte ich.

»Doch, soviel ich weiß. Und jetzt laß gut sein, Jacob.«

Die Uferböschungen waren sehr steil. Wer das Dorf Data Bilang erreichen wollte, mußte die in die Bäume gehauenen Stufen hinaufsteigen. Ein Chinese, der sich der Geschäfte wegen hatte taufen lassen, hieß uns willkommen. Er verkaufte Bonbons, Kuchen, Kaugummi und andere Leckereien. Dann kamen die ersten Bahau. Sie drückten uns lange und sehr herzlich die Hand, sie waren fast zu freundlich. Wir hatten zwar einen weiten Weg zurückgelegt, um sie zu besuchen, aber so eine überschwengliche Begrüßung hatten wir dann doch nicht verdient. Ich schaute mir ihre Ohren an. Lang waren sie, aber sie trugen keine Ringe. Die katholischen Missionare haben es ihnen verboten. Die Frau, bei der wir wohnten, hatte so große Löcher in ihren Ohrläppchen, daß ich meine Hand durchstecken konnte!

Ihr Haus war ganz aus Holz, sehr sauber und sehr dunkel. Es gab eine Ecke zum Essen, eine zum Schlafen, eine zum Kochen und eine zum Weben. (Die Bahau stellen Baumwollstoffe her, Gegenstände aus Peddigrohr und tolle Rucksäcke.) Unsere Gastgeberin tischte uns Ananas auf.

Danach streunte ich durch das Dorf und schüttelte jedem die Hand. Ein paar Kinder spielten Fußball, und ich durfte mitspielen. Wir rannten dem Ball hinterher und schubsten uns gegenseitig in den Schlamm (der war ganz weich und warm, das war echt super!), aber als die Größeren es zu wild trieben, gingen wir, die kleinen Siebenjährigen, zum Fluß hinunter. Das Wasser war trüb von der Erde, die in den Fluß geschwemmt wurde, von ganz weit oben, dort, wo die Dayak leben, die richtigen Langohren, die alle miteinander in großen Häusern wohnen. Ich hätte sie zu gern besucht. Aber Papa ging es hundeelend. Wir mußten nach Samarinda zurück.

Dort schrieb Papa einen Brief an meinen Lehrer:

Lieber Monsieur Serrat,
wir sind inzwischen im Rechnen bei Lektion 55 angekommen, in Grammatik bei Lektion 4 und im Lesen bei Babar.

Im Rechnen keinerlei Probleme! In Grammatik auch nicht: Jacob kann zwischen Substantiv, Verb, näheren Bestimmungen unterscheiden. Da wir die Konjugationen bereits vergangenen Oktober durchgenommen haben, kann er jetzt mit dem Kapitel über die Zeitbestimmungen beginnen.

Das zweite Heft folgt in Kürze. Wir werden wie geplant am 18. April wieder zu Hause sein.

Herzliche Grüße von uns allen.

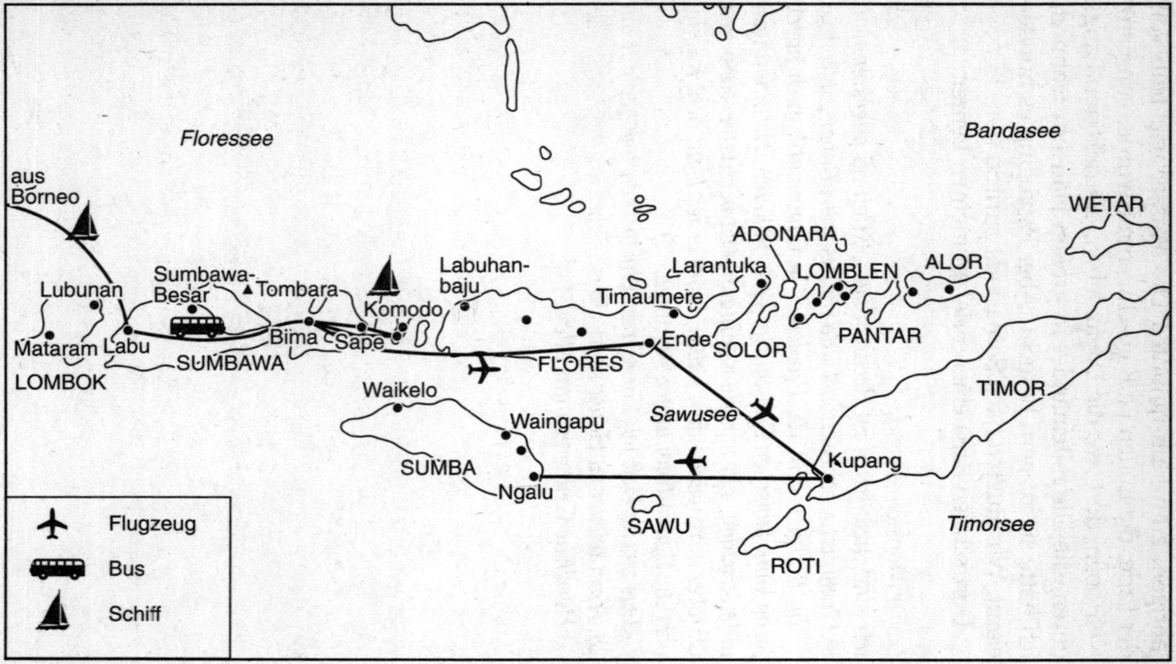
Floressee
Bandasee
aus Borneo
WETAR
ADONARA
Larantuka
Labuhan-baju
Sumbawa-Besar
Tombara
Lubunan
LOMBLEN
ALOR
Timaumere
Komodo
Bima
Sape
Mataram
Labu
SUMBAWA
Ende
SOLOR
PANTAR
FLORES
LOMBOK
Waikelo
TIMOR
Sawusee
Waingapu
Kupang
SUMBA
Ngalu
SAWU
Timorsee
ROTI
Flugzeug
Bus
Schiff

6

Die Suda-Inseln

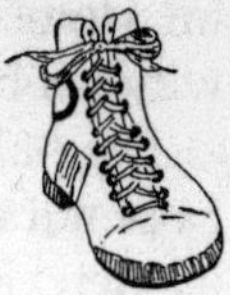

Gerade rechtzeitig zu *Niapi,* dem Neujahrsfest, sind wir auf Bali angekommen (Bali gehört zu Indonesien und liegt im Osten von Java). Die Einwohner hatten ihre Kostüme und ihre Tamtams hervorgeholt. Am Strand steckten sie große Fahnen in den Sand. Sie beteten in der Sonne und brachten ihren Göttern Geschenke dar: Blumen, ein wenig Reis und ein Räucherstäbchen. Das alles ist in großen Blättern verpackt. Dann zündeten sie das Räucherstäbchen an und setzten die *Puja* aufs Wasser, wo sie noch eine Weile trieb, ehe sie unterging. Aber das macht nichts: Die Götter sind zufrieden.

Wenn es dunkel wird, fahren die Balineser die Dämonen spazieren. Die Figuren aus Pappmaché werden auf kleine Karren gestellt und von etwa zwanzig Männern durch die Straßen gezogen. Sie bleiben oft stehen und sprinten dann wieder ein paar Meter. Frauen, Kinder, Männer tanzen um sie herum, johlen und werfen Knallkörper. Irgendwann sind sie so aufgekratzt, daß sie zum Strand hinunterlaufen, um die Ungeheuer dort zu verbrennen. Von Mitternacht an müssen alle in ihren Häusern bleiben. Man darf kein Licht und kein Feuer mehr machen und muß sich mucksmäuschenstill verhalten, und zwar bis am andern Tag um Mitternacht: So lange dauert es, bis die Dämonen sich im Dunkeln verirrt und die Insel verlassen haben. Papa, Mama und ich blieben im Hotelzimmer und rührten uns nicht. Die Stille war wirklich beeindruckend.

Die Balineser schützen den Körper mit Stoff und den Kopf mit einem großen Strohhut vor der Sonne, wenn sie in den Reisfeldern arbeiten oder ihre Enten hüten. Abends stehen die Männer nackt in den Reisfeldern und waschen sich. Sie haben mir zugewinkt und gerufen: »*Salamat jalan!* (gute Reise).«

Die Frauen sehen schön aus, wenn sie ein Tablett voller Früchte auf dem Kopf balancieren. Sie müssen eine Pyramide aus Bananen, Mangos, Litchis, Salaks, Mandarinen und einer Kokosnuß zum Tempel tragen, ohne daß etwas herunterfällt.

Ich fand die Balineser reichlich kompliziert. Sie haben so merkwürdige Bräuche wie das Feilen der Zähne. Sie stellen Standbilder von Monstern an Tempeleingängen, vor Kreuzungen und an Brücken auf. Sie gehören dem hinduistischen Glauben an und verbrennen ihre Toten auf großen Holzkarren. Das Feilen der Zähne ist nicht nur schmerzhaft, sondern auch teuer. Das jedenfalls hat mein Kumpel Made mir erzählt, als wir nach der Vertreibung der Dämonen am Strand Federball spielten. Man muß dem Priester Geld geben und sämtliche Freunde zu der Zeremonie einladen. (Die Balineser haben alle die gleichen Namen. Der Älteste heißt immer Made, der Jüngste Nyoman; das dritte Kind, wenn es ein Mädchen ist, Kutut; das vierte Putu.) Als ich Made sagte, daß ich keiner Religion angehöre, wollte er mir nicht glauben. Für ihn war so etwas unfaßbar. Ich habe viele Glaubensrichtungen kennengelernt. Die Papuas und die Dayak zum Beispiel sprechen mit den Bäumen, bevor sie sie fällen. Die Animisten bringen ihren Toten zu essen und zu trinken. Sollen sie meinetwegen. Mich stört das nicht.

Ein alter, verrosteter Dampfer brachte uns zur Nachbarinsel Lombok. Die Fähre war ganz schön voll. Unten waren die Lkw geparkt und oben die Leute in einer Art Kinosaal mit Plastiksesseln zusammengepfercht. Im Fernsehen wurde ein Karatefilm gezeigt. Es roch nach *Kretek* (Zigaretten mit Gewürznelke) und *Krupus* (Chips mit Krabben und Chili).

Die Überfahrt dauerte vier Stunden. Lombok ist nicht so schön wie Bali; es gibt dort weder Kokospalmen noch Bananenstauden, auch keine Reisfelder. Die Insel ist ganz dürr, die großen Hügel sind mit gelbem Gras und grauen Felsen bedeckt. Wir sind nicht lange geblieben. Mein Vater wollte gleich zur Insel Sumbawa weiterfahren.

Mit 97 anderen Fahrgästen hockten wir auf einem kleinen Fischerboot in der prallen Sonne.

»Das ist aber weit, Papa!«

»Es lohnt sich, du wirst sehen. Dort gibt es Vulkane und Drachen. Fleischfressende Ungeheuer, die Hirsche, Schweine und Menschen verschlingen, die nicht schnell genug weglaufen.«

»Da kann mir ja nichts passieren, ich bin ja noch ein Kind!«

Wir durchquerten Sumbawa auf einer schnurgeraden, geteerten Straße. Es war eine grüne Insel mit großen Hügeln und einem mächtigen Vulkan, der vor langer Zeit ausgebrochen war. 80.000 Menschen waren damals ums Leben gekommen! Mit sieben Jahren hatte ich natürlich noch keine Vorstellung davon, wie viele das waren. In jedem Dorf stand eine Moschee mit einer Stahlblase als Dach und einem Lautsprecher ganz oben am Minarett.

Am frühen Abend erreichten wir Bima. In den morastigen Straßen verkehrten *Dukkhas,* gummibereifte Karren, die von hübschen kleinen Pferden gezogen wurden. Sie verursachten unglaubliche Verkehrsstaus. (Ich mag diese Pferdekarren, die man nur auf Lombok und Sumbawa findet. Anders als in Indien, wo die Pferde blutig gepeitscht werden, gehen die Kutscher hier sorgsam mit ihren Tieren um.) Wir sind in Richtung Urwald weitergefahren. In Sape wollten wir übernachten. Ein sonderbares Kaff! Uralte Hütten drängen sich um einen kleinen, zur Hälfte überdachten Marktplatz. Die Herberge war schmutzig und voller Moskitos. Im *Mandi* (dem Bad, besser gesagt dem Ort, wo man sich kaltes Wasser über den Kopf gießt – so wäscht man sich in Indonesien) krabbelten fette Spinnen. Ich habe Nasi-goreng gegessen (Reis mit Karottenwürfeln, Erbsen, Hühnerfleisch) und danach Schularbeiten gemacht: ein Diktat schreiben sowie Frage- und Ausrufesätze bilden. Mühsam, mühsam!

Am andern Morgen, als wir mit der *Dukkha* ins Tal hinunterfuhren, sind uns viele Leute begegnet, die auf dem Weg zur Arbeit in den Reisfeldern waren. Sie trugen alle Strohhüte, die in einem spitzen Kegel endeten. Von früh bis spät würden sie im Wasser stehen und Reis pflanzen. Wie auf Bali.

Auf einer großen, total verrosteten Fähre setzten wir zur Insel Komodo über. An dieser Stelle gibt es gefährliche Strömungen, die schon so manches Fischerboot mitgerissen haben. Ich suchte mir einen Platz an Deck, auf einer der Holzbänke unter der großen Plane, und schaute aufs Meer hinaus. Es war herrlich blau, mit kleinen weißen Strudeln, die sich ständig neu bildeten. Der Kapitän steuerte das Schiff zwischen felsigen Inselchen hindurch, auf denen gelbes Gras wuchs. Delphine begleiteten uns. Und fliegende Fische habe ich auch gesehen! Sie schwimmen pfeilschnell dicht unter der Wasseroberfläche, breiten plötzlich ihre langen Flossen aus und schweben dann bis zu hundert Meter weit über den Wellen. Papa sagte, es gäbe auch Wale in der Flores-See, aber ich habe keine gesehen. Vielleicht ein andermal.

Komodos Berge sind mit grünem Gras bedeckt. Wälder gibt es auch, aber die Bäume sind eher klein. Eine Piroge mit Motor und zwei Auslegern holte uns ab. (Zum Aussteigen ist das nicht sehr praktisch, vor allem, wenn man Gepäck hat.)

Als wir auf den breiten, halbkreisförmigen Strand zusteuerten, entdeckte ich eine große Schildkröte mit einem Papageienschnabel. Sie hielt beim Schwimmen den Kopf über Wasser, und ich konnte deutlich sehen, wie sie immer wieder ihre Beine unter dem Panzer anlegte. Sie war sehr schnell, sie kam gleichzeitig mit uns am Ufer an.

Unsere Unterkunft, ein Pfahlbau, lag im Camp der Ranger. Ihre Aufgabe war es, auf die Drachen aufzupassen (Warane heißen sie richtig). Das Haus hatte zwei große Schlafzimmer, ein Wohnzimmer und eine Küche. Die Pfähle, auf denen es stand, waren sehr hoch, damit die Drachen nachts nicht hineinkletterten und die Besucher verspeisten. Bevor ich ins Bett ging, schloß ich die Tür ab und drehte den Schlüssel zweimal herum.

Ich habe schlecht geschlafen. Ich träumte von Drachen, die groß wie Dinosaurier waren und Feuer spuckten. Und ich bin andauernd von irgendwelchen Geräuschen wach geworden. Erst die Moskitos. Dann die Ratten, die durchs Zimmer trippelten. Und zum Schluß die singenden Eidechsen: Geckos. Den Kopf nach unten liefen sie an der Decke entlang und machten: »Ge-ko! Ge-ko!« in einem fort.

Meine Mutter konnte kein Auge zumachen. Sie spürte, daß ich hellwach unter meinem Moskitonetz lag und ins Dunkel starrte.

»Hörst du die Echsen?« flüsterte sie.

»Ja.«

»Es bringt Glück, wenn sie siebenmal ›geko‹ rufen.«

Ich sollte die Rufe zählen, bis ich müde wurde und

einschlief. Kein schlechter Trick, ziemlich wirkungsvoll sogar, wäre da nicht das Grunzen der Wildschweine gewesen, die in den Mülltonnen stöberten, und das Getrappel der Hirsche draußen im Wald! Nicht zu vergessen meine blühende Phantasie, die dafür sorgte, daß ich Drachenkrallen an der Tür kratzen hörte.

Es war noch nicht mal richtig hell, da war ich bereits auf den Beinen, ganz zappelig vor Aufregung. Zwei Ranger hatten sich bereit erklärt, uns zu den Drachen zu bringen. Endlich!

Bevor es losging, drückten sie mir einen gegabelten Stock in die Hand, mit dem ich die Ungeheuer in Schach halten konnte. Die Bäume waren winzig verglichen mit denen auf Borneo. Es fällt kaum Regen auf Komodo. Die Ranger hatten eine Ziege dabei, die unaufhörlich meckerte. Als witterte sie Gefahr.

Und tatsächlich: Wir kamen auf eine Lichtung, und sofort stapfte ein wildes Tier auf uns zu. Es bewegte sich wie ein Krokodil und sah aus wie eine gigantische Eidechse. Es hatte eine gespaltene Zunge und gefährlich lange Krallen.

»Was ist das?« fragte ich Papa.

»Das ist ein Drache.«

»Das? Das ist ein Drache?«

Ich war maßlos enttäuscht. Die fette Echse hatte anscheinend gerade getötet, die ganze Schnauze war voll Blut, aber angst machte sie mir nicht. Die Ranger schoben uns hastig in eine Art Pferch.

»Von hier können Sie die Tiere beobachten, in aller Ruhe und ohne Gefahr zu laufen, von ihnen gefressen zu werden.«

Daß ich nicht lache, dachte ich. Wie sollen die uns fressen können?

Wie, das sah ich gleich darauf. Ein Drache nach dem

andern rutschte auf dem Bauch in eine Grube hinunter. Inzwischen hatte ein Ranger der Ziege die Kehle durchgeschnitten. An einem Strick ließ er sie in die Grube hinunter. Die Drachen stürzten sich sofort auf sie. Da Warane keine Zähne haben wie Krokodile und daher nicht beißen können, müssen sie das Fleisch aus der Beute herausreißen. Sie kletterten übereinander, um an die Ziege zu kommen.

»Sie sind sehr kräftig«, sagte Papa. »Sie können einen Hirsch eine ganze Nacht lang mit sich herumtragen.«

Ein Drache riß den Magen der Ziege auf; flüssiges, mit gelber Gallenflüssigkeit vermischtes Gras lief heraus. Das machte die Echsen ganz wild. Von überall her kamen neue. Es waren jetzt mindestens fünfzehn, die versuchten, der armen Ziege die Eingeweide herauszureißen. Eine zerrte an einem Bein, eine andere am Kopf. Zum Schluß blieben nur noch die am Strick festgebundenen Hinterfüße übrig. (Die Drachen schlucken alles, sogar die Knochen, sie würgen sie unzerkaut hinunter.) Ich fand das Schauspiel ziemlich eklig.

Um auf andere Gedanken zu kommen, spazierte ich kilometerweit am Strand entlang. Es war wunderschön hier, einsam, ursprünglich, mit Dünen und Bäumen, in denen weiße Kakadus hockten. Ich sammelte rote Korallen, die von den Wellen angespült wurden. Ich wollte sie zu Pulver zerstoßen und in einem Marmeladenglas aufheben.

Das Wasser war warm, die Hitze unerträglich.

»Kommst du mit, Jacob? Wir gehen schwimmen«, rief Mama.

»Von mir aus. Ich geh' da nicht rein. Das Wasser ist trüb, man sieht überhaupt nicht, was drin ist.«

»Sei nicht immer so mißtrauisch!«

Meine Eltern setzten sich auf einen Felsbrocken im

Wasser und zogen mich auf. »Wenn du wüßtest, was dir entgeht, Jacob! Es ist herrlich! Willst du nicht doch reinkommen?«

Warum eigentlich nicht, sagte ich mir. Im gleichen Moment springen meine Eltern auf wie von der Tarantel gestochen und flitzen zurück an den Strand. Da sehe ich die Haifischflosse aus dem Wasser ragen, keine drei Meter von der Stelle entfernt, wo meine Eltern gesessen hatten.

»Ich hab's euch doch gleich gesagt!« brüllte ich. »Immer müßt ihr so einen Mist machen! Eines Tages stehe ich ganz allein da!«

»Was redest du denn für einen Unsinn, Jacob. Wir sind doch noch da, oder? Zieh deine Schuhe an, wir machen einen Abstecher in das Fischerdorf«, sagte Papa.

Ich kletterte hinter Papa her über die scharfkantigen Felsen. Das Dorf, einige Pfahlbauten, lag in einer Bucht. Die Fischerboote hatten alle Ausleger, wegen der Strömungen im Meer. Alle Kinder stürzten sich kreischend auf mich und wollten mich anfassen. Ich wollte bloß noch weg.

In der Nacht hörte ich, wie meine Eltern miteinander tuschelten. Als ich fragte, was es zu besprechen gebe, antworteten sie, ich solle abwarten, morgen würde ich es schon erfahren.

»Nimm deine Vitamine, Jacob«, sagte Mama am andern Morgen. »Du wirst sie brauchen.«

»Was habt ihr vor?«

»Drachen reiten!« antwortete Papa.

»Wozu das denn?«

»Was ist? Hast du Angst?«

»Ich habe vor gar nichts Angst! Aber ob das eine gute Idee ist?«

Mama und Papa waren nicht zu bremsen. Ich schaute zu, wie sie sich aus dem Camp stahlen; die Ranger hielten ein Nickerchen. Meine Mutter winkte mir mit einem gegabelten Stock. Papa verschwand bereits im Dickicht. Sie waren verrückt! Aber wenn sie nicht ein bißchen verrückter als andere wären, würde ich jetzt die Schulbank drücken und mich langweilen. Man kann eben nicht alles haben, Abenteuer ohne Risiko gibt es nicht. Also rannte ich hinterher. Ein braver Junge folgt seinen Eltern überallhin.

»Du wirst sehen, mein Zicklein, das ist ein Kinderspiel«, sagte Papa, als ich ihn eingeholt hatte.

Genau das befürchtete ich ja: daß es ein Kinderspiel für die Bestien sein würde, uns aufzufressen! Zicklein, Ziege und Bock, eine komplette, leckere Familie von Bekloppten.

Die Drachen lagen an der Grube und schliefen.

»Sie sehen doch ganz harmlos aus, oder?« meinte Mama.

Ja, solange sie schliefen. Aber wenn sie aufwachten und anfingen zu laufen?

»Geh näher ran, Jacob, damit ich dich mit aufs Bild kriege.«

»Meinetwegen. Aber nicht zu nah.«

»Nimm den Stock, wenn du Angst hast.«

Ich mag nicht für feige gehalten werden, vor allem dann nicht, wenn es gute Gründe gibt, Angst zu haben.

»Ich hab' keine Angst! Du nervst!«

Mit dem Stock in der Hand ging ich vorsichtig auf den Drachen zu, der am tiefsten zu schlafen schien. Er war groß, größer als ich. Entschlossen steckte ich den gegabelten Stock so über seinem Hals in den Boden, daß er nicht nach mir schnappen konnte. Er bewegte den Kopf, und da erst wurde mir die symbolische Bedeutung meiner Geste klar.

»Beeil dich, Mama!«

»Berühr seinen Schwanz.«

»Dann wacht er aber auf.«

»Nun mach schon. Das gibt ein tolles Foto!«

Tief Luft holen! Uff!

»Siehst du, es ist nichts passiert. Die Drachen sind satt, sie verdauen jetzt ihr Essen, da sind sie ungefährlich. Aber das erkennt man auf den Bildern nicht. Die werden sensationell! Du warst sehr mutig«, lobte Mama.

Klar. Überzeugt hatte sie mich aber immer noch nicht. Ich zum Beispiel nasche ja auch, obwohl ich keinen Hunger habe. Warum sollte es bei den Drachen anders sein? Außerdem bewegten sie sich, drehten den Kopf hin und her und starrten mich aus ihren großen, schrecklichen Augen an. Als stimmten sie mir zu.

Papa amüsierte sich auf seine Weise: Er hatte einen Drachen am Schwanz gepackt und sich auf seinen Rükken geschwungen, während er ihm den Kopf mit dem gegabelten Stock niederdrückte. Rodeo-Held!

»Schnell, Anne, die Kamera!«

»Super, Paddy, warte, ich hab' dich gleich im Sucher!«

»Nein, drück den Selbstauslöser, und kommt beide her zu mir.«

»Alles klar.«

Mama und ich setzten uns zu Papa. Klick! Das Familienfoto der Drachenreiter war im Kasten. Der Drache hatte eine ganz rauhe Haut, und er schnaubte heftig. Dann fing er bedrohlich zu grunzen an. Er schien nicht gern als Reittier benutzt zu werden.

»Ihr steigt zuerst ab«, befahl Papa.

»Paß auf den Schwanz auf, Paddy!«

Der Schwanz war das wirklich Gefährliche. Papa hatte Glück: Um ein Haar hätte er ihn getroffen. (Die Drachen erreichen eine Geschwindigkeit von bis zu 18 Stundenkilometer und sind imstande, einem Hirsch mit einem einzigen Schwanzhieb die Läufe zu brechen.)

»Kein Wort von unserem Ausflug zu den Rangern, verstanden?« schärfte Papa mir ein.

Später lief ich zum Strand hinunter. Ein Ranger hatte mir erzählt, abends kämen die Hirsche zum Baden hierher. Und tatsächlich: Ungefähr zehn Tiere hatten sich eingefunden, ein ganzes Rudel mit Vater, Mutter und Kindern. Ich ging langsam auf sie zu. Sie rannten nicht weg. Ich war nackt und nicht sehr groß. Ein Kitz lag im Sand. Ich setzte mich daneben und drückte es an mich. Es roch gut. Ich habe lange mit ihm geschmust. Mama konnte sogar ein Foto von uns machen.

Wir blieben drei Tage auf der Insel. Und ich habe jeden Morgen gearbeitet. Wer Komodo verlassen will, stellt sich an den Strand und wartet, bis die Fähre vorbeikommt. Dann wird geschrien und gewinkt, die Fähre stoppt, man fährt in der Piroge hinaus und steigt zu. Wir setzten uns also an den Strand und warteten. Ich hatte ein rotes T-Shirt an. Das war ein Fehler. Plötzlich tauchte hinter der Düne ein Drache auf und tappte schnurstracks auf mich zu. Und wie schnell! Anscheinend hielt er mich für seinen Nachtisch.

»Hilfe! Hilfe!«

Allgemeine Panik! Jeder warf, was er gerade in die Hand bekam, nach dem Drachen, Holzstücke, kleine Steine, alles, was greifbar war. Ich habe doch gleich gesagt, daß die Biester gefährlich sind. Aber auf mich hört ja keiner.

Als wir am Abend in Bima ankamen, wollte Papa gleich weiter zur Insel Flores. Er hatte wirklich Hummeln im Hintern!

»Ich kann kein Schiff mehr sehen«, maulte ich.

»Und ich werde seekrank«, sagte Mama.

Papa strahlte. »Deshalb werden wir ja auch das Flugzeug nehmen.«

Auf den indonesischen Inseln benutzt man das Flugzeug wie andernorts den Bus. Die alten Propellermaschinen bieten Platz für zwanzig Personen. Ich hatte ein ziemlich mulmiges Gefühl. Wir gerieten in Luftlöcher und wurden durchgeschüttelt, und wenn ich aus dem Fenster schaute, konnte ich die Strudel im Meer sehen.

Unser fliegender Bus landete in Labuhanbaju, wo bereits die nächsten Passagiere warteten. Ein Chinese öffnete die Tür und fragte, ob noch Platz sei. Nein, antwortete mein Vater. Er machte die Tür wieder zu, und wir flogen weiter, über Vulkane und Flüsse hinweg, bis wir den Flughafen von Endeh erreichten, der Inselhauptstadt.

Meine Eltern nahmen ein Zimmer in einer üblen Absteige neben der Moschee. Um fünf Uhr morgens wurden wir vom Ruf des Muezzin geweckt.

»Nichts wie weg«, sagte mein Vater. »Wir werden uns woanders einquartieren.«

»Und wo?«

»Am Fuß des Vulkans Keli Mutu, dort haben wir unsere Ruhe.«

Der Pfarrer des kleinen Dorfs dort nahm uns auf. Seine Haushälterin setzte uns ein sagenhaftes Essen vor: weißen Reis, Huhn, Nudeln, Gemüse, Eier. Sie gab uns zusätzliche Decken, weil die Nächte in dieser Höhe kalt waren. Bevor ich schlafen ging, hörte ich, wie der Pfarrer meinem Vater versprach, Pferde zu besorgen, damit wir nach N'Gellah reiten könnten. Super!

Meins war weiß, das von Mama schwarz und Papas braun. Seine Füße schleiften fast am Boden; entweder war er so groß oder das Pferd so klein. In jedem Dorf, durch das wir ritten, kamen die Leute aus den Häusern gelaufen, als sie uns sahen. Es waren hauptsächlich Frauen, weil die Männer auf dem Feld arbeiteten. Sie trugen *Ikats,* breite blaue oder braune Schultertücher mit geometrischen Mustern. Mama war ganz aufgeregt:

»Für einen *Ikat* brauchen sie drei Monate. Jedes Dorf verwendet andere Farben. Sind sie nicht wunderschön? Am liebsten würde ich alle kaufen!«

Die Frauen hatten die Haare zu einem Knoten zusammengesteckt. Ihre Lippen waren ganz rot vom Betelkauen. Sie standen lachend um mich herum und berührten mich zärtlich. Ich saß ganz stolz auf meinem Pferd.

Wir kamen gut voran, aber gegen Mittag hörte plötzlich der Weg auf. Der einzige Pfad führte zum Meer hinunter. Irgendwo mußte Papa die falsche Richtung eingeschlagen haben. Wir stiegen ab und gingen zu Fuß weiter. Ich hatte einen Wahnsinnsdurst. Nachdem wir uns eine Stunde durch das Dornengestrüpp gekämpft hatten, begegnete uns ein Junge in meinem Alter. Er trug eine Machete bei sich. Ich gab ihm zu verstehen, daß ich Durst hatte. Er begriff sofort. Im Nu kletterte er gewandt eine Kokospalme hinauf.

»Er sieht nicht so aus, als ob er runterfallen würde«, sagte Papa.

»Er schafft es, er weiß, wie durstig wir sind«, meinte Mama.

Er schenkte uns die Kokosnuß, die er mit heruntergebracht hatte.

Wir kamen in ein Dorf: ein großer Platz aus gestampfter Erde, ringsherum hohe Pfahlbauten aus Holz und mit Strohdach. Frauen kamen nach draußen gelaufen. Sie hatten ihre *Ikats* vorn geknotet, unter ihren bloßen Brüsten. Auch sie hatten ganz rote Lippen. Sie musterten uns erstaunt. Wir schauten uns um. Die Einwohner waren getauft und begruben ihre Toten im Garten.

»Ich finde es rührend, wie sie mit ihren Toten leben«, sagte Mama.

Sie kaufte ihren ersten *Ikat*. (Inzwischen hat sie eine ganze Sammlung. Mama und ihre *Ikats*, die beim Waschen färben ... Ich könnte einen ganzen Roman darüber schreiben!) Ich muß ein bißchen spöttisch dreingeschaut haben, sie sagte nämlich in belehrendem Ton:

»Ich werde dir das erklären, Jacob. Ein *Ikat* ist nicht einfach irgendein Fummel, weißt du. Man könnte sagen, es ist ihre Art zu schreiben. Ein *Ikat* ist wie ein Paß, ein Ausweis. Der *Ikat* sagt jedem, der ihn betrachtet, woher der Betreffende stammt. Ja, mehr noch: Die Anzahl der verwendeten Farben verrät ihm, ob er reich oder arm ist, ob er aus einer Bauernfamilie oder aus einem Königshaus stammt. Du schaust hin und weißt einfach alles! Ist das nicht toll? Verstehst du, was ich meine?«

(Ich mag es, wenn meine Mutter zu wissenschaftlichen Erklärungen ausholt!)

»Ja ja. Wieviel willst du kaufen?«

»Kommt, wir kehren um«, drängte Papa.

Im Haus des Pfarrers wurde uns rasch klar, warum Papa es so eilig gehabt hatte: Er brannte darauf, zum Krater des Vulkans Keli Mutu hinaufzuklettern.

»Ich kann mich kaum noch rühren, Paddy!« jammerte Mama.

»Mir geht's genauso«, jammerte ich.

»Es gibt eine Straße bis hinauf zum Krater«, entgegnete Papa. »Der Pfarrer hat mir den Weg genau beschrieben. Wenn wir jetzt aufbrechen, können wir den Sonnenaufgang vom Vulkan aus beobachten!«

Er ging allein los, zu Fuß. Mama verhandelte mit dem Pfarrer. Und schließlich fanden wir eine Lösung. Mama und ich standen um 3 Uhr früh auf und fuhren im Jeep zum Krater hinauf. Es war ganz schön kalt. Ich schmiegte mich an Mama. In unsere *Ikats* gewickelt, warteten wir darauf, daß die Sonne aufging. Endlich stieg der große, feuerrote Ball hinter dem Kraterrand empor und beleuchtete einen See, der erst nachtblau war, dann schwarz und zu guter Letzt türkis. Es war wunderschön.

Wir verabschiedeten uns vom Pfarrer und stiegen in den Bus nach Maumere. Die Straße war kurvenreich, holprig, voller Schlaglöcher und führte an manchen Stellen haarscharf am Abgrund vorbei. Endlich kamen die ersten Häuser von Maumere in Sicht. Die kleine Stadt am Meer gefiel Papa überhaupt nicht.

»Wir haben noch ein bißchen Zeit. Warum fliegen wir nicht nach Timor? Dort finde ich bestimmt ein paar Masken.«

Ich war einverstanden. (Timor ist eine Insel ganz im Osten des indonesischen Archipels.)

In Kupang konnte ich mich ein bißchen erholen. Wir wohnten in einem Hotel mit Blick aufs Meer. Ich nahm das Partizip Perfekt, das Partizip Präsens und das Perfekt durch und vergnügte mich im Rechnen mit Multiplizieren. Das war keine große Sache.

Auf dem Markt von Kupang begegnete ich den ersten Atoni, Angehörigen des Volksstamms, der im Innern der Insel lebt.

»Das sind nahe Verwandte der Belu«, erklärte Papa. »Du weißt schon, die mit den Riesenfüßen.«

Die Atoni tragen *Ikats* mit roten Streifen und Echsenmotiven. Ihre Elfenbeinarmreifen sind schon so alt, daß sie ganz braun geworden sind. Das schwarze Haar ist kraus, der Mund rot vom Betel und schwarz vom Tabak. Sie ähneln den Papuas. Sie sind sehr schüchtern und sprechen sehr leise.

Meine Eltern haben zahlreiche Dörfer besucht. Auf jedem Markt stellte Papa unverdrossen die gleiche Frage: »*Topeng? Ada topeng?*« (Masken? Gibt es hier Masken?)

Viele verstanden ihn gar nicht. (Auf Timor werden Dawa und Tetum, Dialekte aus dem Landesinnern, gesprochen.) Einmal jedoch nickten die Angesprochenen. Sie zeigten auf einen Kartoffelsack, der mit einer Schnur zugebunden war. Da drin hätten sie *Topeng*. Überglücklich machte Papa den Sack auf – und eine große Schlange schnellte mit aufgesperrtem Maul heraus! Sie war mindestens zwei Meter lang. Sie war zwei Tage in dem Sack gefangen gewesen. Die Typen auf dem Markt wollten sich kaputtlachen. Papa hatte die Schlange fortgeschleudert. Jetzt bückte er sich, packte sie am Schwanz und hinter dem Kopf und drehte sich langsam im Kreis, um zu zeigen, daß er keine Angst hatte. Nicht übel, oder?

Nur, wie wurde er sie jetzt wieder los? Er mußte Kopf- und Schwanzende gleichzeitig loslassen. Irgendwie stellte er es ungeschickt an, denn die Schlange wickelte sich um seine Wade. Ich mußte ihm zu Hilfe kommen.

Da er am Knöchel verletzt war, wollte er unverzüglich nach Bali zurückkehren. Aber die Zeit für einen kleinen Abstecher nach Sumba, einer hügeligen, dürren Insel, nahmen wir uns dennoch.

Auf Sumba gibt es viele Animisten. In manchen Dörfern entdeckte ich Königsgräber mit in den Stein gemeißelten Büffelhörnern. Die Frauen sind sehr fleißig: Sie weben, töpfern, kochen und kriegen Kinder. Die Baumwolle, die sie verarbeiten, pflücken sie selbst. Die alten Frauen sitzen im Schatten zwischen den Pfählen ihrer Hütten, spinnen Garn und spulen es auf.

Mama war begeistert von ihrer Geschicklichkeit und ihrem Können. Ich auch. Sie färben das Garn vor dem Weben. Als sie die ersten Fäden in Längsrichtung spannten, konnte ich überhaupt nichts erkennen, weil die Farben mich blendeten. Aber als dann die ersten Fäden quer gewebt wurden, trat das Muster deutlich hervor. Als ob sie es bereits beim Färben im Kopf gehabt hätten!

Zurück auf Bali meinte Papa, ich hätte mir eine Pause verdient. Was das Herumreisen betraf, nicht die Schularbeiten, die machte ich weiter jeden Morgen. Nachmittags ging ich zum Strand hinunter, wo ich mich mit Rohan traf, meiner ersten Freundin. Sie kam aus Kanada. Wir sprachen englisch miteinander und hatten irre viel Spaß in den Wellen.

7

Der Basar von Peshawar

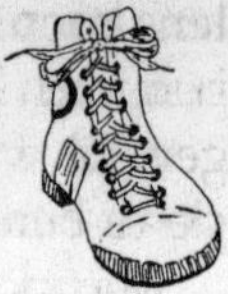

Die Wellen von Bali eignen sich bestens zum Wellenreiten. Ich kam mir auf meinem Brett wirklich wie auf einem Pferd vor. Rohan schaute mir zu und klatschte in die Hände. Ich war ein bißchen traurig, weil ich ihr auf Wiedersehen sagen mußte: Papa hatte vor, in die Berge zu fahren, bevor wir nach Frankreich zurückkehrten. Wir waren seit mehr als vier Monaten unterwegs.

»Was für Berge denn? In Indonesien gibt es nur Vulkane.«

Papa drehte sich eine Zigarette. »Wir fahren nach Pakistan. Die Tickets hab' ich schon.«

Pakistan. Auch gut. Fahren wir eben nach Pakistan! Wir waren schon viel zu lange auf Bali, ganze vierzehn Tage. Wenn wir noch länger blieben, bestand die Gefahr, daß wir Wurzeln schlugen und richtige Spießer wurden!

Nach einem Zwischenstopp in Singapur und endlosen Stunden in den Wolken landeten wir in Karachi. Am Flughafen wimmelte es von Militärs mit umgehängter Maschinenpistole. Hatte die Armee die Macht übernommen? Wenige Tage zuvor waren der Präsident und seine Minister bei einem Flugzeugabsturz ums Leben gekommen. Wir hätten keinen ungünstigeren Zeitpunkt für unseren Besuch wählen können. Papa erwog, sofort wieder abzureisen, aber Mama (die in Zweifelsfällen immer die Entschlußfreudigere ist) schaffte es irgendwie, drei Tikkets nach Peshawar zu ergattern. (Die Stadt im Nordwesten des Landes, am Ausgang des Khyber-Passes gelegen, der Pakistan mit Afghanistan verbindet, ist Handelsposten und militärischer Stützpunkt.)

Mama strahlte. »Peshawar liegt dicht an der Grenze, und es ist Krieg. In der Stadt wird es von Spionen, Schmugglern und afghanischen Flüchtlingen nur so wimmeln. Langweilen werden wir uns bestimmt nicht!«

»Also erstens sind wir nicht in einem Film, und zweitens bist du nicht Ingrid Bergman«, neckte Papa sie.

»Du hast es grade nötig! Wer hat denn in Hongkong gekniffen?«

Sie hatte ganz recht. Als uns auf unserer letzten Reise das Geld ausgegangen war, hatte Papa es abgelehnt, sich für einen Filmauftritt den Schädel zu rasieren und seine Knochen als Karatekämpfer à la Chuck Norris zu riskieren. Papa sagte kein Wort mehr.

In Peshawar schliefen wir in schäbigen Herbergen in geflochtenen Betten. Auf den Straßen herrschte genausoviel Betrieb wie in Indien, aber die muslimischen Paschtunen waren anders angezogen als die Inder. Sie trugen Pluderhosen, ein langes Hemd, eine Weste, einen Turban, Sandalen und hatten entweder einen langen Bart oder einen prächtigen Schnurrbart.

»Das unterstreicht ihre Männlichkeit«, sagte Mama.

Der Basar ist super. Die Ware liegt offen herum, nicht hinter Glas wie in Frankreich. Und das Angebot ist nach Straßen unterteilt. Da gibt es zum Beispiel die Straße der Gewürze, wo man nicht zu lange vor den Ständen stehenbleiben darf, wie ich das gemacht habe, sonst gerät alles durcheinander (das gefiel dem Paschtunen gar nicht, ich mußte schleunigst verduften!). Dann gibt es die Straße der Geldwechsler . . .

»Gehen wir dorthin, wo es nicht stinkt«, meinte Papa.

Sie hockten auf kleinen Teppichen, die Geldscheine gebündelt vor sich, nach Farben geordnet. Ich sah Rupien, Währungen aus Afghanistan und dem Iran, Travellerschecks, Dollar, Deutsche Mark, aber keine Francs.

In der Straße der Kupfer- und Blechhändler ging es laut zu: Mit einem kleinen Hammer wurde das Metall bearbeitet und zu Schüsseln, Näpfen und Samowaren geformt. Die Lieblingsstraße meiner Eltern war freilich die Straße der Antiquitätenhändler. Die afghanischen Widerstandskämpfer graben den Boden um und verkaufen ihre Schätze hier, in dieser Straße. Neben vielen alten Dingen findet man auch Lapislazuli, einen hübschen blauen Stein, der zu Schmuck verarbeitet wird. Haschisch wird ebenfalls angeboten; sie rauchen es in ihren Pfeifen, bevor sie in den Krieg gegen die Russen ziehen.

Wir setzten uns in die *Tschajikhanas,* die Teestuben, wo sich die Männer zwischen ihren Geschäften zu einem kleinen Plausch treffen. Der Tee wird in großen Samowaren zubereitet. Essen kann man in diesen Stuben auch. Die Pakistani essen wenig Gemüse, dafür viele *Naans* sowie Hammelfleisch, manchmal auch in Öl gebackene Kartoffeln, weißen Reis und Bratspieße. Ihre Religion erlaubt ihnen, an fünf Tagen in der Woche Hammelfleisch zu essen, an den restlichen beiden Tagen Huhn.

Am nächsten Tag fuhren wir mit dem Bus in die Berge, zu den Kohistani.

Die Straße führte durch das breite Tal des Swat. Zwischen Aprikosenbäumen standen Häuser aus Stein mit flachem Dach. Je höher wir kamen, desto enger wurde das Tal. Die Dörfer auf beiden Seiten der Straße quetschten sich zwischen die Berghänge. Ein kalter Wind pfiff durch das Tal. In den Herbergen gab es kein warmes Wasser zum Waschen. Ich schlenderte trotz der Kälte in den Dörfern herum. Ich sah den Pakistani gern beim

Schwatzen zu; sie reden unaufhörlich, erzählen sich irgendwelche Geschichten. Oder vielleicht Derwischmärchen?

Mama kaufte mir eine Weste und eine Mütze aus Ziegenwolle. »Wir fahren nach Kalam hinauf, dort ist es noch kälter, und es liegt sogar Schnee.«

»Wirklich? Wie fühlt sich Schnee eigentlich an?«

»Warte es ab, du wirst schon sehen . . .«

Ich freute mich schon darauf. Andererseits . . .

»Müssen wir noch lange Bus fahren?«

»Nein, nicht mehr allzu lange. Ich finde sie super, diese Busse, du nicht?«

Die pakistanischen Busse ähneln den philippinischen *Jeepneys:* Die einen wie die andern sind bunt geschmückt mit Spiegeln, farbigem Firlefanz, blinkenden Lämpchen, arabischen Schriftzügen. Von vorn sehen sie wie Lastwagen aus, aber drinnen stehen Holzbänke. Alle Busse sind total überfüllt, man ist von allen Seiten eingezwängt. Diesmal hatte ich allerdings nichts dagegen, das hielt wenigstens warm. Hinter einem Dorf stoppte der Bus plötzlich: Eine riesige Wand aus Schnee versperrte den Weg. Alle stiegen aus, und die Männer begannen zu schaufeln. Als der Weg wieder frei war, fuhr der Fahrer den Bus durch die vereiste, gefährliche Schneise. Die Fahrgäste stiegen auf der anderen Seite wieder ein.

»Wo bleibst du denn, Jacob?« schrie Mama. »Wir fahren weiter!«

Zum ersten Mal in meinem Leben sah ich Schnee. Er fühlte sich kalt an und prickelte auf der Haut. Ich stopfte mir eine Handvoll in die Tasche, um ihn später in Ruhe betrachten zu können. Dann setzte ich mich wieder auf meinen Platz neben einem pakistanischen Großvater, der mir oft übers Haar strich. Er hatte ein liebes Gesicht. Ich griff in meine Tasche, um ihm meinen Schatz zu zeigen.

Der Schneeball war schon halb geschmolzen. Der Alte mußte lachen.

Die Straße endete in Kalam. Das Ende der Welt. Rechts und links der Hauptstraße standen armselige Holzhütten. Jetzt, nach der Schneeschmelze, ähnelte die Fahrbahn einer Schlammpiste.

Vom Fenster unseres Hotelzimmers aus (das sehr groß war und mehr Betten als genug hatte) konnten wir schneebedeckte Felder und Tannenwälder sehen. Es war bitter kalt. Aus meinem Mund dampfte es! Eine Heizung gab es nicht, dafür speckige Daunenbetten, unter denen ich mich verkroch.

»Und wir werden in unseren Klamotten schlafen«, sagte Mama.

Am Abend lud der Wirt uns zum Essen in seine Küche ein. Dort würde es wenigstens warm sein. Das winzige Zimmer war mit Teppichen ausgelegt. In der Mitte stand ein großer Samowar. Wir setzten uns an den Kupferkessel, in dem das Wasser gekocht wurde. Ein Junge, er war zwölf, begann um den Samowar herumzutanzen, während der Wirt dazu sang und das Tamburin schlug. Dann traf genau das ein, was ich befürchtet hatte: Der Junge nahm mich bei der Hand und forderte mich auf, ebenfalls um den Samowar herumzuhüpfen. Papa und Mama stellten ihre Teeschalen ab und klatschten aufmunternd in die Hände. Das Leben eines Globetrotters kann manchmal ganz schön hart sein: Man muß singen, tanzen, lachen, selbst wenn man hundemüde ist.

Irgendwie sind sie merkwürdig, die Pakistani. Ihre Frauen kriegt man nie zu Gesicht.

Am andern Morgen bin ich in den Wald gestapft, um den ersten Schneemann meines Lebens zu bauen. Er wurde größer als ich! Ich band ihm einen *Ikat* aus Timor um den Kopf, und für die Nase suchte ich mir einen

Stein. Vor lauter Übermut wälzte ich mich im Schnee herum. Papa motzte mich an. Warum, begriff ich erst, als wir wieder in unserer Unterkunft waren. Ich war naß bis auf die Haut und hatte keine Kleider zum Wechseln. Mir war so kalt, daß ich mit den Zähnen klapperte. Ich war nicht imstande, meine Schularbeiten zu machen.

»Jacob wird sich den Tod holen! Und ich kann nicht mal die Socken wechseln, weil wir nicht genug Klamotten dabei haben. Mir reicht's«, brummte Papa.

»Mir auch. Was gäbe ich für eine heiße Dusche!« seufzte Mama.

Wir fuhren zurück nach Peshawar. Im Bus war uns unser Geruch ziemlich peinlich. Mama schämte sich, weil die Pakistani jetzt womöglich dachten, Europäer würden sich nie waschen. (Ich frage mich, ob die Kohistani sich tatsächlich mit eiskaltem Wasser waschen!)

Unterwegs sahen wir Schmuggler. Sie waren auf dem Weg nach Afghanistan. Auf dem Rücken trugen sie dicke Heubündel.

»Da drin haben sie Waffen versteckt«, erklärte Papa.

»Und damit töten sie Menschen? Das könnte ich nie!«

»Ich auch nicht. Aber sie kämpfen dafür, daß sie in ihre Heimat zurückkehren können.«

In unserem Hotel in Peshawar wollte Mama gar nicht mehr aus der Badewanne.

»Ich fühle mich wie neugeboren! Himmlisch! Kommst du zurecht mit deinen Aufgaben, Jacob?«

Ich schlug mich mit der Bildung des Futurs herum und versuchte Sätze zu konstruieren. Ich spielte Eisenbahn: Der Zugführer ist das Subjekt, die Lok ist das Verb, die Waggons sind die näheren Bestimmungen. Und ich vergnügte mich damit, Sätze zu bilden und sie dann in verschiedene Zeiten zu setzen. Abschließend formte ich sie zu Frage- und zu Ausrufesätzen um.

Am Nachmittag begleitete ich Papa zum Basar. Wir gingen in die Läden der afghanischen Flüchtlinge. Als Papa erwähnte, daß er vor Jahren einmal ihr Land besucht habe, umarmten sie ihn und drückten ihn an sich. Wie einen Bruder.

Die männlichen Familienmitglieder zogen abwechselnd in den Krieg. Die Heimkehrer brachten mit, was sie den Russen abgenommen hatten: Mützen, Gürtel, Stiefel, Orden, Jacken. Aber auch Teppiche, Kelims, Stickereien. Und Antiquitäten. Sie mochten mich und machten mir viele kleine Geschenke. Ich verließ den Basar in einer afghanischen Weste und einem blauen *Shawal kamis*.

Das war meine fünfte Reise gewesen. Eine der schönsten, die ich gemacht habe: In den Monaten von Oktober bis April hatte ich Thailand, Birma, Bangladesh, Nepal, einen Zipfel von Indien, noch einmal Thailand, Borneo, Bali, Lombok, Sumbawa, Komodo, Flores, Timor, Sumbawa, Bali, Singapur und Pakistan besucht. Aber jetzt hatte ich Heimweh. Ich wollte endlich unseren Wohnwagen und meinen Freund Pierre wiedersehen. Auf dem Rückflug dachte ich andauernd: Hoffentlich hat Monsieur Serrat auch alle meine Hefte bekommen! Das letzte begann auf Borneo und endete in Pakistan.

Ich lief schnurstracks in die Schule, um meinem Lehrer guten Tag zu sagen. Meine Hefte hatte er doch bekommen?

»Ja, und ich bin sehr zufrieden. Du hast ausgezeichnet gearbeitet«, lobte Monsieur Serrat. Meine Hefte lagen auf seinem Pult. Er schien zufrieden mit seinem »fliegenden Schüler«.

Am Ende des Schuljahrs führte Papa in meiner Klasse die Filme vor, die er unterwegs gedreht hatte. Alle Schüler saßen auf dem Boden vor der Leinwand. Als sie die Drachen von Komodo sahen, gab es ein großes Geschrei.

Und als sie mich nackt über die Leinwand flitzen sahen, brüllten sie noch viel lauter.

»Ruhe jetzt oder wir hören sofort auf!« rief Monsieur Serrat.

Das mußten wir dann sowieso, weil die Filme sich verhedderten und allesamt verschmorten. Ein großer Vortragsredner wird Papa wohl nie werden.

Ich wurde in die 3. Klasse versetzt. Madame Félix heißt meine neue Lehrerin. Hoffentlich ist sie auch so nett wie Monsieur Serrat! Aber die beste aller guten Nachrichten ist, daß Mama ein Baby bekommt! Die Sache mit dem Adler hat funktioniert. Endlich kriege ich ein Brüderchen!

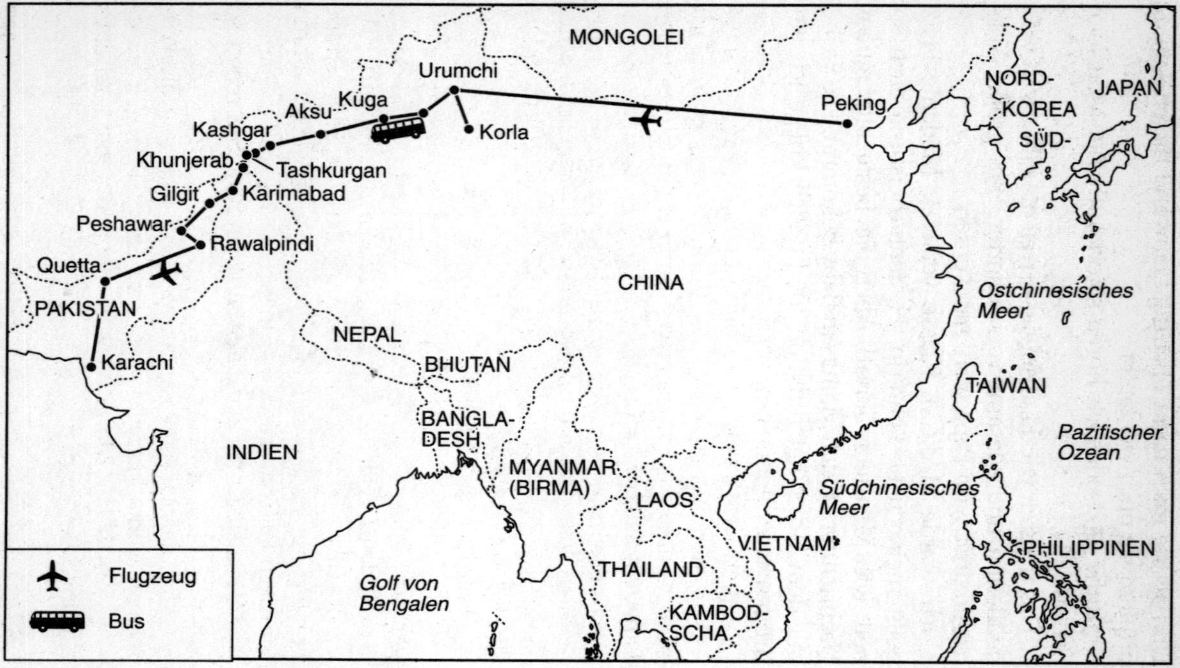
MONGOLEI
Urumchi
Peking
NORD-
KOREA
SÜD-
JAPAN
Kuga
Aksu
Kashgar
Korla
Khunjerab
Tashkurgan
Gilgit
Karimabad
Peshawar
Rawalpindi
Quetta
PAKISTAN
Karachi
CHINA
Ostchinesisches
Meer
NEPAL
BHUTAN
TAIWAN
BANGLA-
DESH
INDIEN
Pazifischer
Ozean
MYANMAR
(BIRMA)
LAOS
Südchinesisches
Meer
VIETNAM
PHILIPPINEN
THAILAND
Golf von
Bengalen
KAMBOD-
SCHA
Flugzeug
Bus

8

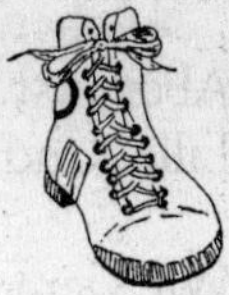

Die Seidenstraße

»Ich komme gerade von Madame Félix. Pack deine Sachen, Junior, es geht los«, sagte Papa.

»Und Mama?«

»Mama bringt dein Brüderchen zur Welt.«

»Aber wir können sie doch nicht einfach allein lassen.«

»Es geht nicht anders. Die Familie wird größer, ich muß Antiquitäten ranschaffen, damit ich Geld verdienen kann. Kapiert?«

»Kapiert.«

Mein Vater breitete eine Karte aus. »Wir werden der Reiseroute Marco Polos folgen, die den Weg Alexanders des Großen fortsetzt.«

»Wer ist Marco Polo?«

»Ein Italiener, der die Nudeln von China nach Italien gebracht hat.«

»Nudeln? Willst du mich auf den Arm nehmen?«

»Keineswegs. Schau her: Wir werden der Seidenstraße von Peking nach Kashgar folgen. Anschließend fahren wir nach Pakistan zu den Hunzas.«

»Au ja! Ich mag die Pakistani nämlich. Sie reden so viel.«

»Und danach machen wir einen Abstecher in die Wüste von Belutschistan.«

»Mein lieber Mann, das ist aber ein ganz schönes Stück!«

»Ach was, das bißchen Bewegung wird uns guttun! Aber erst mal bringen wir Mama zu ihren Eltern nach Lille. Und dann kann's losgehen.«

Wir waren von Anfang an vom Pech verfolgt. In Peking erfuhren wir, daß sich unser Gepäck noch in Rumänien befand. Und mein Rechenbuch hatte ich im Budapester Flughafen liegenlassen. Das wird mir eine Lehre sein! Nie mehr werde ich während einer Zwischenlandung Aufgaben machen. Wir hatten jetzt zwar keine Kleider zum Wechseln, aber wenigstens mein Schulranzen war noch da. Wie ich es meinen Eltern versprochen hatte, schleppe ich das schwere Ding immer und überall mit mir herum.

Wir wurden von staatlichen Reiseleitern in Empfang genommen und mit dem Bus zum Hotel gefahren. Es war ein häßlicher, schäbiger Bau weit draußen vor der Stadt. Auf der Fahrt dorthin sah ich mehrstöckige graue Häuser und breite, belebte Straßen. Papa ärgerte sich so sehr über den Wechselkurs, daß er sagte:

»In dieser Bruchbude bleiben wir keinen Tag länger! Morgen suchen wir uns ein anderes Hotel!«

Wir fanden ein wirklich schönes im alten Viertel von Peking. Es hatte ein Pagodendach und verfügte über allen Komfort: Warmwasser, Handtücher, Seife. Aber es war sehr teuer.

»Nicht zu ändern«, meinte Papa. »Solange wir unser Gepäck nicht haben, sitzen wir hier fest. Arbeiten kannst du aber trotzdem. Hier, ich hab' mir gestern ein paar Rechenaufgaben für dich ausgedacht.«

(Und was für welche! Super! Ein Flugzeug mit 240 Sitzplätzen fliegt die Strecke Paris – Bukarest mit 180 Passagieren an Bord. Wieviele freie Plätze sind noch in der Maschine? Das Ticket kostet 140 Francs; wieviel Geld hat die Fluggesellschaft eingenommen? Und wieviel hätte sie eingenommen, wenn die Maschine ausgebucht gewesen wäre? Von Bukarest fliegt das Flugzeug weiter nach Kuwait. Jetzt befinden sich 192 Passagiere an Bord. Wieviel sind in Bukarest zugestiegen? Das Ticket von Paris nach Kuwait kostet 405 Francs; errechne den Preis für das Ticket von Bukarest nach Kuwait. Anschließend fliegt die Maschine weiter nach Karachi und von dort nach Peking ...)

Wir fuhren Tag für Tag mit dem Bus zum Flughafen und kamen jedesmal mit leeren Händen und schlechtgelaunt zurück. Wir hatten die Nase so voll, daß wir uns nicht einmal die Chinesische Mauer angesehen haben. Kein Gepäck, keine Kleider zum Wechseln. Zu guter Letzt blieb uns nichts anderes übrig, als auf die schnelle ein paar Sachen zu kaufen. Papa griff wahllos zu. Einen Trainingsanzug für 12 Francs! Ein T-Shirt für 4 Francs! Was die Socken, die Sandalen und der Rest kostete, traue ich mich gar nicht zu sagen. Ich zog eine Flappe.

»Glaub bloß nicht, daß ich das anziehe!«

»Und warum nicht?«

»Mir ist es lieber, wenn Mama meine Sachen aussucht. Du hast überhaupt keinen Geschmack. Diese Fetzen sind echt das letzte!«

»Ich will nicht, daß du da draußen auf der Straße auffällst, kapiert? Also zieh das jetzt an, und keine Widerrede.«

Ich maulte zwar, aber ich gehorchte. Ich sah aus wie eine Vogelscheuche. Was für die Kleidung galt, galt auch für das Fortbewegungsmittel: nicht auffallen. Also mietete Papa ein Rad. Nach wenigen Metern hielt uns ein Polizist an. Ich durfte nicht auf dem Gepäckträger sitzen. Aber wo dann? Selber radeln konnte ich nicht, ich reichte mit meinen kurzen Beinen nicht bis an die Pedale. Der

Polizist ließ sich nicht erweichen. Er hielt den Lenker fest und verlangte ein Bußgeld in Höhe von 15 Francs. Zahlbar sofort.

»Das ist eine Unverschämtheit! Das ist Erpressung!«

Der Polizist beschimpfte uns auf chinesisch und rüttelte am Rad. Papa zahlte. Danach machten wir es so, daß ich vom Gepäckträger sprang, sobald wir irgendwo einen Polizisten entdeckten, und pfeifend, die Hände in den Taschen, hinter Papa hertrabte.

Ob meinen Vater das schlechte Gewissen plagte beim Anblick seines Sohnes im kükengelben Trainingsanzug? Er ging jedenfalls mit mir in das »Kaufhaus der Freundschaft«, um mich neu einzukleiden. Das ist ein großes Warenhaus, zu dem nur Ausländer Zutritt haben. Vor der Tür standen Chinesen; sie fragten uns, ob wir nicht ein paar Dinge für sie besorgen würden. Papa tat ihnen den Gefallen. Für uns kaufte er noch zwei Daunenjacken.

»Die brauchen wir unbedingt. Wenn wir zu den Hunzas fahren, müssen wir über einen 5.000 Meter hohen Paß. 100 Francs für eine mit Gänsedaunen gefütterte Jacke! Was glaubst du, wieviel wir in Frankreich dafür bekämen? Am liebsten würde ich einen Schwung mit nach Hause nehmen!«

Sie sah wirklich nicht übel aus, die Daunenjacke. Ich merkte erst später, daß ich mich von Papa wieder hatte einseifen lassen: Sie war mir nämlich zwei Nummern zu groß!

»Na und? Dann krempelst du eben die Ärmel um.«

Er nimmt immer alles von der leichten Seite. Wie mich das nervt!

»Ich hab' die Nase voll von Peking. Wir fliegen nach Turkestan. Hier herumsitzen und auf unser Gepäck warten bringt's ja auch nicht.«

Ich stimmte ihm zu. Nachdem wir unsere Flugtickets

gekauft hatten, gingen wir in ein kleines Restaurant und bestellten mongolisches Fondue: Man stippt auf Stäbchen aufgespießte Fleischstücke, Salate und Sojabohnenkeime in heißes Wasser, das in einem großen Topf serviert wird. Papa stellte ein Glas chinesisches Bier vor mich hin: »Das kannst du ruhig trinken, das reinste Spülwasser.«

Am andern Morgen fuhren wir in aller Frühe zum Flughafen. Um unser Gewissen zu beruhigen, trabten wir ein letztes Mal zum Schalter für Fundsachen. Da Sonntag war, war er geschlossen. Aber was sahen wir inmitten eines gewaltigen Berges von Gepäck? Unseren Koffer! Es war der größte von allen, er faßte 120 Liter.

»Paß auf, ob jemand kommt«, sagte Papa zu mir. Er kletterte hinter den Schalter und wuchtete unseren Koffer über die Absperrung. Endlich hatten wir unsere Sachen wieder. Eine Woche nach unserer Ankunft.

Unser Flug ging nach Urumchi, der Hauptstadt des Sinkiang, wo wir auch übernachteten, in einem großen Schlafsaal. Am nächsten Morgen machte ich die Aufgaben, die Papa tags zuvor für mich vorbereitet hatte. Unsere Zimmergenossen sahen mir staunend dabei zu. Danach streunte ich draußen herum. Ich begegnete den ersten Turkmenen meines Lebens; sie sind mit den Türken verwandt. Es war nicht viel los auf den breiten, von Bäumen gesäumten Straßen. Zum einen war es sehr heiß, und zum andern waren wir hier in der Provinz, weitab von Peking. In den verstaubten Auslagen der Kaufhäuser gab es nicht viel zu sehen. Am Kanal hockten chinesische Vogelhändler. Aber kaum jemand interessierte sich für die Tiere, und die Vögel schienen unter ihrem Gefieder zu schwitzen. Joghurtverkäufer winkten mir. Sie hatten sich rings um das Kino niedergelassen. Es waren junge Burschen, die Mützen trugen wie alle Uiguren, eine turkmenische Minderheit. Sie schlugen mir lächelnd auf die Schulter. Ich kaufte ihnen einen Joghurt ab und lief dann zu den schwarzgekleideten alten Männern mit Käppi und grauem Bart, die vor großen, blauen Käfigen hockten und auf die Waage vor ihnen starrten. Ich trat ganz nah an die Käfige heran. Da sah ich, daß Fleischstücke drin hingen. Das waren Metzger.

»Nachts verschließen sie die Käfige wegen der Hunde«, erklärte Papa. »Vor Dieben brauchen sie sich nicht zu fürchten. Diebstahl wird in China mit dem Tod bestraft.«

Er erklärte mir auch, daß die Uiguren vor sehr langer Zeit aus der Türkei eingewandert waren. Tausend Jahre oder mehr, in denen sie Handel getrieben und eine Zivilisation errichtet hatten. In der Wüste leben noch viele andere Minderheiten: Tadschiken, Usbeken, Kirgisen, Kasachen. Alle tragen andere Kopfbedeckungen. Das bedeutet, daß es in Turkestan jede Menge davon gibt!

Ich fand die Turkmenen sehr nett. Sowie sie mich erblickten, riefen sie mich und drückten mir einen Bratspieß mit Ziegenfleisch in die Hand. Das Fleisch ist zwar ein bißchen zäh, aber mit Fladenbrot schmeckt es trotzdem prima. Einmal begegnete ich einem Chinesen, der voller Stolz einen Kinderwagen mit Zwillingen schob. Ich mußte lachen, weil er so ein selbstgefälliges Gesicht machte.

»Chinesische Familien dürfen wegen der Überbevölkerung nur ein Kind haben«, sagte Papa. »Zwillinge zu bekommen ist der einzige Weg für sie, zwei Kinder zu haben. Nur wer einer Minderheit angehört, darf drei Kinder haben.«

Im Museum von Urumchi machte mich ein schwarzer Vorhang voller Fliegendreck neugierig. Ich wollte unbedingt wissen, was sich dahinter verbarg. Aber ein Wärter versperrte mir den Weg. Während Papa mit ihm diskutierte, schob ich den Vorhang ein Stück zur Seite. In einem großen, von Kerzen beleuchteten Zimmer standen fünf Glaskästen, und in jedem lag ein Toter. Und alle hatten noch ihre Kleider an, hatten noch ihre Haut, ihren Bart, ihre Fingernägel!

Sie sind 3.000 Jahre alt. Die Chinesen fanden sie in der Taklamakan-Wüste in der Nähe von Khotan. Das trockene Klima hat sie mumifiziert. Die Wüste konserviert noch besser als Eis.

Der Museumswärter erlaubte uns, sie aus der Nähe zu betrachten. Es waren zwei Männer und zwei Frauen. Sie waren groß und stark und trugen dicke, braune Gewänder, die sie selbst gewebt hatten. Im fünften Sarg lag ein kleines Kind. Es war ganz in Stoffstreifen eingewickelt, nur der Kopf schaute heraus. Wie hatten sie gelebt? In einer Höhle? Hatten sie Angst vor Wölfen gehabt? Hatten sie Mammute gesehen? Ich hätte sie gern das alles und vieles mehr gefragt, aber ich wollte sie nicht in ihrem Schlaf stören.

Drei Tage später fuhren wir mit dem Bus in die Himmlischen Berge, zwei Autostunden von Urumchi entfernt. Die Landschaft sah verdorrt aus. Die einzigen Bäume, die hier wuchsen, waren Birken und Pappeln. Der Busfahrer hielt an einem großen See mit Restaurant. Die Chinesen schlürften ihre Nudelsuppe, und wir stärkten uns ebenfalls. Nach dem Essen trennten sich unsere Wege: Papa wollte zur anderen Seite des Sees zu den kasachischen Nomaden. Ein Gewaltmarsch! Und das alles mit dem schweren Schulranzen auf dem Buckel! Irgendwann konnte ich nicht mehr. Wir legten eine Rast ein und ließen uns in einem Tannenwald auf einem Felsbrocken nieder. Papas Schultern waren ganz rot von den Riemen des Rucksacks, und der Schweiß lief nur so an ihm herunter. Er machte eine Dose mit chinesischer Pastete auf und eine Flasche Bier. Als wir so dasaßen, wurde uns schnell kalt, wir waren ja hoch oben in den Bergen. Und weil wir völlig kaputt waren, fiel uns das Weitermarschieren noch schwerer als vorher. Endlich kamen wir auf der anderen Seite des Sees an. Vor uns erstreckte sich eine schlammige Fläche, und mittendrin lag ein großer Kahn. Was hatte er denn da auf dem Trockenen zu suchen? Wir gingen weiter, bis wir zu einer Wiese gelangten, die von Tannen und Felshängen eingerahmt wurde. Und mitten auf dieser Wiese standen zwei Jurten. Das sind die Zelte der Nomaden: mit Decken aus Jakwolle belegte Holzpflöcke. Sie sehen ein bißchen wie große Iglus aus, aber eben aus Wolle.

Eine Frau kam aus der vorderen Jurte. Sie hatte ein freundliches Gesicht und einen Schal um den Kopf gebunden, der so rot wie ihre Backen war. Sie trug Hosen, darüber einen Rock und einen Wollpullover. Zwei Kinder mit Schlitzaugen versteckten sich hinter ihr. Sie sprach uns auf chinesisch an, aber unser Chinesisch war gelinde ausgedrückt recht bescheiden. Ein paar Worte hatte ich dennoch gelernt. Mutig sagte ich:

»Mi hrau! Uo shijing Jacob!« (Guten Tag, ich heiße Jacob.)

Sie bat uns in ihr Zelt und sagte, wir könnten hier übernachten, wenn wir wollten. Im Innern war es ziemlich dunkel, aber es fehlte an nichts. Es gab Holztruhen für das Geschirr und die Wäsche, und hinter einem Holzgitter befand sich der Schlafraum mit den Matten. Rings um die Feuerstelle lagen dicke Teppiche in allen Farben.

Von außen ähnelt eine Jurte einem Schloßturm. In der Spitze oben ist eine Öffnung für den Rauch, die man verschließen kann. Vor dem Eingang hängt eine dicke Wolldecke. Fenster gibt es nicht. Aber innen drin ist so viel Platz, daß man eine ganze Schulklasse unterbringen könnte.

»Bei klirrender Kälte oder wenn Wölfe draußen herumstreifen, bringen sie ihre Pferde hier herein«, erklärte Papa.

Das älteste Kind war so groß wie ich. Die schwarzen Haare hatte es zu einem Pferdeschwanz gebunden. Ich war mir nicht sicher, ob es ein Junge oder ein Mädchen war. Genausowenig wie beim jüngsten, das kürzere, ganz glatte Haare hatte.

Die Mutter kniete sich draußen vor einen kleinen Ofen aus Stein und Erde. Sie briet eine Art Wurst, die etwas seltsam aussah. Als es dunkel wurde, gingen wir alle miteinander ins Zelt. Kurze Zeit später kam der Vater aus dem Wald zurück. Er trug eine Mütze und hatte einen schwarzen Schnurrbart. Er war ziemlich überrascht, als er uns sah. Aber er begrüßte uns mit einem Händedruck und hieß uns willkommen. Die Nomadenfrau hängte einen Eisenkessel über das Feuer und zeigte mir, wie man Nudeln macht. Das war überhaupt nicht schwer: Man streicht den Teig auf einem Holzbrett aus – sehr dünn, dünner als Kuchenteig –, schneidet Streifen ab und schiebt sie ins kochende Wasser.

Nach dem Essen war es ganz still im Zelt, weil wir uns ja nicht miteinander verständigen konnten. Wir schauten in die Flammen und zu den Sternen hinauf, die man durch die Öffnung sehen konnte. Ich dachte an Mama und sprach in Gedanken mit ihr.

Der Vater bot uns etwas zu trinken an, eine Art Verdauungsschnaps. Ich probierte einen Schluck und verzog das Gesicht. Papa auch.

»Was ist das?«

»Milch, so wie's aussieht. Aber frag mich nicht, was

für welche. Keine Ahnung, ob von Büffel, Jak oder Stute.«

»Wahnsinn, wie stark das Zeug ist!«

Der Nomade beobachtete uns. Wir reckten beide den Daumen in die Höhe, um ihm zu bedeuten, daß es hervorragend schmeckte. Ich mußte mir das Lachen verbeißen. Ich tat, als ob ich trinken würde, und starrte angestrengt ins Feuer. Plötzlich stand Papa auf, das Glas in der Hand. Was war denn jetzt los? Wollte er einen Toast ausbringen?

»Ich will ein bißchen frische Luft schnappen und mir die Sterne ansehen. Du bleibst hier, Jacob, sonst erkältest du dich noch.«

Das war der Hammer! Ich wußte genau, was er vorhatte. Als ich ihm nach draußen folgte, meinte er, das sei aber nicht sehr höflich, ich hätte bei unseren Gastgebern bleiben müssen. Dann schütteten wir unauffällig unsere Gläser aus.

»Geht es dir gut? Keine Probleme mit der Höhenluft? Morgen machen wir einen kleinen Ausflug zu Pferd bis auf 2.500 Meter hinauf. Einverstanden?«

»Au ja! Super!«

»Ich werde noch deine Aufgaben für morgen vorbereiten, und dann hauen wir uns aufs Ohr. Du wirst sehen, auf den Teppichen schläft es sich wunderbar. Denkst du an Mama?«

»Ja. Immer wenn ich zu den Sternen hinaufschaue.«

Zum Frühstück gab es Milch und Brot. Danach machte ich meine Schularbeiten (Quadrat, Rechteck und Berechnung des Umfangs). Als ich nach draußen kam, warteten Papa und der Nomade schon auf mich. Mein kleines Pferd hatte schwarzes, zottiges Fell. Papa saß auf einem weißen mit schwarzen Beinen. (Mit unseren Daunenjakken in Grün und Gelb boten wir ein tolles Bild!) Der Nomade ritt voran. Er führte uns zwischen Felsen und Tannen hindurch, durch reißende Flüsse und immer höher hinauf, bis wir in den Schnee kamen. Richtig tiefen Schnee. Mein Pferd versank bis zu den Knien darin! Dabei hatte es nicht mal Socken an!

Der Winter hatte gerade begonnen, und der Kasache würde bald seine Jurte abbauen und woanders Weideland suchen.

»Papa, wie macht er das eigentlich: mit seiner Jurte umziehen?«

»Keine Ahnung, sie wiegt ganz schön viel. Frag ihn doch mal.«

»Wie denn, ich spreche seine Sprache nicht.«

»Ich hab' dich doch chinesisch plaudern hören.«

»Ich kann nur ›guten Tag‹ und ›auf Wiedersehen‹, mehr nicht.«

Im Winter treibt der Hunger die Wölfe bis in die Täler, und die Menschen am See flüchten vor ihnen. Ich frage mich, was die Wölfe dann wohl fressen. Ein altes Jak, wie die großen Rinder mit dem Zottelfell heißen, das nicht mehr schnell genug weglaufen kann?

Die Nomadenkinder hatten auf mich gewartet. Einen Ball besitzen sie nicht, also haben wir was anderes gespielt. Wir rannten durch den Wald, im Zickzack zwischen den Tannen durch und bis zum See hinunter, wir stürmten schreiend hinter einem Jak her. Erst galoppierte es davon, dann aber machte es kehrt und blieb mit gesenktem Kopf stehen. Es scharrte mit den Hufen, als wollte es uns angreifen. Wir warfen Steine nach ihm, bis ihm die Lust dazu vergangen war. Die Nomadenfrau hatte eine kleine Stärkung für uns vorbereitet: gesalzenen Tee und Brot. Als wir abends am Feuer saßen, zeigte ich meinen Freunden mein Schulheft. Ich hatte schon Fotos von Peking und der Verbotenen Stadt eingeklebt. Sie betrachteten sie aufmerksam, aber ich konnte leider nicht verstehen, was sie sagten.

Dann kamen Papa und ich endlich dahinter, was es mit dem großen Kahn auf sich hatte, der am Eingang des Tals auf dem Trockenen lag. Er diente als Transportmittel für die Jurten. Schon am nächsten Tag krempelten die Männer nämlich die Hosen hoch, zogen ihn aus dem Schlamm und ließen ihn zu Wasser. Sie bereiteten alles für den Aufbruch vor. Die Zelte würden abgebaut und auf den Kahn verladen werden. Und dann würden alle miteinander auf die gegenüberliegende Seite des Sees fahren, wo es weniger Schnee und weniger Wölfe gab.

Als wir Abschied nehmen mußten, fing die Nomadenfrau zu weinen an. Ich heulte gleich mit und die andern Kinder auch. Papa schenkte ihnen die Kleider, die wir in Peking gekauft hatten, und dem Vater drückte er Geld in die Hand, weil die Familie uns ja aufgenommen und verpflegt hatte. Die Mutter kramte hinter dem Holzgitter und kam mit fünf kleinen Käseecken zurück, die steinhart waren. Käse zum Lutschen. (Schmeckt nicht besonders, aber es war eine nette Geste.)

In Urumchi freundete sich Papa mit drei Franzosen an. Die zwei Jungs und das Mädchen hatten eine geologische Expedition in die Taklamakan-Wüste unternommen. Wir gingen essen in ein uigurisches Lokal. Da saßen viele Krieger mit Schnurrbart, auf dem Kopf ein Käppi oder eine Mütze. Zu fünft war es ziemlich eng an dem runden Tisch. Wir aßen Nudelsuppe und Nudeln hinterher und tranken jede Menge chinesisches Bier dazu. Die Geologen erzählten von Jagdflugzeugen und Trümmern in der Wüste, von den Oasen Yarkand und Khotan, und Papa machte ein verträumtes Gesicht. Zum Dessert schenkten die Geologen mir chinesischen Wein ein, damit ich mit ihnen auf unsere Reise in die Wüstenstadt Kashgar anstieß. Ein zweites Glas folgte, weil »es sich auf einem Bein schlecht steht«. Als wir das Lokal verließen, war ich total aufgekratzt. In meinem Kopf drehte sich alles, ich kam mir vor wie auf einem Karussell. Ich schrie vor Lachen und kippte mitten auf dem Gehweg um. Meinem Vater war das peinlich. Er half mir auf die Beine und zischte:

»Reiß dich gefälligst zusammen, verdammt noch mal!«

Ich sah ihn an, verdrehte die Augen und klappte ein zweites Mal zusammen. Ich muß gelacht haben wie ein Irrer. Ich selber kann mich nicht so genau erinnern. Jedenfalls trug Papa mich auf unser Zimmer.

Am nächsten Tag im Bus ging es mir aber schon wieder ganz gut. Gleich hinter Urumchi begann eine Steinwüste. Gelegentlich kam uns ein Lastwagen entgegen, das war alles.

»Bis nach Kashgar sind es 1.500 Kilometer«, sagte Papa. »Das sind ungefähr vier Tage mit dem Bus. Rechne mal aus, wieviel Kilometer wir am Tag zurücklegen und mit welcher Geschwindigkeit . . .«

»Morgen, Papa! Eins weiß ich jetzt schon: Es wird eine lange Fahrt werden . . .«

Und keine lustige. Chinesen und Uiguren können sich nicht ausstehen. Im Bus war es deshalb ziemlich still. Papa saß über seine Chinakarte gebeugt. Ich mußte an Mama denken. Wenn sie mitfährt, ist es viel schöner. Sie redet mit mir, sie singt, sie macht mich auf Dinge aufmerksam. Mit Papa ist es nicht so unterhaltsam.

Die wenigen Siedlungen, durch die wir kamen, bestanden aus Zementhütten. Die Menschen machten einen gelangweilten Eindruck. Die Frauen, im Rock und die kräftigen Arme in die Hüften gestemmt, versteckten ihr Gesicht hinter einem Schal. Bei jeder Rast stärkten sich die Fahrgäste mit Nudeln oder zuckersüßen grünen

Melonen. Ich esse sie für mein Leben gern, sie sind das beste Mittel gegen einen vom Staub ausgetrockneten Mund.

Wir erreichten Korla, eine Pappeloase, als es dunkel wurde. Wir übernachteten in einer Art Relais, einer ehemaligen Herberge für Menschen und Kamele. Eine Karawanserei.

»Marco Polo hat auch hier gerastet«, sagte Papa plötzlich. »Der Ort ist durchdrungen von der Geschichte. Ich kann fast seine Gegenwart spüren.«

Ich dagegen konnte nur die Nase rümpfen. Die Uiguren hatten Schuhe und Socken ausgezogen, und es herrschte ein ziemlich strenger Geruch in unserem Schlafsaal.

»Das ist der Duft der großen weiten Welt, wenn einem nur eiskaltes Wasser zur Verfügung steht«, scherzte Papa. Er drehte sich um und schlief ein. Wahrscheinlich träumte er von neuen Abenteuern.

Im Morgengrauen wurde ich geweckt. Ich stippte ein Stück Brot in heiße Milch, und dann mußte ich auch schon wieder in den Bus klettern. Es ging weiter. Die Landschaft war völlig eben und steingrau. In der Ferne sah ich ein schneebedecktes Gebirge.

»Das ist der Pamir«, sagte Papa.

Ich kam mir verloren vor in dieser unendlichen Weite. Nur meine Melonen brachten ein wenig Sonnenschein in dieses trostlose Land der Nudeln und der Langeweile.

Kuqa war unser zweites Etappenziel. In der Herberge schaute ich einem Uiguren bei der Herstellung von Nudeln zu. Ein langer Teigstrang wird mit Mehl bestäubt. Dann packt man ihn an beiden Enden und zieht ihn nach oben und nach unten, bis er sich dehnt wie ein Gummiband. Sobald er zu lang für die Arme wird, faltet man ihn in der Mitte, dreht ihn wie eine Kordel, bestäubt ihn mit

Mehl, und alles beginnt von vorn. Das macht man so lange, bis die Teigwurst in Hunderte, vielleicht sogar in Tausende dünner Nudeln zerfällt. Auf dem Tisch trennt man mit einem Beil beide Enden ab – bamm! bamm! – und läßt das Nudelbündel anschließend in einen Kessel mit kochendem Wasser gleiten. Das muß man wirklich gesehen haben!

Am Abend des dritten Tags erreichten wir Aksu. Wir wurden in einem zweistöckigen Betonbau untergebracht. An die Toiletten erinnere ich mich noch gut. Erstmal lagen sie dreihundert Meter vom Hotel entfernt.

»Komm, sehen wir uns den Kommunistenlokus mal an«, witzelte Papa.

Als wir uns dem langen Rechteck aus Zement näherten, errieten wir sofort, warum man es so weit vom Hotel entfernt gebaut hatte. Ein unerträglicher Gestank schlug uns entgegen. Von einem schmalen Gang aus betrat man die kleinen Kammern (52, ich habe sie gezählt!), die keine Tür hatten. Man stellte sich auf zwei Bretter, unter denen eine Rinne entlangführte.

»Das ist das Paradies der Schmeißfliegen«, rief ich Papa zu.

»Die Hölle für Kapitalisten, meinst du wohl!« rief er von nebenan zurück.

»Das ist ja nicht zum Aushalten, wie das hier stinkt.«

»Halt dir bloß nicht die Nase zu! Du brauchst beide Hände zum Festhalten. Ich hol' dich nicht da raus, wenn du runterfällst!«

»Ich kann nicht mehr!«

»Halt die Luft an, dann geht es schon!«

Es war ja nicht allein der Gestank. Störend waren auch die Zuschauer: Draußen lief andauernd irgendein

Chinese vorbei und schaute uns ganz ungeniert zu. Alles in Ordnung, oder braucht jemand Hilfe? Papa motzte. Ihm reichte es auch.

»Meine Herrn, ich glaube, die haben die Rinne seit Marco Polo nicht mehr geleert!«

Ich lachte lauthals, als ich seine angeekelte Miene sah.

Abends fuhren die Bauern auf ihren Karren am Hotel vorbei und wirbelten jede Menge Staub auf. Sie kamen von den Feldern und wollten nach Hause. Ich kaufte mir Melonen, obwohl mir schon fast schlecht war vom vielen Melonenessen.

»Mach nur so weiter, wenn du die Nacht unbedingt auf dem Kommunistenlokus verbringen willst«, meinte Papa.

Um nicht mehr an Melonen zu denken, lief ich zu den Händlern mit den Billardkarren. Für ein paar Pfennige durfte man eine Partie spielen. Das Tuch hatte zwar lauter Löcher, und die Kugeln waren oft nicht ganz rund, aber das machte nichts. Ich hatte trotzdem viel Spaß.

Am vierten Tag unserer Busreise wurde Papa immer aufgeregter.

»Was ist denn los mit dir?«

»Wir sind bald in Kashgar«, erwiderte er beklommen.

»Ich denke, da wollen wir hin.«

Er sah mich an. Ich spürte, daß er nach Worten suchte, weil er mir etwas zu erklären versuchte, das für einen Achtjährigen nicht leicht zu verstehen ist.

»Kashgar ist für mich ein Mythos. Und die Begegnung mit einem Mythos ist gefährlich.«

»Was ist das: ein Mythos?«

»Nun, das kann ein Mensch sein, eine Geschichte oder auch ein Ort, der die Zeit überdauert hat.«

»Und das ist gefährlich?«

»Es kann die Erklärung für viele Dinge sein«, sagte Papa.

Für mich wurde die Sache immer geheimnisvoller. »Kann man das in seinem Innern hören, so wie die Wüste, das Feuer, die Sterne?«

Papa starrte mich verblüfft an. »Mir scheint, die Melonen sind dir zu Kopf gestiegen! Aber so ungefähr könnte man das nennen, ja.«

Nur noch wenige Stunden trennten uns von Papas Mythos. Hoffentlich würden sich die beiden vertragen!

9

Der Mythos von Kashgar

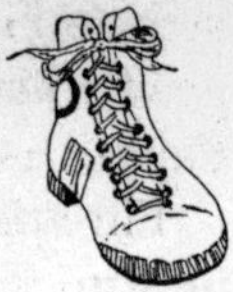

Endlich kamen wir in Kashgar an. Wir übernachteten in der ehemaligen russischen Botschaft. Genau gegenüber lungerten uigurische Jugendliche herum, die Mütze quer auf dem Kopf, und vermieteten Billardtische.

»Müssen sie denn nicht in die Schule?«

»Nein, sie gehören bereits zur arbeitenden Bevölkerung.«

Nachts schlafen sie auf ihren Billardkarren. Morgens verstauen sie ihre Decken unter dem Karren, holen ihre Kugeln hervor und warten auf Kundschaft. Für sie ist das Leben einfach. Sie brauchen sich nicht mit Rechenaufgaben herumzuschlagen.

Am nächsten Tag spazierten wir an einer großen Moschee vorbei, die mit blauen und gelben Keramikkacheln verkleidet war. Die Männer trugen alle schwarze Stiefel. Bevor sie die Moschee betraten, schlüpften sie in Plastiküberschuhe. Die Stiefel würden ja auch viel zuviel Krach da drinnen machen. Auf der Straße sah ich Vier- bis Fünfjährige, die einen Kreisel mit der Peitsche schlugen. Das wollte ich auch probieren, bei nächster Gelegenheit.

»Wo bleibst du denn, Jacob!«

Ich lief hinter Papa her. Die schmale Gasse war schwarz vor lauter Hüten. Sie führte zum Basar. Staunend blieb ich vor den Auslagen der Koranverkäufer stehen. Sie hatten ihre Läden mit arabischen Schriften geschmückt, und das sah wunderschön aus, so als ob die Buchstaben über das Papier tanzen würden.

Ein Stück weiter hatte ein Teppichhändler seine Ware, fünf Teppiche, ausgebreitet. Der alte Herr hatte einen schönen weißen Bart. Er trug einen weißen Turban, einen weiten braunen Mantel und schwarze Stiefel. Er sah mich zwar an, aber ich hatte den Eindruck, daß er mit sich selbst sprach. Daneben stand ein graubärtiger Krämer, ein großer, kräftiger Kerl mit einem schicken Pelzhut und einem ganz langen schwarzen Mantel. Er redete wie ein Wasserfall. Er verkaufte alles mögliche: Putzlappen, Bindfäden, Socken, die er an Kleiderbügeln aufgehängt oder vor sich auf Eisenkisten ausgebreitet hatte, Seife und Bonbons. Papa beschloß, sich eine Rasur zu gönnen. Er setzte sich zu den Männern auf die Straße und wartete, bis er an die Reihe kam. Der Barbier seifte seine Kunden nicht ein: Er schabte ihnen den Bart mit einem großen Messer von der trockenen Haut.

Frauen sahen wir nur ganz wenige. Und wenn, dann hatten sie einen Schal vor dem Gesicht und trippelten eilig ihres Wegs. Wie kleine Geister huschten sie durch die Straßen. Sie hatten Wollstrümpfe an, farbige Röcke und eine Jacke.

»Sind sie so, weil ihr Glaube es verlangt?« fragte ich.

»Ja, wahrscheinlich, aber die Sache ist ein bißchen komplizierter«, antwortete Papa.

Ich wollte gebratene Fleischspieße von einem der fliegenden Händler kaufen, die ich hinter einer Ziegenherde entdeckt hatte. Selbst das Kochen übernahmen die Männer. Auf ihren kleinen Karren bereiteten sie Innereien, Suppe und Nudeln in Essig zu. Ich sah nirgends Frauen bei der Arbeit.

Wir setzten unseren Bummel fort. Ein Händler bot Seile zum Verkauf an, ein anderer Blechgeschirr, ein dritter getrocknetes Obst und Gewürze. Ich entschied mich in aller Eile (damit es mir nicht wieder so erging wie damals in Peshawar) für zweihundert Gramm Nüsse. Anscheinend verstand er mich nicht, er gab mir nämlich gedörrte Aprikosen. Ein Stück weiter, beim Messerhändler, erstand ich ein tolles Taschenmesser mit einer höllisch scharfen Spitze.

»Ich finde es nicht gut, wenn du so ein Ding mit dir herumträgst«, sagte Papa.

»Das ist doch für meine Sammlung. Vier hab' ich schon: eins aus Sumatra, ein Kriss, das ich einem Chinesen auf Sumbawa abgekauft habe, ein Kurkuri aus Nepal und eine Dayak-Machete. Das ist jetzt mein fünftes.«

»Hmm«, machte Papa. »Und mit so einem Messer stechen die Uiguren nachts im Basar die chinesischen Polizisten ab.«

Im Schatten war es kalt. Beim Pelzhändler kaufte Papa für jeden von uns warme Fellmützen: aus Persianer, aus Wolfs- und Luchspelz mit Ohrenklappen. »Die werden wir brauchen, wenn wir über die Pässe fahren.«

Auf dem Rückweg entdeckte ich bei einem Händler nahe der Moschee ein prächtiges Antilopenhorn.

»Das stammt von einer Oryxantilope und kommt aus Arabien«, meinte Papa. »Wahrscheinlich hat es ein Pilger aus Mekka mitgebracht.«

Ich kaufte es natürlich. Ich war selig und bewunderte meine Neuerwerbung ausgiebig. Drei Minuten später hörte ich lautes Geschrei hinter mir. Der Uigure, der mir das Horn verkauft hatte, kam hinter uns hergerannt und wollte sein Horn wiederhaben.

»Tut mir leid«, sagte ich, »aber verkauft ist verkauft. Wenn Sie es mir wieder abnehmen, ist das Diebstahl.«

Das sah er anders. Er hatte das Horn am einen Ende gepackt, ich am andern, und keiner wollte loslassen.

»Jacob, nimm das Geld, und laß ihm das Horn«, sagte Papa.

»Ich denke gar nicht daran!«

Aber da sich allmählich ein Auflauf um uns herum bildete, gab ich zu guter Letzt, wenn auch unter Tränen, nach.

Am anderen Morgen, gleich nach den Schularbeiten (Multiplizieren sowie die Partizipien der Gegenwart und der Vergangenheit), lief ich über die Straße zu den Billardkarren. Ich ging zu den Jüngsten, die am wenigsten für eine Partie verlangten, und warf eine Münze auf das Tuch.

Einen Stock zu ergattern war das schwierigste. Ich stand da in Handschuhen (weil dann das Queue besser durch die Finger gleitet) und wartete darauf, daß der Junge vor mir fertig wurde. Noch bevor die letzte Kugel im Loch verschwunden war, stürzte ich mich auf ihn und riß ihm das Queue aus der Hand. Die andern protestierten, sie schubsten mich und schlugen mir mit ihren Stöcken auf den Kopf, der aber gut geschützt war unter der Persianerkappe. Die kleinen Uiguren sind harte Typen, aber ich lasse mir auch nichts gefallen. Sie spielten ganz phantastisch, und ich lernte eine Menge.

Am Nachmittag unternahmen Papa und ich einen Streifzug durch das alte Kashgar. Die Straßen zwischen den gelben, mit getrocknetem Schlamm bedeckten Ziegelhäusern waren hervorragend gepflastert. Hier ließ es sich ebenso gut mit dem Kreisel spielen wie auf einer geteerten Fläche. Es gefiel mir, wie das Knallen der Peitschen in den Gassen widerhallte. Ich probierte es auch. Ich begriff schnell, worauf es ankam: Man mußte den Kreisel knapp über dem Boden treffen, damit er sich wie verrückt drehte. Das gelang mir so gut, daß die Kinder aus den Häusern kamen, um mir zuzuschauen. Was für ein Erfolg! Vor allem bei den Mädchen. Sie trugen lange Hosen unter ihren Röcken, und die untere Gesichtshälfte war von einem Schal verdeckt. Aber ich konnte ihre schwarzen Kulleraugen sehen.

Auf einem großen Platz blieb Papa stehen und schaute einem riesenhaften Turkmenen in gelbem Turban und bunter Jacke zu. Er schwenkte eine lange, blaue und rote Stange über den Köpfen der Leute und erzählte ihnen irgendeine Horrorgeschichte. Als er ihnen ordentlich angst gemacht hatte, hockte er sich auf einen Teppich und öffnete einen Koffer voll weißem Styropor. In einem Plastikbeutel zerbröselte er ein Stück vor den Augen der staunenden Menge, der er vorschwindelte, es handle sich um eine Wunderseife. Er verkaufte die viereckigen kleinen Stücke zu je einem Franc.

»Das einzige Wunder an der Sache ist, daß die Leute ihm seine Seife abkaufen«, meinte Papa.

Sonntags ist Markt in Kashgar. Von überall her strömen die Menschen zu Hunderten auf den großen Marktplatz zwei Kilometer von der Moschee entfernt, gleich hinter der Brücke über den Fluß.

Ein bärtiger Bauer in einem alten Mantel, mit bloßen, völlig schlammverkrusteten Füßen, hatte Dutzende von kleinen Eseln in einer exakten Linie an der Straße entlang aufgereiht. Auf der gegenüberliegenden Seite verkaufte ein Händler ballenweise Baumwolle, ein anderer bot Besen an. Mit glänzenden Augen gingen wir weiter, zu einem von Pappeln gesäumten Platz aus gestampfter Erde, dem Mittelpunkt des Marktes.

Dort gab es so viele chinesische Kleiderhändler, daß sie die wahren Kaufleute der Wüste fast verdrängten: den Melonenverkäufer, der, eine aufgeschnittene Frucht in der Hand, pfeifend zum Probieren aufforderte; die Gerber mit ihren Ballen Ziegenfell; die Schuhmacher, die im Staub auf dem Boden hockten und im Nu Stiefel und Schuhe neu besohlten; die Pelzhändler, die Persianer verkauften. Ich sehe heute noch die Bäuerinnen vor mir. Sie trugen Stiefel wie die Männer, einen dicken schwarzen Mantel, ein Schultertuch und auf dem Kopf eine Persianerkappe. Ihre Gesichter waren von unzähligen feinen Falten durchzogen. Ich fand sie wunderschön.

»Jacob, schau!«

Der Turkmene war wieder da! Ich hatte seinen Auftritt tags zuvor schon ziemlich stark gefunden, aber diesmal übertraf er sich selbst. Seine bunte Jacke hatte er ausgezogen. Er ließ seine Armmuskeln spielen und streckte stolz seinen dicken Bauch heraus. Mit einer Hand packte er eine Bank und balancierte sie auf seinem kahlrasierten Schädel. Dann stellte er sie wieder auf den Boden und führte einen Balanceakt darauf vor, der übrigens gar nicht schlecht war. Anschließend wikkelte er sich seinen gelben Turban um die Hüften, wobei er leichtfüßig herumhüpfte, und schnürte ihn so fest, daß sein Bauch regelrecht hervorquoll. Er griff zu einer Schale Öl, die er vor den Augen der Zuschauer hin und her schwenkte, goß sich einen kräftigen Schluck in den Mund und spuckte mit angewiderter Miene wieder aus. Das machte er ein paarmal, und jedesmal verzogen die Leute auch das Gesicht. Dann ließ er eine Eisenkugel auf seinem Bauch hin und her rollen, warf den Kopf in den Nacken und schluckte die Kugel! Er spuckte sie sofort wieder aus, was, wie seine

Miene zeigte, nicht leicht gewesen war. Beim zweitenmal plumpste die Kugel in seinen Magen. Er versuchte sie herauszuwürgen, wobei er gräßliche Laute von sich gab und mit den Armen ruderte, aber die Kugel kam nicht zum Vorschein. Die Zuschauer waren starr vor Staunen. Und ich hätte ihm am liebsten auf den Rükken geklopft, um ihm zu helfen. Er bewegte die Arme wie Windmühlenflügel und schrie und schrie. Er sah aus wie ein fetter Vogel, der vom Boden abheben will und es nicht schafft. Die Nerven der Zuschauer waren zum Zerreißen gespannt. Endlich fand die Kugel ihren Weg aus seinem Magen und rollte aus seinem Mund auf einen großen, roten, gestreiften Teppich. Und der Turkmene hockte sich vor seinen Koffer mit dem Styropor.

»Das nächste Wunder«, bemerkte Papa. »Die Leute kaufen seine Seife!«

Wir blieben acht Tage in Kashgar. Ich fühlte mich fern von allem und Papa ganz nah. Er war »durchdrungen von seinem Mythos«, und mir gefiel er ganz gut, dieser Mythos. Papa ließ sich einen Schnurrbart und einen Spitzbart wachsen, kaufte sich eine Pelzmütze, eine Lederweste, eine Sonnenbrille und ein Paar schwarze Stiefel. Er sah aus wie ein Tatar aus einem Derwischmärchen.

»Es wird Zeit, daß wir aufbrechen. Nicht mehr lange, und der Paß wird wegen des Schnees geschlossen werden. Es wäre verdammtes Pech, wenn wir hier festsitzen würden.«

Er dachte dabei an Mama, die sich sicherlich um uns sorgte. Das brachte ihn auf die Idee, ihr ein Geschenk zu kaufen: das Fell eines Schneeleoparden, ein wunderschönes Stück.

Der Bus war voll mit Pakistani, die in Kashgar ihren

Geschäften nachgegangen waren und jetzt mit Rädern, Fernsehgeräten und anderen Mitbringseln beladen nach Hause zurückfuhren. Es war bitter kalt. Die Straße führte bergauf, bis wir zu einer grasbewachsenen Hochebene auf einer Höhe von 3.500 Metern gelangten. Auf den Wiesen weideten Jaks, Pferde und Trampeltiere, zweihöckrige Kamele mit zotteligem Fell.

Auf abschüssigen Strecken stellte der Fahrer den Motor ab. Dann war nur das Pfeifen des Windes zu hören.

»Ich kann die Goldene Horde sehen«, flüsterte Papa.

»Ja, ich auch!«

Es war wirklich nicht schwer, sich ein riesiges Heer mongolischer Reiter in diesen Weiten vorzustellen. Gras für die Pferde war im Überfluß vorhanden. Am andern Ende wurde die Ebene von hohen, schneebedeckten Sanddünen begrenzt. Und dahinter ragte die Karakorum-Gebirgskette auf. Ihre Berge waren so gewaltig, daß sie die Landschaft regelrecht erdrückten.

Die erste Nacht verbrachten wir in Tash Qurghan. Mir war schwindlig von der Höhenluft, und ich fror jämmerlich. Die Betonstadt wirkte kalt und trostlos auf mich. Am Abend ging ich mit Papa zum Nudelessen in ein Lokal, aber es war so bitter kalt, daß wir bald in unsere Herberge zurückkehrten, in unsere Daunenschlafsäcke krochen und die Bettdecken darüber türmten.

Am zweiten Tag hatten die Pakistani im Bus ganz weiße Bartspitzen vom Rauhreif. Es schneite.

»Siehst du, Junior, hätten wir länger gewartet, wäre der Paß geschlossen gewesen.«

Auf einer Höhe von 4.500 Meter fuhren wir in die Wolken hinein. Wir erreichten eine Ebene mit Felsen und Schnee und Gipfeln, die so hoch waren, daß sie sich in den Himmel bohrten. Irgendwie unheimlich.

Am höchsten Punkt der Straße, auf etwa 5.000 Metern, hielt der Bus unter einem Zementbogen mit lauter Inschriften. Ich bekam kaum noch Luft. Mein Kopf tat weh. Draußen war es auch nicht besser. Mir brummte der Schädel. Ich hatte das Gefühl, die Adern an meinen Schläfen würden gleich platzen. Mir war hundeelend. Ich war fix und fertig. Ich fing an zu weinen. Ich wollte nur noch eins: zurück nach Frankreich.

An der Grenze nahmen die Zöllner unseren Bus auseinander. Alles mußte nach draußen geschafft werden, Koffer und Kartons, Fernseher und Räder. Ich hockte zwei Stunden im Zollamt und schlotterte vor Kälte. Mein Kopf und meine Brust fühlten sich an, als würden sie von riesigen Händen zusammengedrückt. Ich hatte Nasenbluten. Mir war ganz schwummrig.

»Sobald wir tiefer kommen, geht es dir wieder besser, du wirst sehen«, tröstete mich Papa. »Kopf hoch, bald hast du's überstanden.«

Er hatte recht. Die Straße schlängelte sich durch die Schneefelder des Hochgebirges talwärts. Adieu China! Mir ging es von Minute zu Minute besser. Und als wir an die pakistanische Grenze kamen, hatten wir auch den Schnee hinter uns gelassen.

»Dabei sind wir auf derselben Höhe wie in Tash Qurghan.«

»Mein Kopfweh ist jedenfalls weg.«

»Das kommt daher, daß du dich inzwischen an die Kälte und die Höhe gewöhnt hast.«

»Bestimmt nicht! An diese Kälte werde ich mich nie gewöhnen! Aber jetzt kriege ich wenigstens wieder Luft.«

Wir übernachteten in einer Holzhütte. In klirrender Kälte. Ein Trost, daß es immerhin etwas anderes zu essen gab als Nudeln: Reis!

Am dritten Tag setzte der Bus seine Talfahrt fort. Und mir ging es immer besser.

»Bald kommen wir ins Tal der hundertjährigen Hunzas«, sagte Papa. »Sie werden so alt, weil sie viele gedörrte Aprikosen essen, klares Quellwasser trinken und nicht rauchen.«

Rechts und links der Straße ragten steile Felswände empor, von denen bei starken Regenfällen oder bei Erdbeben immer wieder große Brocken abbrachen und auf die Fahrbahn fielen. Die dauernden Kurven machten einen ganz schwindlig. Plötzlich hörte ich Schüsse!

Alle sprangen auf und reckten neugierig die Hälse. Ein Jeep raste mit einem Affenzahn an uns vorbei. Er wurde von Zöllnern in einem zweiten Jeep verfolgt, die aufs geratewohl aus ihrem Fahrzeug schossen. Fünf Minuten später fuhren wir an den am Straßenrand geparkten Jeeps vorbei. Die Zöllner unterhielten sich in aller Ruhe mit den Schmugglern.

»Das riecht nach Bakschisch«, meinte Papa.

Endlich kamen wir ins Tal der Hunzas. Ich sah kleine Felder, viele Steine und Gärten mit Aprikosenbäumen.

»Durch dieses Tal wurde früher die Seide auf ihrem Weg von China nach Indien und Europa transportiert. Den Mann, der über das Tal herrschte, nannte man Mir«, erklärte Papa.

Wir besuchten den alten Palast des Mir, ein dreistökkiges Gebäude aus Ziegelstein, Schlamm und Holz. Es war voller winziger Zimmer, schmaler Gänge und gefährlicher Treppen. Wir kletterten auf einen Holzturm:

»Der Wachtturm«, sagte Papa.

Von dort oben konnte ich den K2 sehen, den mit 8.500 Meter höchsten Berg des Karakorum-Gebirges. Auf der anderen Seite das Tal der Hunzas, durch das ein Fluß hindurchfloß.

Ich war todmüde. Ich mußte mich dauernd hinsetzen. Ich konnte mich einfach nicht an die Höhenluft gewöhnen, und außerdem hatte ich seit zwei Tagen die Ruhr. Die vielen Melonen waren schuld daran. Im Turkestan werfen sie Fäkaldünger auf die Felder, und die Mikroben und der ganze Mist wandern natürlich in die verflixten Melonen!

Plötzlich begann der Palast zu zittern.

»Ein Erdbeben!« sagte Papa erschrocken.

Da der Weg nach draußen über all die Leitern und Treppen viel zu lang war, blieben wir, wo wir waren.

Ich hörte ein schreckliches Grollen, das schnell näher kam. Der Palast zitterte immer heftiger. Feiner Schnee rieselte auf uns herunter.

»Das ist kein Erdbeben, das ist eine Lawine!« schrie Papa.

Wir kamen noch einmal mit dem Schrecken davon: Die Lawine donnerte in eine Senke, bevor sie das Dorf erreichen konnte. Aber wie sich diese gewaltige Schneemasse den Berg herunterwälzte, das war schon ein tolles Schauspiel!

Nachdem ich nur knapp dem Tod entronnen war, schlenderte ich durch das Dorf. Alte Hundertjährige konnte ich aber nirgends entdecken. Dafür sah ich blonde Kinder mit grünen Augen.

Papa war begeistert. »Das sind Nachkommen der griechischen Soldaten Alexanders des Großen«, sagte er. Seit seiner Kindheit ist er von Alexander dem Großen fasziniert.

Am vierten Tag rollte unser Bus ins Tal von Gilgit hinunter. Wir verbrachten die Nacht in einem alten englischen Holzhaus, in dem es dauernd knackte und knarrte. Auf dem Rasen hinter dem Haus war ein Widder angebunden. Er fraß mir aus der Hand. Gilgit ist ein Städtchen mit zwei, drei Einkaufsstraßen und einigen Antiquitätengeschäften. Ein Feld, auf dem Polo gespielt wurde, gab es auch. Die blaue Mannschaft vor schneebedeckten Gipfeln gegen die rote kämpfen zu sehen war ein schönes Bild.

»Auf geht's, Jacob, wir müssen weiter.«

»Ach nein, Papa, bitte nicht! Ich bin so müde. Es ist so schön hier. Ich mag das Hotel, ich mag den Widder, ich mag die Stadt. Laß uns doch noch ein bißchen bleiben! Bitte, Papa, sag ja!«

»Ich bin auch müde. Aber wir müssen weiter nach Rawalpindi. Entweder zwölf Stunden Kurven oder eine Stunde im Flugzeug, was meinst du?«

»Also gut, meinetwegen. Wenn wir fliegen, ist das was anderes.«

Rawalpindi ist eine Großstadt. Wir hatten ein Himmelbett in unserem Hotelzimmer und eine kleine Wohnecke, wo ich meine Schularbeiten machen konnte: Verben ins Futur und ins Imperfekt setzen, Fragesätze bilden, multiplizieren. Nicht zu vergessen der Text, den Papa mir diktierte. Ich mußte einiges nachholen, weil wir so lange im Bus unterwegs gewesen waren und weil ich mich in der Kälte nicht hatte konzentrieren können.

Papa wollte einen Abstecher nach Peshawar machen. Ich hatte doch gewußt, daß wir irgendwann dorthin zurückkehren würden! Im Green Hotel erzählte Papa jedem, daß ich über den Khunjerab-Paß gefahren war. Er war stolz auf mich. An jenem 24. Oktober 1988 trat ich endgültig in die Reihen der großen Globetrotter ein! Für Papa Grund genug, eine Riesenfete zu schmeißen. Außerdem war er heilfroh, daß ich unsere Reise ins Hochgebirge lebend überstanden hatte.

In Peshawar besuchten wir unsere afghanischen Freunde im Basar.

»Das ist Gandhara-Kunst«, erklärte Papa und zeigte mir steinerne Skulpturen. »Diese Stücke stammen aus der Zeit Alexanders des Großen. Im 1. Jahrhundert hat sich eine Schule buddhistischer Bildhauer entwikkelt. Sowohl die buddhistische Kunst als auch die Religion sind von den Griechen beeinflußt worden. Und Gandhara-Kunst verbindet beides, Buddhismus und griechische Kultur.«

Der Händler winkte ihn zu sich und reichte ihm einen leicht angeschlagenen Teller. Papas Augen, sein ganzes Gesicht fing an zu leuchten. Tief bewegt betrachtete er den Teller. Ich sah ihn mir genauer an: Die Innenseite war aus Gold, und darauf war ein Reiter gezeichnet, der mit Pfeil und Bogen Löwen jagt.

»Das kann nur König Darius sein . . . Nach über zweitausend Jahren werde ich von dem gleichen Teller essen wie Alexander der Große. Ist das ein Ding, Junior?«

Ein Ding war vor allem der Preis! Wir blieben vier Tage in Peshawar. Wegen der Antiquitäten.

Dann sagte Papa: »Auf nach Belutschistan!«

Wir flogen in den Wüstenort Quetta. Die Luft war warm, der Wind auch, und ich hatte nach wie vor die Ruhr. Der ständige Klimawechsel und die Höhenluft hatten mich ausgelaugt. Mein Magen rebellierte. Außer ein bißchen Reis und ein paar Granatäpfeln konnte ich nichts essen.

In einem Lokal saßen am Nebentisch bärtige Männer in *Shawal kamis* und Turban. Sie taten, als ob sie sich auf Pakistanisch unterhielten, aber in Wirklichkeit waren es Franzosen. Sie lieferten Dünger nach Afghanistan, und unter den Säcken hatten sie Maschinenpistolen versteckt.

»Das ist handfeste humanitäre Hilfe«, sagte Papa. »Kommst du mit? Mal sehen, was die Antiquitätenhändler hier zu bieten haben.«

Ich habe immer ein bißchen Geld in der Tasche, damit ich mir Tee und Granatäpfel kaufen kann. Oder irgendwas Altes. Mit acht Jahren war ich imstande, eine Bronze aus Luristan von anderen Bronzen zu unterscheiden. Nur die echten von den falschen, das klappte noch nicht so ganz. Ich kaufte eine alte Muschel. Und war ganz stolz auf meine Neuerwerbung. Papa beherrschte sich: Er hat mich nicht angeschrien.

In Karachi wartete unser Flugzeug nach Frankreich. Papa war während des ganzen Flugs bedrückt und unruhig.

»Mama ist jetzt fast im sechsten Monat schwanger«, sagte er. »Sie muß so lange wie möglich durchhalten! Das ist unsere letzte Gelegenheit, Nachwuchs zu bekommen . . .«

»Ich verstehe das nicht. Warum hat Mama denn solche Schwierigkeiten, Kinder zu bekommen?«

»Das ist einfach so, weißt du. Aber dafür bekommt sie sehr hübsche Kinder.«

Da standen wir also mit unsern Koffern und Pelzen vor dem Haus meiner Großeltern Malou und Pierrot. Wir waren vierzehn Tage vor dem vereinbarten Datum zurückgekommen, und es war kein Mensch da. Alles abgeschlossen. Papa kletterte an der Dachrinne hinauf aufs Dach und stemmte ein Fenster auf. Er machte mir von innen die Tür auf. Nirgends eine Spur von Mama. Dann entdeckten wir neben dem Telefon einen Zettel mit der Telefonnummer des Entbindungsheims, und unser Herzschlag setzte einen Augenblick aus.

Wir hetzten hin. Papa war vor Angst wie von Sinnen. Ich nicht, ich hatte Vertrauen zu Mama. Ich fühlte, daß ich ein Brüderchen bekommen würde. Und wir würden es Arthur nennen, nach dem König in der Sage.

10

Meine Eltern

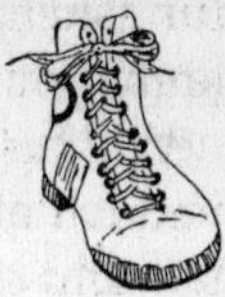

Um unser abenteuerliches Leben zu verstehen, muß man mehr über meine Eltern wissen. Eines Tages habe ich sie gefragt, wie es dazu gekommen ist, daß wir eine umherreisende Familie geworden sind. Ich habe so lange gebohrt, bis sie mir alles erzählt haben.

Sie haben sich in der Nähe von Lille kennengelernt. Mama ging damals noch aufs Gymnasium, sie muß sechzehn, siebzehn gewesen sein. Papa hörte auf den Namen Paddy. Er war groß, kräftig, hatte blaue Augen und eine blonde Mähne. Er war neunzehn und bereits mehrmals durch Indien getrampt. Und durch Mexiko, Guatemala und einen ganzen Haufen andere Länder! In seinem Viertel nannten sie ihn nur den »Globetrotter«. Geboren war er in Marokko als Sohn reicher und, wie er selbst sagt, eher bürgerlicher Eltern.

Die Gymnasiastin tat alles, damit der Globetrotter Notiz von ihr nahm. Sie wollte unbedingt mit ihm gehen. Und sie träumte davon, so zu leben wie er.

Eines Tages bekam sie ein Päckchen aus Mexiko.

»Ist das von Paddy?« fragte Malou, ihre Mutter.

Mama machte es auf. Ein Buch von Jack Kerouac war drin *(Mexico Blues)* und sonst nichts. Der Globetrotter hatte in Mexiko den Blues bekommen, er sehnte sich nach der kleinen Gymnasiastin aus Lille. Mama, schon damals eher praktisch veranlagt, war unempfänglich für Paddys Liebesleid, sie verlangte nach etwas Konkreterem. Sie fand es, als sie in dem Buch blätterte: einen Ring! Ein in eine Silberblüte gefaßtes Tigerauge. Paddy hatte ein Rechteck aus dem Text herausgeschnitten und den Ring darin versteckt.

»Hat er dir nun geschrieben oder nicht?« fragte Malou.

»Schau mal, Mama, was er mir geschickt hat: einen Ring! Er denkt an mich!«

Meine Großmutter war beeindruckt von der Goldschmiedearbeit.

Die Gymnasiastin wollte Paddy in nichts nachstehen (obwohl sein Vorsprung kaum noch einzuholen war). Sie folgte seinem Beispiel und reiste gegen den Widerstand ihrer Eltern ganz allein nach Nordafrika. Die Freiheit gefiel ihr so gut, daß sie immer öfter von einer Reise um die Welt träumte.

Der Globetrotter war zurückgekehrt. Er wohnte nicht mehr bei seinen Eltern, sondern in einem abbruchreifen Haus. Seine gesamte Einrichtung bestand aus einer Matratze und einer Schreibmaschine. Die Gymnasiastin kratzte an seiner Tür. Der Globetrotter war sehr beschäftigt. Er arbeitete an einem Theaterstück mit dem Titel *Die Nacht der Verrückten*. Der Dramaturg gab der Schülerin wertvolle Hinweise für das Verfassen ihrer Abschlußarbeit – meistens auf der Matratze!

Die Gymnasiastin hatte die Nase voll von der Schule. Sie wollte von zu Hause ausziehen und mit dem Mann ihres Lebens zusammenleben.

Pierrot, mein Großvater, hat sie gewarnt: »Er ist von Beruf Sohn und ein labiler Mensch. Mach deinen Abschluß, denk an dich, denk an deine Zukunft!«

Ausgezeichnete Ratschläge, die Mama ohne zu zögern in den Wind schlug. Sie ging vom Gymnasium ab und mit Papa zur Weinlese. Bordeaux, Corbières oder was weiß ich, wo sie waren, lag zwar nicht am Ende der Welt, ein gutes Training war es aber dennoch. Sie schliefen unter freiem Himmel an Frankreichs Straßen. Mama, die kaum je ihr behütetes Elternhaus verlassen hatte, fühlte sich glücklich und geborgen an Papas Seite. Sie entdeckte einen stolzen, hochmütigen Mann, der unter seiner nonkonformistischen, lässigen Fassade sehr genau wußte, was er wollte. Mama sehnte sich nach Freiheit, nach einem Leben ohne Zwänge; sie wollte nicht vorausplanen, sondern in den Tag hineinleben. Papa versuchte ihr klarzumachen, daß das Leben kein großer Kuchen ist, von dem man dauernd essen kann, ohne daß er weniger wird. Das wollte Mama aber partout nicht einsehen.

Ihre erste Reise führte – nirgendwohin. Papa setzte Mama vor ihrem Elternhaus ab. Er kehrte in seine Dachkammer und an seine Schreibmaschine zurück. Mama war gedemütigt: Wie eine Ausreißerin stand sie da. Sie hatte weder Geld noch Arbeit – die Schulbank wollte sie auf keinen Fall mehr drücken – und mußte zähneknirschend zugeben, daß ihr Vater mit seiner Einschätzung offensichtlich recht gehabt hatte.

Sie suchte einen Weg aus der Sackgasse und fand ihn: Mit zwei Koffern bewaffnet stürmte sie die Dachkammer des Globetrotters.

»Paddy, ich werde bei dir einziehen . . . und ich möchte dir meine Mutter vorstellen.«

Malou war nämlich mitgekommen. Der Globetrotter beugte sich. Und Mama richtete sich häuslich bei ihm ein. Sie versprach ihm, sich ganz klein zu machen und ihn in überhaupt nicht zu stören.

»Ich werde für dich kochen und dir den Haushalt

machen. Und wenn du Ruhe zum Schreiben brauchst, werde ich mich solange ins Bistro setzen.«

Mama langweilte sich zu Tode im Bistro. Eines Abends sagte Papa zu ihr:

»Ich will dieses Stück unbedingt fertigschreiben. Warum verreist du nicht für eine Weile? Wie wär's zum Beispiel mit Marokko?«

»Spinnst du? Als ich das letzte Mal dort war, wäre ich fast vergewaltigt worden!«

»Dann nimm doch die Pille!«

Mama verschlug es die Sprache. Wütend packte sie ihre Sachen und ging. Sechs Tage später war sie wieder da. Papa begrüßte sie mit den Worten:

»Was, du bist schon zurück?«

Warum war er denn so ekelhaft? Hatte er genug von ihr?

Papa gab sich reumütig. »Entschuldige. Du hast mir sehr gefehlt . . .«

Diesmal hatte Mama das Gefühl, nach Hause zu kommen. Um zu zeigen, wie unabhängig sie war, nahm sie eine Stelle in einem Sportartikelgeschäft an. Und eines schönen Abends sagte Papa zu ihr:

»Wir werden eine Reise um die Welt machen, was meinst du dazu? Ich werde zu deinem Vater gehen und ihn überreden, mir sein kleines Mädchen anzuvertrauen.«

Hinter der Maske des verträumten Spinners kam Paddys wahres Gesicht zum Vorschein. Was Mama nicht unbedingt glücklich machte. Sie hatte nichts dagegen, sein Leben zu teilen, aber sie wollte auf keinen Fall, daß er über ihr Leben bestimmte. Außerdem stand sie seinen Träumen ein wenig skeptisch gegenüber. Papa heckte die verrücktesten Pläne aus und führte sie Schritt für Schritt durch. Er entdramatisierte, versachlichte, ließ Emotionen beiseite, unterdrückte Ängste, und alles war ganz einfach. Aber war es nicht trotzdem heller Wahnsinn?

»Wie stellen Sie sich das vor?« sagte mein Großvater zu ihm. »Sie sind jung und haben den Kopf voller Träume. Aber wie wollen Sie das alles schaffen: meine Tochter glücklich machen, fürs Theater arbeiten, in der Welt herumreisen und Geld verdienen?«

Papa nahm die Herausforderung an. Sie war spannender als die Vernunft. Methodisch bereitete er die Reise um die Welt vor.

Mama bereitete ihm eine Überraschung ganz anderer Art:

»Du, Paddy«, sagte sie eines schönen Tags im Frühjahr zu ihm, »ich glaube, ich bin schwanger.«

»Ich dachte, du nimmst die Pille«, entgegnete er und haute ungerührt in die Tasten seiner Schreibmaschine.

Als Mamas Schweigen ziemlich drückend wurde, drehte er sich endlich um und sah sie an. Jetzt erst dämmerte es ihm.

»Das ist nicht dein Ernst, oder? Was hast du mit deinen Pillen gemacht? Zum Fenster rausgeworfen?«

»Nein, im Blumentopf versteckt. Du kannst nachsehen, sie sind alle noch da.«

»Aber warum? Warum willst du alles kaputtmachen? Was ist mit unserer Reise?«

»Ich will beides: reisen und eine Familie gründen.«

Papa beruhigte sich schnell wieder. Er ging im Geist alle Möglichkeiten durch, die sich durch diese neue Situation ergaben.

»Okay, wir machen alles wie geplant. Ich bringe *Die Nacht der Verrückten* auf die Bühne, und dann brechen wir auf.«

»Und wo bitte soll ich mein Kind zur Welt bringen?«

»Das werden wir sehen, wenn es soweit ist. Alles zu seiner Zeit. Erst mal muß ich mich um die Aufführung kümmern und einen Nachmieter finden.«

Sein Stück wurde aufgeführt. Und danach brachen sie zu ihrer Reise auf.

In New York wurde Mama auf der Flughafentoilette von drei Mädchen ausgeraubt. Das fing gut an. Per Anhalter und per Bus fuhren sie nach Kanada. Am Johannistag kamen sie in Montreal an. Nirgends war mehr ein Zimmer zu bekommen, und auf den Straßen herrschte Hochbetrieb. Mama hatte nur noch einen Wunsch: sich irgendwo hinlegen und schlafen. Papa ging mit ihr in einen Park, suchte ihr einen netten Platz im Gebüsch, drückte ihr sein Messer in die Hand und zog los, um einen draufzumachen. Mama war plötzlich wieder hellwach. Statt ihr ein Gefühl von Sicherheit zu geben, jagte das Messer ihr Angst ein. Sie verließ ihren Schlupfwinkel und schaute sich nach Papa um, den sie zur Hölle wünschte. Sie wartete die ganze Nacht auf ihn.

Am andern Tag verließen sie Montreal in Richtung Quebec. Sie mußten in der prallen Sonne marschieren, bis sie einen guten Platz zum Trampen erreichten. Mama hatte Bauchweh. Papa ging scheinbar ungerührt voraus. Sie erreichten die Provinz Quebec, die Wälder. Mama schleppte sich mit ihren Schmerzen weiter. Dann, eines Abends, hatte Papa die Dreistigkeit, das Zelt am Ufer des St.-Lorenz-Stroms in unmittelbarer Nähe dreier junger, hübscher und überaus zugänglicher Kanadierinnen aufzuschlagen. Er flirtete auf Teufel komm raus. Und Mama platzte der Kragen.

»Wenn das so ist, dann geh' ich eben«, sagte Papa.

Er schulterte seinen Rucksack und ließ Mama stehen. Sie fing an zu weinen. Sie lief Papa nach. Er war nicht weit gekommen, nur bis zur Bar des Campingplatzes.

»Mir ist dauernd schlecht, Paddy. Ich fühle mich elend, ich kann mich selbst nicht leiden, und ich bin wütend auf dich, weil du gesund und munter bist. Ich kann einfach nicht mehr. Ich fliege nach Hause zurück. Es ist besser so.«

»Spinnst du? Wir sind erst zwei Wochen unterwegs!«

Mamas Entschluß hing ein paar Tage in der Luft. Eine Woche später standen beide in Montreal am Flughafen. Mama war zusammengeklappt, konnte aber nicht glauben, daß Papa sie tatsächlich allein nach Hause fliegen lassen würde. Er kaufte ihr im Juweliergeschäft am Flughafen einen goldenen Ring, winkte ihr noch einmal mit versteinerter Miene zu und verschwand.

»Er hat dich einfach sitzenlassen?« Pierrot, mein Großvater, konnte es nicht fassen. »Hab' ich dir nicht gesagt, der ist nichts für dich?«

»Er hat mich nicht sitzenlassen, Papa. Er ist für vier Wochen nach Vancouver und kommt dann nach.«

»Wir werden ja sehen.«

Mama war ganz allein mit mir in ihrem Bauch. Sie hat mir erzählt, daß sie dauernd mit mir gesprochen hat, mir ihre Ängste anvertraute, mir von Paddy erzählte und davon, daß er nichts von sich hören ließ. Sie besuchte Papas Mutter, die ich nicht mehr kennengelernt habe und die ihren Sohn grenzenlos bewunderte.

»Er wird zurückkommen, Anne. Dann, wenn er es für richtig hält. Er ist ein Egoist, aber ein pflichtbewußter.«

Die Freunde von früher schnitten Mama. Sie dachten, sie hätte den Globetrotter in die Falle locken wollen.

Eines Nachts klingelte das Telefon. Mama, die einen leichten Schlaf hatte, nahm ab.

»Bist du das, mein Floh?«

»Paddy! Wo steckst du denn? Wann kommst du endlich nach Hause?«

»Ich befinde mich bereits auf französischem Boden. Auf Martinique nämlich. Ich bin total abgebrannt. Kannst du mir zwei Riesen schicken?«

Zwei Monate hatte sie keine Nachricht von ihm bekommen! Pierrot schickte ihm die 2.000 Francs. Und Papa kam nach Hause. Er hatte sich entschieden. Seine einsame Reise war öde und trübselig gewesen und hatte eher einer Flucht geglichen. Er empfand Erleichterung, als er erst einmal beschlossen hatte, heimzukommen. Malou und Pierrot bestürmten ihn mit Fragen, kaum daß er das Haus betreten hatte. Ja, er hatte eine gute Reise gehabt, ja, er hatte einen Job in Aussicht, ja, er würde ein Haus suchen, nein, er hatte nicht die Absicht, ihre Tochter zu heiraten. Die sowieso nicht da war.

Mama war zu Freunden auf einen kleinen Bauernhof gefahren. Ihr Selbstbewußtsein bekam wieder Auftrieb. Sie war nicht mehr die Kleine, die man mit ihrem Kind sitzengelassen hatte, sondern die Frau, der es gelungen war, das Herz des Globetrotters zu erobern. Papa schwang sich auf ein Moped und raste aufs Land hinaus. Er holte noch einmal tief Luft, als der Hof in Sicht kam, stieß dann die Tür mit dem Vorderrad auf und knatterte mit dem Moped in die gute Stube. Mama stieß einen Schrei aus und warf sich in seine Arme. Jetzt konnte ich kommen!

Papa wollte mich Tarak nennen, nach einem Krieger. Der richtige Name für einen künftigen Weltenbummler.

Er fand ein Haus, das er nur für mich einrichtete.

»Ein Jahr! Keinen Tag länger! Dann verkaufen wir den Schuppen wieder und ziehen los mit dem Kleinen.«

Ich wurde am 5. Dezember 1980 geboren. Mama nannte mich Jacob, damit ich widerstandsfähig, empfindsam und zärtlich wäre.

Ein Jahr später schlief ich in Mamas Armen in einem Flugzeug der Birman Airlines. Und wenig später stand meine Wiege in einem düsteren, niedrigen, kalten, feuchten Zimmer irgendwo in Nepal. Mama hatte es nicht leicht mit mir, meine Konstitution war nicht die beste. Ganz allmählich gewöhnte sie mich ans Reisen, und bereits nach zwei Wochen nahm sie mich mit in einen dieser Busse, in denen es nach Raubtier und manchmal nach Erbrochenem riecht. Eine erste Spritztour, der eine schier endlose Reihe von Tagen im Bus, Zug, Jeep, *Tuk-Tuk* folgte.

Papa kannte sich aus mit afrikanischer Kunst. Er fing an, sich für die Kunst des Himalaja zu interessieren. Er suchte nach seltenen Gegenständen, die sich teuer verkaufen ließen. Aber das war gar nicht so einfach. Zudem hatte er noch viele Gewohnheiten aus seiner Zeit als alleinstehender Reisender beibehalten. Einmal, in Pokhara, brach er zu einer Trekkingtour auf und ließ Mama und mich fünf Tage in einem rattenverseuchten Hotelzimmer allein. Mama war kurz davor, den Verstand zu verlieren, als sie eine Ratte in dem Schnellkochtopf für meinen Brei entdeckte. Fünf Nächte kämpfte sie gegen die Nager, klemmte sie in der Tür ein und zerquetschte sie. Was, wenn Papa nicht zurückkam? In Panik drückte sie mich an sich. Sie mußte feststellen, daß sie die Welt mit meinen Augen, nämlich mit Kinderaugen betrachtet hatte. Wie hatte sie nur so verrückt sein können, sich auf einen unbeständigen Mann wie Paddy zu verlassen! Aber Papa kam zu uns zurück, und ihre Befürchtungen waren vergessen.

Abgesehen von einigen Fieberschüben, die mit einer doppelten Dosis Aspirin in den Griff zu bekommen waren, hätte ich mich wacker gehalten, sagt Mama. Eines Abends in Varanasi fiel plötzlich der Strom aus. Im ganzen Stadtviertel war es stockdunkel, und Papa, der noch unterwegs gewesen war, wurde der Geldbeutel geklaut. Wir hatten keinen Pfennig mehr. Meine Eltern riefen in der französischen Botschaft an und baten um Hilfe. Kurze Zeit später der Rückruf: Sie hätten eine Nachricht für uns. Statt des Geldes erwartete uns eine traurige Mitteilung: Papas Mutter war bei einem Autounfall ums Leben gekommen. Wir mußten nach Hause zurück.

In Europa war tiefer Winter. Und wir hatten kein Geld. Im Bahnhofsrestaurant von Antwerpen kratzte Papa die letzten Münzen zusammen, um mir ein Glas warme Milch zu kaufen. Die Leute musterten uns stumm. Ein Mann stand auf und schob meinen Eltern fast verschämt sein Päckchen Zigaretten hin. Die Kellnerin brachte uns einen Teller Obst. Ein altes Ehepaar legte ein bißchen Geld auf unseren Tisch. Andere schenkten uns Süßigkeiten oder ebenfalls Geld. Ich trank unterdessen fröhlich meine Milch. Meine Eltern saßen mit gesenktem Kopf da und wagten nicht, die Almosen anzurühren.

Sie fanden keinen Rückhalt, der es ihnen erlaubt hätte, mit ihrer Freiheit richtig umzugehen. Ich ahnte nicht, wie schwer ihnen dieses unstete Leben fiel, das sie im Grunde gar nicht führen wollten. Ich war immer dabei, gleichgültig, ob sie am Strand Eis verkauften oder bei der Weinlese halfen. Wir schliefen, wo immer sich die Gelegenheit bot, in einem Pfarrhaus oder in einem Obdachlosenheim. Sobald sie etwas Geld hatten, machten sie sich auf die Reise, manchmal allerdings nur einer von beiden: So blieb ich einmal bei Papa in Amsterdam, in einem von Punkern besetzten Haus, während Mama nach Indien flog, um billigen Schmuck einzukaufen, den sie in Frankreich so teuer wie möglich wieder verkaufen würde.

Die Lage besserte sich, als meine Eltern während eines Abstechers nach Südfrankreich ihre Zelte auf einem FKK-Gelände aufschlugen. Eigentlich hatte ich sie auf die Idee gebracht. Ich hatte nämlich die Angewohnheit, mich komplett auszuziehen, wenn ich von draußen reinkam. Da sagten sich meine Eltern, warum sollen wir das nicht genauso machen? Das FKK-Camp sollte für viele Jahre ihr Basislager werden. Sie fühlten sich freier dort und ich mich auch. Sie hatten Arbeit gefunden, gelernt, mit ihrem Geld besser umzugehen, und lebten nicht mehr von der Hand in den Mund.

Mama wurde wieder schwanger. Aber nach einem Überfall zu Hause in Frankreich verlor sie das Baby.

Papa entschied sich endgültig für den Handel mit Antiquitäten. Er kaufte einen Wohnwagen, der unser Zuhause im FKK-Camp wurde. Dort würden wir das Frühjahr und den Sommer verbringen, und im Herbst ginge es auf große Fahrt. Ich war fünf damals und fand diese Planung toll. Mama wurde erneut schwanger und verlor auch dieses Kind. Als ich nach dem Grund fragte, wußten meine Eltern nicht, wie sie es mir erklären sollten.

Mama reiste danach allein nach Indien, um wieder zu sich selbst zu finden, wie sie sagte. Ich fuhr mit Papa nach Indonesien. Ich war fünf. Ich weiß noch, daß er ein Motorrad gemietet hat, auf dem wir stundenlang durch die Gegend fuhren. Manchmal schlief ich auf dem Tank ein. Drei Monate später wollten wir uns mit Mama in Bangkok treffen. Wie wichtig dieses Rendezvous war, konnte ich damals nicht ahnen. Ich spürte nur, daß Papa sehr angespannt, sehr nervös war. Als ich Mama im Flughafen von Bangkok sah, machte mein Herz vor Freude einen Satz, und ich rannte ihr entgegen.

Was hatte sie nur so lange in Indien gemacht? Aber das soll sie am besten selbst erzählen:

»Ich habe einen Film in Neu-Delhi gedreht. Ein Produzent suchte Statisten, ich habe mich vorgestellt und die Hauptrolle bekommen, stell dir vor! In Indien wird ein Filmstar wie eine Art Halbgott behandelt. Mein Tag begann morgens um zehn. Ein Taxi holte mich vom Hotel ab und brachte mich gegen ein Uhr früh wieder zurück. Ich trank Tee und plauderte mit den indischen Komparsinnen, und wenn es hieß: ›Achtung, Aufnahme!‹, mußte ich dem männlichen Hauptdarsteller schöne Augen machen. Ich habe ganz schön viel Geld für meine Rolle bekommen. Nach Abschluß der Dreharbeiten fuhr ich nach Goa, das ist in Westindien, um mich zu erholen. Ich habe dort total ausgeflippte Typen kennengelernt, die sich mit Drogen vollpumpten: Touristen, Dealer, New-Age-Apostel, schrille Musiker. Eines Abends auf einer Fete hatte ich plötzlich das Gefühl, eine ungeheure Kraft hätte mich gepackt und versuchte, mich aus meinem Körper zu drängen. Ich kam mir vor wie auf einem fremden Planeten. Ich hatte totale Panik. Eine Freundin meinte, ich hätte eine schwere Vergiftung, aber sie wüßte, wie sie zu behandeln sei. Mitten in der Nacht sagte mir irgend etwas, daß es besser wäre, die Koffer zu packen und abzureisen. Ich wußte noch, daß ich hier mit euch verabredet war. Ich litt unter furchtbaren Angstzuständen, aber ich schaffte es, mich in den Zug nach Neu-Delhi zu setzen. Ich stieg in dem Hotel ab, in dem wir immer wohnen, und dort wartete eine Nachricht von Paddy auf mich. Da ging es mir gleich viel, viel besser. Ich konnte sogar wieder mit den Leuten reden. ›Mein Sohn und mein Freund erwarten mich‹, erzählte ich ihnen immer wieder. Filmpläne, Verträge, Produzenten, Ruhm und Reichtum, ein angenehmes Leben, ich ließ alles sausen, ich wollte nur noch bei euch sein. Am Flughafen habe ich euch nicht gleich gesehen, und da bekam ich Herzklopfen wie nie zuvor in meinem Leben. Und dann klammerte sich eine Hand an mein Bein und ein Stimmchen sagte: ›Mama, Mama, meine Warzen sind alle weg!‹ Da war meine Angst wie fortgeblasen!«

Von da an waren wir eine in der Welt umherreisende Familie, und ich habe all die Abenteuer erlebt, die ich bereits geschildert habe.

Daheim in Frankreich warten meine Großmutter Malou, mein Großvater Pierrot, mein Urgroßvater Bonpapa und meine Urgroßmutter Mamy auf uns. Dann gibt es da noch meinen Onkel Hervé, Versicherungsangestellter, Didine, seine Frau, und meinen Onkel Franck, Musiker. Wir setzen uns oft an einen großen Tisch und essen und schwatzen.

In Südfrankreich gehe ich zur Schule, dort habe ich meine Freunde, meine Stofftiere, meine Spielsachen. Der Campingplatz, wo unser Wohnwagen steht, ist sehr groß, und es gibt viele Wege, auf denen ich radfahren kann. Oder ich laufe nackt am Strand herum.

Was fehlte mir noch zu meinem Glück? Ein Brüderchen! Das haben Papa und ich uns am meisten gewünscht, als wir aus China zurückkehrten.

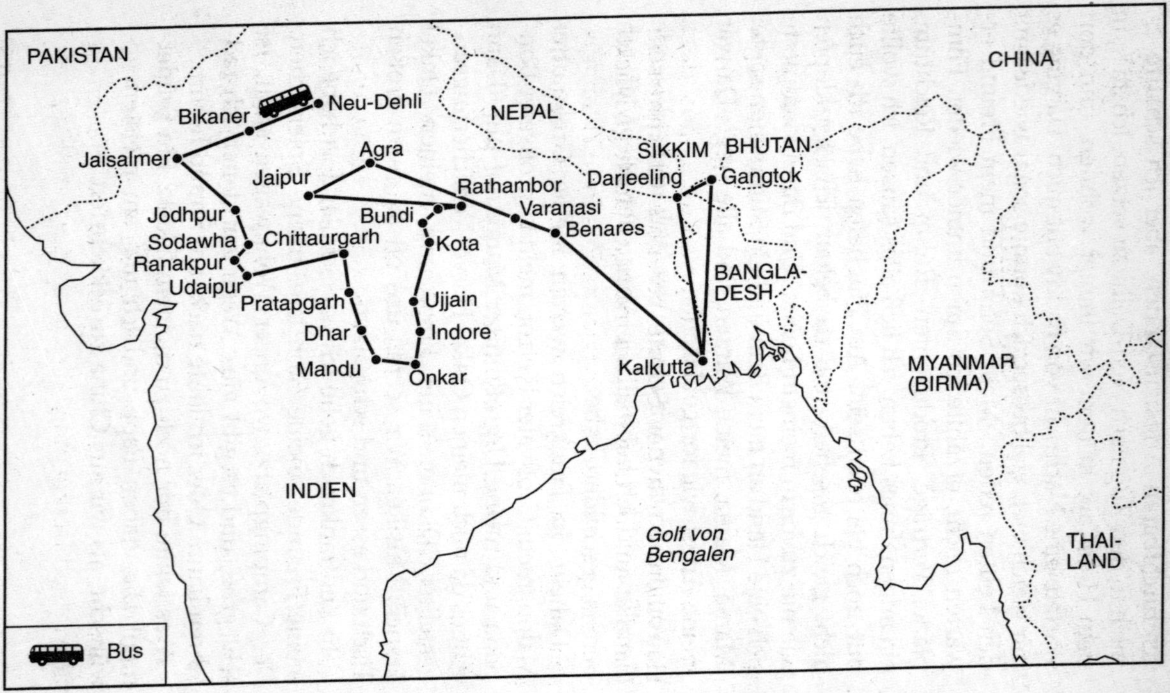
PAKISTAN
CHINA
NEPAL
SIKKIM
BHUTAN
BANGLA-
DESH
MYANMAR
(BIRMA)
THAI-
LAND
INDIEN
Golf von
Bengalen
Neu-Dehli
Bikaner
Jaisalmer
Jodhpur
Sodawha
Ranakpur
Udaipur
Chittaurgarh
Pratapgarh
Dhar
Mandu
Onkar
Indore
Ujjain
Kota
Bundi
Jaipur
Agra
Rathambor
Varanasi
Benares
Darjeeling
Gangtok
Kalkutta
Bus

11

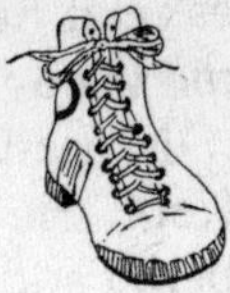

Ein Koffer für Arthur

Arthur ist da! Endlich habe ich den Bruder, den ich mir schon so lange gewünscht hatte. Papa hatte nicht mehr daran zu glauben gewagt. Wir hatten alle eine schwere Zeit hinter uns. Zwei Kinder hatte Mama bereits im sechsten Schwangerschaftsmonat verloren. Aber Arthur war da. Und ich war total aus dem Häuschen. Nach der Schule bereitete ich ihm sein Fläschchen, ich trug ihn, an meinen Bauch gedrückt, auf dem Campingplatz spazieren. Er sah mich an aus seinen großen runden Augen. Er erinnerte mich an E. T.

»Paß auf, Jacob! So ein Baby ist zerbrechlich!« rief Mama.

Arthur war nach fünfeinhalb Monaten zur Welt gekommen und hatte drei Monate im Brutkasten verbracht. Er war mager und nicht besonders schön, Wunder hin oder her. Reisen könne er auf keinen Fall, hatten die Ärzte gesagt.

Es wurde bald Winter, und unser Campingplatz würde schließen. Wir konnten nicht hierbleiben. Mama vertraute ihrem guten Stern:

»Jacob war im gleichen Alter auch nicht sehr widerstandsfähig. Er war auch eine Frühgeburt, und die Ärzte hatten uns davon abgeraten, mit ihm auf Reisen zu gehen. Und trotzdem ist alles gutgegangen. Wenn wir es jetzt nicht riskieren, ist es vorbei, dann werden wir nie wieder verreisen!«

Marie-Claude, unsere Nachbarin, schüttelte den Kopf. Sie muß meine Eltern für verrückt gehalten haben. Paddy entschied, daß wir nach Indien fahren würden. Ich war nicht gerade begeistert, aber er meinte, das sei ein guter Test:

»Wenn Arthur diese Prüfung besteht, können wir ihn überall mit hinnehmen!«

Ich hatte meine erste Reise im Alter von einem Jahr auch nach Indien gemacht. Und bin seitdem ganz schön in der Welt herumgekommen!

Bevor wir ins Flugzeug stiegen, besuchten wir Malou und Pierrot.

»Ihr seid ja wahnsinnig«, sagte Malou. »Ihr werdet den Kleinen umbringen!«

Mein Großvater wollte Arthur und mich taufen lassen, für alle Fälle sozusagen . . . Papa lächelte nur: Er glaubt nicht ans Paradies. Und da Mama Arthurs ersten Geburtstag unbedingt in Indien feiern wollte, hatten wir für eine Taufe sowieso keine Zeit mehr.

Wir landeten am 13. November 1989, an Arthurs Geburtstag, in Neu-Delhi. Noch am Flughafen machte Papa eine Flasche Champagner auf, und wir stießen auf Arthur und auf neue Abenteuer an. Wir hatten schlecht geschlafen, ich war kaputt, und wir waren leicht beduselt vom Alkohol.

Ich hielt Arthur, während Mama Travellerschecks einlöste. Plötzlich mußte er brechen, und wie! Dem Kleinen ging es gar nicht gut. Papa kam mit unserem Gepäck zurück: Reisetaschen und ein großer lederner Überseekoffer, den wir auf einem Flohmarkt gekauft hatten. Er allein wog schon achtzig Kilo. Zusammen mit unserem anderen Gepäck kamen wir auf einhundertzwanzig Kilo. Wir waren gerüstet wie für eine Expedition.

»Wir fahren sofort ins Hotel«, sagte Papa. »Ihr nehmt die Taschen, ich kümmere mich um den Koffer. Ohne Kuli schaffe ich das nicht.«

Der Koffer war Arthurs Kinderzimmer. Wickeltisch, Apotheke, Schlafzimmer, Küche in einem. Er hatte drei Fächer. Ganz unten Windeln für sechs Monate und Kleidung. In der Mitte Arzneien, ein Stethoskop, Wasserfilter, biologische Babynahrung, ein Schnellkochtopf für den Reis, ein Kuscheltier. Und ganz oben das Babybett.

Wir blieben eng beisammen, damit wir in dem Gedränge nicht getrennt wurden. Ich war in höchster Alarmbereitschaft. Vor dem Abfertigungsgebäude warteten Hunderte von Taxis, Rikschas, *Tuk-Tuks* (das sind dreirädrige Motorroller mit Gepäckträger). Papa nahm ein *Tuk-Tuk,* der Rest der Familie kletterte in eine Rostlaube. Nach einer schier endlosen Fahrt durch die Vorstädte erreichten wir das Zentrum von Delhi, Connaught Place, ein gigantischer Asphaltkreis, in dem Tausende von Fahrzeugen herumrasen und einen ohrenbetäubenden Lärm verursachen. Lautes Gehupe, röhrende Lastwagen, knatternde Mopeds, Taxis und, wenn man den Kreisel Richtung Basar verläßt, das Geschrei von Kulis, die ihren Karren ziehen. Auf dem Gehsteig hausen da und dort Familien in Pappkartons, inmitten von Dreck und Staub, umgeben von Wahrsagern, Barbieren und Krämern. Sobald das Taxi in einen Stau gerät und halten muß, klopfen bettelnde Kinder an die Scheiben oder pressen ihr verschmiertes Gesicht dagegen. Plötzlich hob Arthur den Kopf und riß die Augen auf: Er hatte eine Kuh gesehen, die Gemüse vom Karren eines Händlers stibitzte. Seine erste heilige Kuh! Er lachte.

Das Taxi hielt vor einem Hotel in der Nähe des Pahar-Ganj-Basars. Es war ein preiswertes, folglich kein sehr sauberes. Ich war kaum ausgestiegen, als ich schon am Arm gepackt wurde. *»Tschalu! Tschalu!«* (Loslassen!) schrie ich. Und noch einiges andere, das die Inder ziemlich erstaunte. Ein blonder Junge, der Schimpfwörter in Hindi kennt! Ich war noch nicht einmal neun, aber bereits das vierte Mal in Indien.

Papa nahm ein Zimmer im zweiten Stock. Die Treppe war steil und eng. Drei Kulis mußten Papa helfen, den Koffer nach oben zu schaffen. Einer lud ihn sich auf den Rücken und kroch auf allen vieren die Stufen hinauf. Da wurde mir klar, daß uns das Ding noch eine Menge Schwierigkeiten bereiten würde. Ich war todmüde, aber an Schlaf war nicht zu denken. Direkt unter unserem Fenster war ein Lautsprecher angebracht, aus dem in einem fort Parolen dröhnten. Wir befanden uns mitten im Wahlkampf.

Am nächsten Tag trafen wir einen Europäer, der mit uns im Flugzeug gesessen hatte. Er war fix und fertig. Er wollte so schnell wie möglich wieder fort. Er hatte gedacht, Indien sei cool, das Land voller Hippies. Aber diese Zeiten waren vorbei. Blumenkinder trifft man heute nur noch in Hampi oder Manali an. In den Großstädten herrscht das Gesetz des Stärkeren, des Lautesten, des Schmutzigsten. Die Schwachen gehen unter, werden gefressen. Wehe dem Touristen, der krank wird oder plötzlich ohne Geld dasteht!

Am 17. November verließen wir Delhi in Richtung Bikaner. Das liegt in der Wüste Thar. Papa hatte ein tolles Fortbewegungsmittel für uns aufgetrieben, ein Ambassador-Taxi (eine Kopie der alten englischen Taxis). Der Koffer wurde aufs Dach gehievt und mit Stricken festgebunden. Dann konnte es losgehen. Das Auto machte einen soliden Eindruck, und gut gefedert war es auch. Innen war es sehr geräumig. Wir saßen so bequem wie auf dem Sofa meines Großvaters. Ich schaute entspannt zum Fenster hinaus. Mit bunten Aufklebern verzierte Lastwagen in schrillen Farben, die Reis oder irgend etwas anderes geladen hatten, überholten uns in halsbrecherischem Tempo. Dabei war die Straße verstopft mit Karren, Rädern, Ziegenherden, Hühnern, Hunden, alten Bäuerinnen. Unser Chauffeur fuhr im vierten Gang und hielt offensichtlich nichts vom Herunterschalten. (Wenn er tatsächlich einmal aus irgendeinem Grund bremsen mußte, fuhr er im vierten Gang wieder an. Das machte mich fast wahnsinnig!)

»Ganz ruhig, Jacob, entspann dich, sei gelassen wie Buddha«, riet Mama. »Schau mich an, ich lächle, ich singe, ich fühle mich gut.«

An manchen Stellen war die Straße so schmal, daß zwei Autos nicht aneinander vorbeikamen. Aber da sich unser Chauffeur anscheinend etwas darauf einbildete, eine weiße Familie fahren zu dürfen, glaubte er, daß ihn das zur Vorfahrt berechtigte. Also hielt er mit Vollgas auf den Gegenverkehr zu.

»Ist der denn verrückt geworden? Der wird uns noch umbringen, dieser Idiot!« schrie Mama.

Wir schafften es . . . um Haaresbreite. Aber Mama sah bereits die nächste Engstelle auf uns zukommen. Und auf der Gegenfahrbahn ein Karren.

»Fahr langsam«, befahl sie dem Chauffeur. »Ich gebe dir Geld, damit du langsamer fährst, hörst du?«

Und was machte er? Er trat das Gaspedal noch tiefer durch. Der Karren, seine Ladung und sein Besitzer landeten im Straßengraben.

»Sehen Sie? *No problem*«, grinste der Fahrer.

»Er meint, er könnte sich alles erlauben in seinem

dicken Schlitten«, empörte sich Mama. »Sag doch auch mal was, Paddy! Auf dich hört er vielleicht.«

»Wir sind gleich in Bikaner«, meinte Papa nur.

Das indische Essen war mir nach wie vor ein Greuel: Ich konnte keinen Reis, keinen *Dal* und keine *Chapati* mehr sehen. Aber sonst fühlte ich mich in Bikaner sehr viel wohler als im lauten Delhi. Ich schlenderte durch die beinah stillen Straßen. Vor einem Süßwarengeschäft blieb ich stehen. Ich setzte eine grimmige Miene auf, damit der Händler nicht auf die Idee kam, mich übers Ohr zu hauen, und fragte:

»Kine paisas bubble-gum?« (Was kostet der Kaugummi?)

»Twenty paisas.«

Ich griff in die Plastikgefäße und nahm für zwei Rupien Bonbons heraus. Auf keinen Fall darf man sich bedanken! Man muß immer überlegen tun. Zufrieden machte ich mich auf den Weg zum Markt, wo Mama Gemüse für Arthur kaufte. Sie waren umringt von Neugierigen, und die Kinder hüpften hoch und versuchten, Arthur in die Bäckchen zu kneifen. Wie mich das freute! Ich hatte mich lange genug zwicken lassen müssen, jetzt war er dran! Die Bäuerinnen nahmen ihn in die Arme, schenkten ihm Blumen, und er genoß ihre Aufmerksamkeit selig lächelnd. Das nervte mich vielleicht. Als ich so alt war wie er, schlug ich nach jedem, der mich anzufassen wagte!

Ich entdeckte einen Mann im Lotossitz – allerdings hatte er dabei den Kopf in den Boden gesteckt! Er atmete nicht, er konzentrierte sich. Ich vermutete, daß irgendwo ein kleiner Schlauch in die Erde führte, durch den er Luft bekam. Den Indern kann man nicht trauen, die sind mit allen Wassern gewaschen! Ein paar Meter weiter betätigte sich ein hübscher grüner Papagei als

Wahrsager. Ich ging mit Arthur hin. Für eine Rupie zog der Papagei mit dem Schnabel eine Karte aus einem Spiel und gab sie mir. In Hindi war meine Zukunft darauf zu lesen. Eine glänzende Zukunft, wie der Hindu mir versicherte. Ich würde sehr berühmt werden, möglicherweise als Fußballstar, behauptete er, wahrscheinlich in der Hoffnung, noch eine Rupie zu bekommen.

Am Abend bereitete Paddy die Lektionen für den nächsten Tag vor. Er hatte sich vor unserer Abreise mit dem Lehrer und dem Direktor unterhalten und sich genauestens über den Lehrplan der ersten beiden Trimester informiert. Ich war in der 4. Klasse. Papa meinte, ich solle mir einen Vorsprung von drei Wochen erarbeiten, damit ich mich bei meiner Rückkehr ohne Schwierigkeiten wieder eingliedern könnte.

Auf dem abendlichen Speiseplan stand: Grammatik, Konjugationen, Rechnen. Englisch radebreche ich mittlerweile ganz passabel, das heißt, ich verstehe Liedtexte. Nur mit dem Schreiben hapert's noch.

Papa diktiert mir jeden Tag einen französischen Text und hämmert mir die Konjugationstabellen ein. (Er benotet übrigens sehr streng: jeweils einen viertel Punkt Abzug für einen falschen Akzent, ein fehlendes Komma, einen falschen Anfangsbuchstaben. Und für eine schlechte Form gibt's noch mal einen Punktabzug. Schummeln geht nicht, er korrigiert immer sofort. Und wenn ich zuviel Fehler gemacht habe, bekomme ich zu hören: »Mein lieber Freund, wenn das beim nächsten Mal nicht besser wird, war das deine letzte Reise mit uns!« Ist die Arbeit gut geworden, glänzen seine Augen aber, und ich glaube, er ist sehr stolz auf mich.)

Was das Rechnen angeht, paukt Papa das Übungsbuch durch und denkt sich dann Aufgaben für mich aus, die eine Art Zusammenfassung dessen darstellen, was er sich aus dem Buch erarbeitet hat.

Seit einer Stunde brütet er bereits über meinen Aufgaben. Ich habe mir eine Kassette meiner Lieblingsband in meinen Walkman geschoben und bin ins Bett gegangen. Ich habe geschlafen wie ein Murmeltier.

Mitten in der Nacht bin ich aufgewacht. Ein seltsames pfeifendes Geräusch hatte mich geweckt. Es hörte sich an, als ob Arthur keine Luft mehr bekäme!

»Er erstickt!« schrie Mama.

Wir liefen nach nebenan ins Krankenhaus. Man führte uns in einen riesengroßen Saal, in dem etwa fünfzig weiße Kinderbetten aus Holz standen. Glühbirnen hingen von der Decke. Ich sah Frauen im Sari, die sich in die Bettchen gezwängt hatten, um bei ihrem Kind zu sein. Krankenschwestern gingen schweigend hin und her. Draußen im Flur warteten die Angehörigen: Vater, Brüder, Schwestern. Sie schliefen auf dem Fußboden. Es waren Bauern aus den umliegenden Dörfern, die ihre kranken Kinder in Bikaner behandeln ließen. Der Anblick muß selbst Arthur verwundert haben: Er hörte auf zu husten.

Eine Krankenschwester untersuchte ihn und gab ihm einige Medikamente.

Später, im Hotel, wollte mir das Bild der Bäuerinnen, wie sie ihr Kind mit ihrem Körper wärmten, nicht aus dem Kopf.

Mama brachte Arthur in sein Bettchen. Ich war viel zu aufgedreht, um gleich wieder einschlafen zu können, und außerdem hatte ich Hunger. Papa auch. In Indien sind die Imbißstuben Tag und Nacht geöffnet. Eine war gleich neben dem Hotel. Arthur schlief fest. Mama beschloß mitzukommen.

Plötzlich hörte sie auf zu essen. Stocksteif saß sie einen Augenblick da. »Da stimmt was nicht!« Sie sprang auf und lief ins Hotel.

Sie muß einen sechsten Sinn haben. Arthur war aufgewacht und hatte aufstehen wollen, und dabei war der Deckel seines tragbaren Kinderzimmers zugefallen und hatte ihn eingesperrt. Mama befreite den Kleinen, der tränenüberströmt, zornig und schweißgebadet war.

Am nächsten Morgen stiegen wir in aller Frühe in den Ambassador und verließen die Stadt in Richtung Jaisalmer. Ein Sonnenaufgang über der Wüste ist etwas Wunderschönes! Wir fuhren durch die Wüste Tharr. Hier gab es nichts, keinen Baum, keinen Strauch. Mir gefiel diese Einöde. Nach dreißig Kilometern wartete Papa mit einer Überraschung auf. Wir bogen von der Hauptstraße ab und besuchten ein ungewöhnliches kleines Dorf.

Die Einwohner von Deshnok haben am Ortseingang einen prachtvollen Tempel aus weißem, mit Ornamenten verzierten Marmor gebaut. Der große, rechteckige Innenhof ist mit weißem Marmor gepflastert, und in der Mitte wurde ein weißer Altar mit einer Götterstatue darauf errichtet. Davor steht ein großer Napf mit Getreide. Für die Ratten! Das ist der Tempel der Ratten! Ich konnte es kaum glauben. Hunderte von Ratten wuselten herum und kletterten an uns hoch. Arthur wurde ganz aufgeregt, er wollte unbedingt von Mamas Armen herunter und mit den Nagern spielen. Es war sehr sauber im Hof, ein Inder war ständig damit beschäftigt, ihn auszufegen. Mama setzte Arthur auf den Boden, und mein kleiner Bruder krabbelte zwischen den Ratten herum. Ich machte es ihm nach. Dieses Rattenheer war wirklich eine Wucht!

Jaisalmer wurde im 13. Jahrhundert erbaut. Die befestigte Stadt, die ein bißchen wie Carcassonne aussieht, liegt auf einem Hügel, und ihre von Steinmetzen behauenen Mauern ragen eindrucksvoll über der Wüste auf. Papa fand ein nettes Hotel in der Altstadt. Das Zimmer gefiel uns gut. Das einzige Problem war, daß der Kabinenkoffer nicht durch die Tür ging.

»No problem!« sagte der Besitzer.

Er befahl seinen Angestellten, den Koffer wieder nach unten zu schaffen und durchs Fenster zu hieven. Leider war auch das Fenster zu klein.

»No problem!«

Da griff der Besitzer zum Stemmeisen und fing an, den Fensterrahmen aus der Wand zu stemmen, um die Öffnung zu vergrößern!

»Der spinnt«, sagte Papa. »Er ruiniert lieber sein Fenster, als uns unser Geld zurückzugeben!«

Zu guter Letzt mußte der Besitzer aber einsehen, daß er sich vergeblich abmühte: Der Koffer ging nicht ins Zimmer. Wir bekamen unser Geld zurück.

Nachdem wir in der Altstadt keine passende Unterkunft gefunden hatten, entschied Papa, daß wir in einem Palast außerhalb der Stadt absteigen würden. Nach zähem Feilschen einigte man sich auf den Preis: Für 100 Francs pro Tag gehörte der Palast samt seinem kleinen Heer von Angestellten uns allein. Jeden Morgen warteten mindestens fünf Hoteldiener vor der Zimmertür auf unsere Anweisungen. Und unser Zimmer war so groß wie zwei Klassenzimmer. Wir kamen uns im ehemaligen Jagdschlößchen des Maharadscha wie im Märchen vor.

Ich saß vor dem weit geöffneten Fenster und schaute auf die Wüste hinaus. Ich war ein Fürst der Wüste und betrachtete mein Reich, ein Reich aus ockerfarbenem Sand, wo Antilopen und Dromedare zu Hause waren. Ich hatte mein Heft mit Papas Aufgaben vor mir liegen.

Diesmal hatte ich gleich gewußt, worauf es ankam. Das war nicht immer so, und Papa ist nicht immer geduldig. Er hatte mir tags zuvor ein Kapitel aus dem Geschichtsbuch vorgelesen. Ich hatte ihm alle Fragen stellen können, die mir dazu eingefallen waren. Jetzt sollte ich eine Reihe von Fragen zu dem behandelten Text beantworten. Ich brauchte nur mein Gedächtnis anzustrengen. Ein Kinderspiel: Ich mag Geschichte sehr.

Papa kam herein, um meinen Fragebogen zu korrigieren.

»Laß mal sehen ...«

Er schaute auf. »Du warst schon einmal in Jaisalmer. Damals warst du drei. Erinnerst du dich noch an die Pilze? Und wie wir zwei durch die Wüste und die Stadt gezogen sind?«

Ich schüttelte den Kopf. »Aber vielleicht, wenn du mir auf die Sprünge hilfst ...«

Wir hatten in Hütten aus Zweigen und getrocknetem Lehm außerhalb der Stadt gewohnt. Erstens hatten meine Eltern kein Geld gehabt, und zweitens mußte Mama für mich kochen, weil ich das hiesige Essen nicht vertrug. Jeden zweiten Tag schleppte Papa Feuerholz heran. Sechs Kilometer weit, zu Fuß! Und alles nur, weil ich einen empfindlichen Magen hatte!

Das Fremdenverkehrsamt veranstaltete sein jährliches Fest. Auf dem Programm standen Turbanwickeln, Tauziehen, musikalische Darbietungen. Ein typisches Touristenprogramm, wie man es überall auf der Welt findet. Papa und einige andere gleichgesinnte Europäer – Freaks eben, Beatniks – organisierten ein Fußballspiel gegen Soldaten der indischen Armee. Das Spiel fand vor drei- bis viertausend begeisterten Zuschauern statt. Was die Europäer doch sehr verblüffte. Männliche Härte kennzeichnete die Partie. Die Zuschauer applaudierten, als ein Europäer nach einem Foul am Boden lag und getreten wurde. Papas Mannschaft siegte mit 2 : 1. Die Ehre Europas war gerettet. Und am Abend wurde der Sieg bei unserer Hütte draußen gefeiert. Mit Lagerfeuer und Gesang. Ein Italiener forderte Papa auf, Pilze einer ganz besonderen Art zu kosten: »Probier, wenn du nicht *stupido* sterben willst. Weich sie ein paar Minuten in einem Glas Tee ein, und iß sie dann roh.« Papa riskierte lieber krank zu werden, als dumm zu sterben. Er folgte dem Rat des Italieners. Plötzlich sah er, wie ich seelenruhig das Glas leerte, in dem er die Pilze eingeweicht hatte. Er sprang auf und riß es mir aus der Hand. Zu spät. Er ging zu Mama und sagte ihr, es bestünde kein Grund zur Panik. In dem Zustand, in dem er sich befand, wäre er weder zu Panik noch zu irgendeiner anderen Reaktion fähig gewesen. Es war Mama, die bei mir blieb, mich beruhigte und mir erklärte, was mit mir passieren würde. Ich erinnere mich nicht mehr daran. Aber Papa sagt, er hätte mich auf seine Schultern gehoben, und wir seien mitten in der Nacht in die Wüste hinaus spaziert. Die Mondsichel hätte über den schartigen Mauern der Altstadt gehangen und ich hätte ihm ins Ohr geflüstert: Geh dahin, geh dorthin. Und er hätte gehorcht. Wir hätten die Stadt durch das Tor Armasagar betreten, seien durch die Gassen gelaufen und hätten uns auf den Marmorthron des Maharawal gesetzt. Ich wäre zu Unfug aufgelegt und ganz aufgekratzt gewesen. Meine erweiterten Pupillen hätten auffallend geglänzt, ich hätte mit ihm geredet und ihm einen ganz neuen Zugang zu meiner kindlichen Welt verschafft. Am nächsten Tag habe ich anscheinend überall voller Stolz herumerzählt, daß ich Pilze gegessen hätte.

»Das ist ein wunderbarer Augenblick gewesen, den

wir beide miteinander verbracht haben, eine ganz außergewöhnliche Erfahrung, die sich nicht wiederholen wird. Findest du nicht auch? Ich wollte nur, daß du das weißt.« Er ließ mich allein.

Am nächsten Tag gelang es uns nicht, einen Ambassador aufzutreiben. Wir mußten wohl oder übel mit dem Bus nach Jodhpur fahren. Mama fand drinnen einen Platz, den sie sich mit einer Bäuerin teilte, und nahm Arthur auf den Schoß. Papa und ich kletterten aufs Dach hinauf, wo wir zwischen Gepäck und Fahrgästen eingekeilt waren. (Ich möchte nicht wissen, wieviel Papa dem Busfahrer bezahlt hat, damit der ihm half, den Koffer aufs Dach zu wuchten!) Als der Bus anfuhr, wurde ich mit voller Wucht gegen einen Hühnerkäfig geschleudert. Zehn Stunden Fahrt in Gesellschaft von Hühnern! Ich konnte keine mehr sehen, als wir endlich am Ziel waren!

Indien verlangt einem wirklich das Letzte ab. Am Abend in unserem Hotel hatte ich keine Lust, Schularbeiten zu machen. Da haben meine Eltern gesagt, ich solle auf meinen Bruder aufpassen, ihm die Windel wechseln und ihm seine Medikamente geben. Sie wollten uns einmal einen Abend lang nicht im Schlepptau haben, sondern allein sein. Als sie zurückkamen, lag ich im Bett und schlief, und Arthur saß daneben und bewachte meinen Schlaf.

Am nächsten Morgen ging ich nach unten in die Halle, um dort zu lernen; unser Hotelzimmer schien mir zu klein dafür. Ich setzte mich an einen freien Tisch und packte Federmäppchen und Hefte aus. Im Handumdrehen hatten sich alle Hotelangestellten um mich geschart. Kinder beobachteten mich durchs Fenster und winkten ihre Freunde herbei. Ich war die Attraktion! Es gab einen richtigen Auflauf. Man bestaunte meine Stifte, meine Füller, meine Hefte. Nach einer Weile erklärte ich, ich wolle arbeiten, und man möge mich bitte in Ruhe lassen. Ein älterer Junge, der ein paar Brocken Englisch sprach, fragte, was ich denn so Wichtiges zu tun hätte.

»Ich muß Erdkunde machen. Ich bin sehr gut in Erdkunde.«

Er lachte schallend. Ich verzog spöttisch den Mund und fügte hinzu:

»Ich kann dir eine Karte von ganz Indien zeichnen, wenn du willst.«

Ohne abzusetzen, mit einem einzigen Strich, zeichnete ich Indien auf. Das Meer malte ich blau, die Berge braun. Die Kinder sahen mir mit offenem Mund dabei zu. Ich genoß ihr bewunderndes Staunen. (Sie konnten freilich nicht wissen, daß ich bereits vorher mit Bleistift ein paar Punkte markiert hatte!)

Nach Arthurs Mittagsschläfchen fuhren wir nach Sodawha, einem befestigten Dorf, wo die Bauern eine Opiumzeremonie abhalten. Nichts Besonderes: In einem Raum waren Leute versammelt, die Opium rauchten. Wir waren privat untergebracht. Im Haus unserer Gastgeber herrschte eine gedrückte Atmosphäre. Ich fühlte mich unbehaglich. Die ganze Familie, Großeltern, Eltern und sieben oder acht Kinder, saß mit uns in einem großen Raum, nur eine Frau hielt sich abseits. Sie wirkte sehr traurig. Sie sprach mit niemandem, und keiner sprach mit ihr, keiner sah sie auch nur an. Sie hockte in einer Ecke und aß die Mahlzeit, die sie sich selbst auf ihrem eigenen Herd zubereitet hatte. Sie schlief in einer Art Vertiefung im Boden. Was war mit ihr? Hatte sie eine ansteckende Krankheit?

»Sie ist verflucht«, sagte Mama.

»Warum? Was hat sie getan?«

»Ihr Mann hat sie verstoßen. Wahrscheinlich, weil sie zuwenig Mitgift mit in die Ehe gebracht hat.«

Wo Mama auch hinkommt, überall wird sie von den Inderinnen zu ihren zwei Söhnen beglückwünscht: Das Problem der Aussteuer stellt sich für Mama nicht. *Son is gold* (ein Sohn ist Gold wert) lautet eine indische Redensart.

»Wenn eine Inderin heiratet, zieht sie ins Haus der Schwiegermutter«, erklärte Papa. »Sie hat keine andere Wahl. Es kommt vor, daß die Schwiegermutter ihre Schwiegertochter nicht leiden kann. Sie hetzt ihren Sohn gegen die eigene Frau auf, und dann wird sie von der ganzen Familie verächtlich behandelt.«

In Sodawha möchte ich kein Mädchen und arm obendrein sein. Wir fuhren anderntags in aller Frühe weiter.

In Ranakpur brach ich nach den Schularbeiten zu einem Streifzug rings um einen von Bergen umgebenen See auf. Es gab dort jede Menge Vögel: Stelzvögel, bunte Enten, Eisvögel. Zurück im Dorf kaufte ich mir *Lassi* (gerührten Joghurt), *Chapatis* und Süßigkeiten. Ich hatte einen Bärenhunger. Da ich beide Hände voll hatte, füllte ich die Bonbons in meinen Hut.

Als ich aus dem Laden kam, wurde ich von einer Horde Affen beobachtet. Das war nichts Ungewöhnliches: In den Tempelruinen von Ranakpur hausen Dutzende Affen. Fest entschlossen, mich nicht einschüchtern zu lassen, ging ich weiter. Die Affen, große, kleine, Weibchen mit ihren Jungen, versperrten mir den Weg. Plötzlich sprangen sie auf mich zu, grapschten nach mir und durchsuchten mich regelrecht. Schreiend fuchtelte ich herum. Sie wichen ein Stück zurück, kamen aber sofort wieder. Diesmal hielten sie mich fest. Da bekam ich es mit der Angst zu tun. Ich warf ihnen meine *Chapatis* und den Joghurt hin, doch sie hatten nur eins im Sinn: mir meine Bonbons zu klauen. Ich versuchte zu flüchten, um wenigstens die Süßigkeiten zu retten. Da rissen sie mir den Hut vom Kopf! Jetzt reichte es aber! Wutentbrannt rannte ich ihnen nach und holte mir meinen Hut samt Bonbons zurück. Das wiederum verärgerte den größten, dicksten Affen so sehr, daß er mich am Hals packte und zubiß. Ich heulte auf vor Schmerz. Mir liefen die Tränen übers Gesicht. Ich war nicht nur völlig ausgeplündert worden, nein, der große Dicke hatte mir auch noch meinen Hut gestohlen!

Meinen neunten Geburtstag am 5. Dezember feierte ich in Udaipur. Am gleichen Abend bekam Arthur einen wirklich sensationellen Hustenanfall, schlimmer noch als in Bikaner. Hausbesuche sind bei indischen Ärzten unbekannt. Daher winkte Papa eine Rikscha herbei, und wir fuhren ins Krankenhaus. Die Inder sind merkwürdige Leute. Wir hatten ein krankes, hustendes, weinendes Kind dabei, das auf dem schnellsten Weg ins Hospital mußte, und der Rikscha-Kuli trat ganz gemächlich in die Pedale, ja, er hatte sogar noch Zeit für einen kleinen Plausch mit einem Freund. Papa bedeutete Mama, sie solle sich nicht aufregen, und erinnerte den Kuli dann so ruhig wie möglich daran, daß wir dringend ins Krankenhaus mußten. »*No problem, no problem*«, erwiderte er und strampelte weiter. (Egal, um was es sich handelt, für die Inder ist alles *no problem.* Es gefällt ihnen, wenn die Europäer die Beherrschung verlieren.)

Im Krankenhaus war alles dicht. Geschlossen. Wir klopften trotzdem. Ein Wächter öffnete uns.

»Der Doktor schläft, kommen Sie morgen wieder.«

»Dann weck ihn! Hier hast du Geld!« Papa drückte ihm ein paar Scheine in die Hand.

Nach ein paar Minuten kam ein Mann. Er war ganz verschlafen. Er trug einen weißen Kittel und auf der Stirn eine Grubenlampe, die er voller Stolz einschaltete. Das war der Doktor? Mama merkte rasch, daß er nicht viel Ahnung hatte. Wir fuhren zurück ins Hotel. Arthurs Husten wurde schlimmer.

Am nächsten Tag suchten wir einen Ayurveda-Arzt auf. Der hatte zwar keine Lampe am Kopf, kannte sich aber bestens mit Heilpflanzen aus.

»Ich gebe dir mein Stethoskop, ich gebe dir alles, was ich in Frankreich gekauft habe, wenn du meinen Sohn wieder gesund machst«, sagte Mama.

Der Arzt stellte einige Arzneien her, die Arthur in Milch aufgelöst trinken mußte. Noch am selben Abend erbrach er Gallenflüssigkeit, und zwar in solcher Menge, daß einem angst werden konnte. Tags darauf war er wieder völlig gesund.

Vier Wochen lang reisten wir durch Rajasthan und Madhya Pradesh. Ich bin viel radgefahren und gelaufen, ich habe sogar meinen ersten Tiger gesehen. Das war in der Savanne im ehemaligen Jagdrevier des Maharadscha von Jaipur. Der Tiger beschnupperte die Stoßstange unseres Lastwagens und verschwand dann wieder im hohen Gras. In einem Bahnhof durfte ich auf eine Dampflok klettern, und die Angestellten haben mir gezeigt, wie man so eine Lok fährt. Ich habe eine ganze Reihe von Festungen und Tempeln besichtigt: Chittaurgarh, Mandu, Bundi, Omkar. Mein Interesse für Kunst und schöne alte Dinge wuchs. Allmählich gefiel mir Indien besser. Abgesehen vom Essen . . .

Ich lernte fleißig. Ich mußte Befehlssätze bilden. »Wenn du das Camp verläßt, geh nicht ohne Machete in den Urwald! Setz dich nicht auf Krokodile! Fang keine Schlangen! Meide das Dorf der Kannibalen! Zünde ein Feuer an, wenn du dich verirrst! Iß deine Hand, roh und ungeschält, wenn du Hunger hast!« Das ABC des Globetrotters.

Nachdem wir Jaipur und Agra besucht hatten (beide Städte kannte ich gut), wollten wir mit dem Zug nach Varanasi. Papa war der Rikscha mit unserem Kabinenkoffer zu Fuß zum Bahnhof gefolgt. Die Kulis weigerten sich, den Koffer bis zum Schalter zu tragen. Fünfzig Rupien waren ihnen zuwenig. Papa kochte vor Wut. Das war die reinste Erpressung! Aber was sollte er machen? So mußte er für die letzten hundert Meter hundert Rupien blechen.

Der Zug stand bereits am Bahnsteig. Obwohl ziemlich viel Betrieb herrschte, erregten wir wie üblich beträchtliches Aufsehen. Die Inder umringten uns und musterten uns ganz ungeniert. Mit unseren Rucksäkken, unserem Koffer und Arthur im Sportwagen waren wir die Attraktion!

Der Kabinenkoffer paßte nicht in den Reisezugwagen! Wir mußten ihn gesondert aufgeben, als Stückgut für den Stückgutwagen! Es hätte nicht viel gefehlt, und wir hätten ihn öffnen müssen. Aber der Fünf-Rupien-Schein, den Papa einem Angestellten in die Hand drückte, bewahrte uns davor. Trotzdem hatten wir eine halbe Stunde verloren.

Alle andern Passagiere waren bereits eingestiegen, der Zug war proppenvoll. Zwischen Fahrgästen und Gepäck wuselten Schwarzhändler umher, die Bananen, Erdnüsse, Süßigkeiten, *Bidis* und *Samosas* verkauften.

Eine Bahnfahrt in Indien besteht für uns aus Essen, Fragen beantworten, über Leute klettern, die auf Pappkartons schlafen, wenn man zu den übelriechenden Toiletten will. Mama flüchtete sich manchmal mit Arthur in das Frauenabteil.

»Besser ist es da auch nicht«, meinte sie. »Die Inderinnen sind geschwätziger als Papageien. Man kann kein Auge zutun.«

Wenn man dagegen ein Erster-Klasse-Abteil betrat, glaubte man sich in einer anderen Welt. Alles war blitzsauber und aufgeräumt. Es gab Abteile für sechs Personen, bequeme Liegen und Vorhänge. Die Fahrgäste trugen weiße Hemden und tadellos gebügelte Hosen.

Ich hatte mich an die Tür unseres Abteils gesetzt, um eventuellen Eindringlingen den Zutritt zu verwehren. (Die Inder versuchen immer, einen auszufragen: *»What's your name? What's your country?«)* Und wie ich befürchtet hatte, hatte uns auch schon einer entdeckt.

»No place!« schrie ich.

Es gelang ihm, die Tür einen Spaltbreit aufzuschieben.

»What's your name?« fragte er und strich mir übers Haar. *»What's your country?«* fragte er und kniff mich in die Wange.

Ich sagte ihm, er solle sich woanders einen Platz suchen. Wir wollten unter uns bleiben. Wir waren müde und wollten uns hinlegen. Mama gab Arthur das Fläschchen, und Papa schaute mir belustigt zu. Ich blieb hart, und zu guter Letzt ging der Inder verärgert weiter.

Wir kamen am 1. Januar gegen ein Uhr früh in Varanasi an. Das neue Jahr begrüßte uns mit eisiger Kälte und dickem Nebel. Mama und Arthur setzten sich in den Wartesaal, während Papa und ich uns auf der Suche nach unserem Koffer durch die fürchterliche Suppe tasteten. Der Angestellte am Schalter sagte, er hätte nichts für uns, aber rein gar nichts, und wir sollten uns an seinen Vorgesetzten wenden. Das taten wir. Als wir sämtliche Vorgesetzten durchhatten und an der höchsten Stelle der Hierarchie angelangt waren, bekamen wir zu hören:

»Es tut mir sehr leid, aber wir haben im Nebel einen Wagen verloren. Und in diesem Wagen dürfte sich Ihr Koffer befinden.«

Wie, bitte schön, kann man einen Eisenbahnwaggon im Nebel verlieren?

»Kommen Sie doch morgen wieder, bis dahin dürfte die Sache hoffentlich geklärt sein.«

Das war eine Katastrophe! In dem Koffer waren Arthurs Medikamente, seine Kleidung, einfach alles!

Papa mietete uns ein Zimmer in einer Herberge gegenüber vom Bahnhof. Wir teilten es mit unzähligen Flöhen. Am nächsten Tag war nach wie vor Nebel und noch immer kein Koffer in Sicht. Varanasi war von der Welt abgeschnitten. Es verkehrten weder Züge noch Flugzeuge, auch keine Busse. Ein Ambassador war ebenfalls nicht aufzutreiben. Eine schöne Bescherung! Wir saßen fest. Wir hatten schreckliche Angst um Arthur. Wenn er nun krank würde? Es war irrsinnig kalt. Als wir uns am zweiten Tag auf den Weg zum Bahnhof machten, sah ich Rikscha-Kulis, die auf und ab hüpften, um warm zu werden. Wie hielten sie es bloß aus in dieser Kälte? Ein Kuli schläft nämlich auch in seiner Rikscha. Ich fand das ganz schön hart. Ein alter, klappriger Mann tat mir besonders leid.

Im Bahnhof klapperten wir sämtliche Schalter ab. Niemand konnte uns etwas über den Verbleib unseres Koffers sagen. In einem großen Schuppen saß ein Angestellter unter einer elektrischen Glühbirne an einem Schreibtisch und schrieb und schrieb. Der Stapel Akten hinter ihm hatte eine beachtliche Höhe. »Das ist die indische Verwaltung«, seufzte Papa. Uns fiel ein kleiner, rundlicher, sichtlich gestreßter Mann auf. Er hatte eine

Ladung Spielwaren, die er in Varanasi verkaufen wollte, im gleichen Zug verloren wie wir unsern Koffer. Auch er glaubte kein Wort von der Geschichte, die ihm aufgetischt worden war. Wir verbündeten uns. Papas Gegenwart verlieh ihm offensichtlich neuen Schwung. Er setzte Himmel und Hölle in Bewegung, bedrohte die kleinen Angestellten, schmierte sie und ließ nicht lokker, bis endlich, drei Tage später, der Eisenbahnwaggon mitsamt dem Spielzeug und unserem Koffer wieder auftauchte!

Wir wollten fort. Die Kälte, der Nebel, der Gestank von den Leichenverbrennungen – ein einziger Alptraum. Um 4 Uhr früh sollte ein Zug fahren. Wir standen auf, schleppten unser Gepäck zum Bahnhof und erfuhren, daß die Abfahrt auf den Nachmittag verlegt worden war. Um Mitternacht hockten wir noch immer im Wartesaal. Wir waren nicht die einzigen: Ganze Familien hatten sich häuslich niedergelassen. Irgendwann kam ein etwa vierzigjähriger Inder und breitete eine Strohmatte neben mir auf dem Fußboden aus. Er legte sich hin und schlief ein. Am Morgen kamen vier Unberührbare und trugen ihn hinaus: Er war in der Nacht erfroren. Er war neben mir gestorben, und ich hatte nichts gemerkt.

Am fünften Tag konnten wir Varanasi endlich verlassen. Wir fuhren nach Kalkutta. Mir war die ganze Nacht schlecht. Ich mußte brechen und hatte Durchfall. Es war so schlimm, daß ich mein Bettzeug ins WC trug und mich neben die Schüssel legte, damit ich es nicht so weit hatte.

Meine Eltern gaben mir Medikamente gegen die Ruhr. Arthur ging es seit zwei Tagen auch nicht viel besser: Er aß zwar seinen Reis, erbrach ihn aber sofort wieder. Trotzdem lächelte er und plapperte fröhlich.

Aber er magerte zusehends ab, er wog nur noch neun Kilo. Wir beschlossen, nach Frankreich zurückzukehren.

Wir gingen zum französischen Konsulat. Es war in einer alten englischen Villa mit vier Meter hohen Räumen untergebracht. Die Decken waren holzverkleidet, und die Ventilatoren machten einen erschöpften Eindruck. Der Konsul, ein feiner, eleganter Herr, schien nicht sehr glücklich über seine Versetzung nach Kalkutta. Er schrieb uns die Adresse eines hervorragenden Arztes auf, der in England studiert hatte. Papa war skeptisch.

»Wer sich als Inder in Indien niederläßt und Geld verdienen will, muß sich mit einem Nachweis über ein Studium in Oxford oder Cambridge schmücken. Ob das allerdings den Tatsachen entspricht, läßt sich kaum nachprüfen.«

Der Konsul beruhigte uns: Besagter Arzt habe tatsächlich in England studiert.

Wir gingen hin. Der Mediziner verordnete Arthur ein Antibiotikum, das sofort anschlug. Nach zwei Tagen war der Pilz in seiner Speiseröhre vernichtet.

Unser allgemeiner Zustand war trotzdem schlecht. Die ersten beiden Monate unserer Reise hatten uns ausgelaugt. Papa und Mama ging es nicht viel besser. Wir beschlossen, einen Erholungsurlaub in den Ausläufern des Himalaja einzulegen.

In Darjeeling unterhielten sich meine Eltern mit tibetischen Flüchtlingen. Sie rieten ihnen, Arthur von Ärzten in Sikkim untersuchen zu lassen. (Meine Eltern dachten noch immer, ich hätte die Ruhr, dabei hatte ich Cholera! Aber das sollten wir erst viel später erfahren.) Meine Schularbeiten machte ich trotz allem. In Erdkunde zeichnete ich eine Karte von Frankreich. In Geschichte mußte ich eine Zusammenfassung des ersten Kreuzzugs von 1095 schreiben. In Französisch nahm ich mir Ergänzungssätze vor: »Ich habe die ganze Nacht geträumt, daß ich eine Stewardeß bin.« Nachmittags streunte ich mit Arthur draußen herum. Ich setzte ihn auf das Pferdchen eines fliegenden Händlers und kletterte hinter ihm hinauf. Manchmal hielt er dort oben sein Mittagsschläfchen, und das Pferd stand solange ganz still.

Unser kleiner Bus folgte der Straße, die sich durch riesengroße Teeplantagen in die Berge hinaufschlängelte. Am 15. Januar trafen wir in Sikkim ein, das sich Indien als Provinz einverleibt hatte. Alles war sehr sauber hier. In Gangtok, der Hauptstadt, wurde Mama von einem Freund des Leibarztes des Dalai Lama empfangen.

»Ich bin seit zwei Monaten mit einem Kind auf Reisen, das eine Frühgeburt ist und das große gesundheitliche Probleme hat. Mein Sohn leidet unter einem hartnäckigen Husten.«

»Zeig mir deinen Sohn.«

Er fühlte Arthur lange den Puls. Dann nickte er und erzählte uns von *precious pills* und einer Heilmethode, die *Pon Tsang Zana* entwickelt habe. Diese Pillen bekäme man irgendwo in den Bergen.

Am andern Tag brachen wir auf zum Kloster Rumtek. (Ohne unseren Koffer: Papa hatte ihn in einem Auktionshaus in Kalkutta zurückgelassen.) Wir wurden in einen Saal geführt, in dem etwa zehn Mönche in granatroten Gewändern im Schneidersitz auf dem Fußboden saßen und beteten. Einer schlug ein Tamburin dazu, ein anderer ließ kleine Glocken bimmeln, wieder andere bliesen in lange Kupferhörner.

Beim Klang der Hörner schrie Arthur jedesmal vor

Angst auf. Ich wußte, warum: Das Horn lag auf dem Holzboden auf, auf dem Arthur herumkrabbelte. Sobald ein Mönch ins Horn stieß, begann der Boden zu vibrieren, und die Schwingungen übertrugen sich auf den Körper meines kleinen Bruders.

Anschließend besuchten wir das medizinische Institut. Eine Frau empfing uns. Sie war sehr freundlich, schüttelte aber den Kopf, als wir unsere Bitte vortrugen. Sie könne uns nicht ohne weiteres die Pillen geben, sie seien schwierig zu bekommen und sehr teuer. Manche Tibeter geben ein Jak für einige wenige Pillen.

»Sieh dir meinen Sohn an«, sagte Mama und schob Arthur nach vorn. »Hier, nimm ihn und schau ihn dir an. Ich komme von weit her, damit du ihn gesund machst. Ich habe noch einen Sohn, schau her . . .«

Ich trat vor. Trotz der gesunden Bergluft war ich leichenblaß. Die Frau musterte erst mich, dann meine Mutter. Schließlich nickte sie und erklärte sich bereit, uns die *precious pills* zu verkaufen. Die Gelatinekapseln sollen gegen Grippe, Cholera, eigentlich gegen alles helfen. Auf den ersten Blick sehen sie aus wie ein Bröckchen Haschisch: eine Art Erdklumpen, der fünfundzwanzig wertvolle Bestandteile enthält. Die Tibeterin erläuterte, wie die Kapseln eingenommen werden mußten. Man zerstößt sie mit ein wenig Wasser in einer Schale, deckt dann ein Tuch darüber und spricht folgendes Gebet (ich habe es auswendig gelernt, ohne zu wissen, was es bedeutet): *Tadyatha aum bhaishiya maha bhaishiya raja samud gate svaha.*

Am nächsten Morgen um fünf hat Mama mich geweckt. Ich legte mir eine Decke um und sagte die Gebetsformel ununterbrochen zwei Stunden lang auf. Arthur hielt ich fest im Arm, weil ich die Worte auch für ihn sprach. Dann habe ich die Schale mit dem Gemisch an die Lippen gesetzt. Ich glaube, ich habe noch nie in meinem Leben etwas Widerlicheres getrunken, aber mir ging es so elend, daß ich es widerspruchslos schluckte. Arthur auch.

Tagsüber schaute ich den Kindern beim Spielen zu. Die einen kickten sich kleine Bälle aus Gummibändern zu, die andern spielten jeweils drei gegen drei so was Ähnliches wie Federball mit Bällen aus geflochtener Weide. Mir war überhaupt nicht nach Spielen zumute.

Aber am nächsten Tag hatte ich wieder Farbe bekommen. Und Arthur mußte nicht mehr brechen. Wir waren wieder ganz gesund!

Wir fuhren nach Kalkutta zurück. Wir wollten Indien so schnell wie möglich verlassen.

»Morgen gehen wir auf die Post«, sagte Papa am Abend zu mir, »und schicken dein Heft ab.«

Das ist jedesmal ein bedeutsamer Augenblick. Auf die letzte Seite hatte Papa folgende Zeilen an meinen Lehrer geschrieben:

Anbei Jacobs erstes Heft, das den Zeitraum vom 13. November bis zum 13. Januar umfaßt. Unter Berücksichtigung seiner gesundheitlichen Probleme und seiner allgemeinen Erschöpfung ist seine Mitarbeit insgesamt doch als recht ordentlich zu bewerten. Eine genauere Einschätzung ist freilich schwierig. Sein derzeitiger Stand: in Grammatik S. 78; in Geschichte: ›Das karolingische Reich‹; in Erdkunde S. 20; in Naturwissenschaft Kap. 22: ›Wir verbrauchen sehr viel Energie‹; in Mathematik S. 90. In Erwartung Ihrer geschätzten Antwort, Monsieur, verbleiben wir hochachtungsvoll . . .

In Thailand herrschte eine brütende, feuchte Hitze. (In

den Kaufhäusern kam man sich vor wie im Kühlschrank!) Smog lag über Bangkok. Ich mag Thailand nicht, die Thais sind unzugänglich, gleichgültig, abweisend. Aber ihre Suppe esse ich wahnsinnig gern. Arthur machte in einem Supermarkt seine ersten Schritte! Was für ein Tag!

»Wir werden ein paar Inseln abklappern, am Strand faulenzen, Sonne tanken«, sagte Papa. »Anschließend fahren wir in den Norden Sumatras. Dort werden wir einen Vulkan besteigen und ein Orang-Utan-Schutzgebiet besuchen.«

In Krabi wohnten Arthur und ich in einem Bungalow, meine Eltern in einem andern. Der Strand gehörte uns allein. Ich lief auf Hunderten, ja Tausenden von Seesternen, die alle übereinanderlagen, als würden sie sich miteinander vereinigen. Ich spielte mit einem Hund: Er rannte den Krebsen nach und brachte sie mir. Eine Frau, eine Japanerin, bat mich, leise zu sein: Ihr Mann sei schwer krank und müsse das Bett hüten. Anscheinend hatte er sich in Goa mit irgend etwas vergiftet. Da erzählte ich ihr von den Wunderpillen, die meinem Bruder und mir so geholfen hatten.

Die Japanerin ging daraufhin zu meinen Eltern. Mama bereitete ihr die Mixtur zu, und ich schrieb ihr die Gebetsformel auf.

Bevor wir am nächsten Tag nach Malaysia abreisten, schauten wir bei den Japanern vorbei. Im Bungalow war niemand. Dann entdeckten wir den Japaner: Er spielte Federball am Strand. Diese Pillen sind wirklich irre!

Auf der Insel Pinang wohnten wir in einem alten chinesischen Hotel, das sich hervorragend zum Lernen eignete. Genau gegenüber lag eine kleine Moschee, die es Arthur angetan hatte. Mich zog es eher in den Spielsaal.

Papa wollte unbedingt nach Sumatra. Dort war ich schon einmal gewesen, als ich fünf war. Ich war auf einen Vulkan geklettert und hätte auf dem Weg zur Insel Nias beinah Schiffbruch erlitten.

Wir hatten unsere Tickets geholt. Als wir aus dem Flughafengebäude kamen, rief jemand aus einem Taxi heraus:

»Help! Help me, please!«

Der Mann hatte ein verletztes Bein und ging mühsam an Krücken. Er schien völlig fertig.

»Bitte seien Sie so gut und besorgen Sie mir ein Flugticket!«

»Okay, kein Problem«, antwortete Papa.

Aber der nächste Flug nach Europa ging erst in drei Tagen.

»Ich muß unbedingt nach Hause! Sehen Sie mich doch an! Was soll ich denn jetzt machen?«

Er war total verzweifelt, richtig verstört. Hilfesuchend sah er Papa an. Der schlug ihm vor, mit zu uns zu kommen. Er nahm das Angebot an, klagte aber in einem fort. Wir brachten ihn in unserem Hotelzimmer unter. Ich fand ihn merkwürdig, er war so schrecklich mißtrauisch. Hatte er Angst, Paddy würde ihn ausrauben oder was? Andauernd vergewisserte er sich, daß er seine Kreditkarte noch hatte. Wenn ich auf ihn zuging, wurde er ganz starr. Er hatte panische Angst, am meisten davor, allein zu sein. Irgendwie tat er mir leid. Was mochte ihm zugestoßen sein, daß er so verängstigt war und niemandem traute? Papa erzählte mir seine Geschichte:

»Er kommt aus Österreich und ist der Mädchen wegen nach Thailand geflogen. Er hat ein Motorrad gemietet und ein Mädchen mitgenommen. Sie hatten einen Unfall, das Mädchen starb. Als er sich im Krankenhaus behandeln ließ, kam die Polizei, um ihn zu verhören. Da wurde ihm klar, daß er ins Gefängnis wandern würde, wenn er sich nicht vorher aus dem Staub machte. Er ist aus Thailand geflohen und hat alle seine Sachen in seinem Hotel zurückgelassen.«

Drei Tage später fuhr Papa ihn zum Flughafen. Der Österreicher warf ihm verstohlene Blicke zu. Er sagte kein Wort.

»Na los, hau schon ab!«

Er stieg aus, stammelte »danke« und humpelte davon.

Nach einem Besuch bei den Orang-Utans sind wir nach Frankreich zurückgeflogen. Ich hatte hart gearbeitet, um nicht nur meinen Rückstand aufzuholen, sondern mir auch einen Vorsprung zu verschaffen. Ich hatte immer Angst, nicht gut genug zu sein. Und ich konnte mich darauf verlassen, daß Papa für den nötigen Druck sorgen würde!

Anfang April kehrte ich in meine Schule zurück. Ich war braungebrannt und in Hochform.

»Wie war denn das Wasser, Jacob?« riefen meine Freunde mir zu.

Am Ende des Schuljahrs hatte ich im Durchschnitt eine Zwei. Die Ferien konnten beginnen!

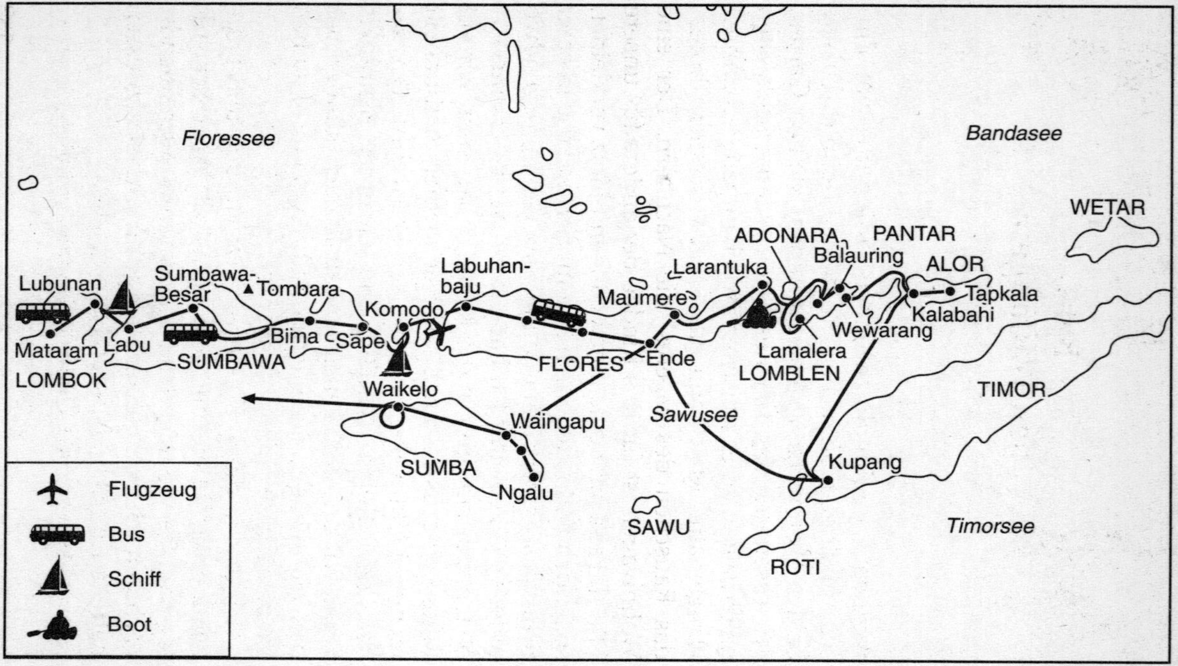
Floressee
Bandasee
WETAR
ADONARA
PANTAR
Balauring
ALOR
Lubunan
Sumbawa-
Besar
Tombara
Labuhan-
baju
Larantuka
Tapkala
Maumere
Kalabahi
Komodo
Wewarang
Mataram
Labu
Bima
Sape
Ende
Lamalera
SUMBAWA
FLORES
LOMBLEN
LOMBOK
TIMOR
Waikelo
Sawusee
Waingapu
Kupang
SUMBA
Ngalu
SAWU
Timorsee
ROTI
Flugzeug
Bus
Schiff
Boot

12

Bei den Walfängern

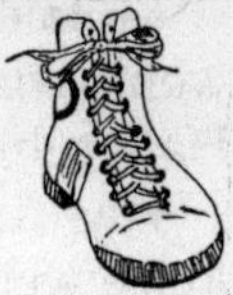

Auf dem Campingplatz wohnen wir inmitten von Binsen, niedrigen Sträuchern und Steinfiguren. Unsere beiden Wohnwagen stehen in einem kleinen Garten. Wir essen draußen in einer Laube. Mittagsschläfchen halten wir in einer zwischen zwei Bäumen gespannten Hängematte. Man kann die Vögel zwitschern hören, das Rauschen des Meeres, die Nachbarn. Der eine Wohnwagen ist für uns Kinder, der andere für unsere Eltern. Papa hat beide innen ganz mit Holz verkleidet, sogar den Fußboden. Man kommt sich vor wie in einer Schiffskajüte. (Ich habe immer das Gefühl, irgendwo unterwegs zu sein.) Ich habe nicht viel Platz zum Arbeiten, nur ein Brett in der Küche. Aber wenn wir auf Reisen sind, ist es auch nicht bequemer. Arthur teilt meinen Wohnwagen mit mir, seit er zwei ist. Wir haben zwei Kojen, darüber und darunter Schränke. Wenn wir uns zum Fenster hinauslehnen, können wir den Wohnwagen der Eltern berühren, so dicht stehen sie beieinander.

Ich war in die 5. Klasse versetzt worden und hatte keine große Mühe mit dem Lernstoff. Aber der Alltagstrott nervte mich bald. Zudem mußte ich abends, nachdem ich den ganzen Tag in der Schule gesessen hatte, auch noch Hausaufgaben machen.

»Das ist wirklich Quatsch«, meinte Mama.

»Totaler Blödsinn«, bekräftigte Papa. »Wie wär's, wenn wir diesen Winter zu den Walfängern führen? Hättet ihr Lust?«

Was für eine Frage! Das würde meine achte große Reise werden, für Arthur die zweite.

Nach einem Blitzbesuch bei meinen Großeltern fuhren wir nach Brüssel und stiegen dort in die Maschine nach Dubai und Singapur. Puh, diese Hitze! In Singapur gibt es viele moderne Hochhäuser, und die Chinesen auf der Straße tragen alle eine Krawatte. Und wer auf den Boden spuckt, muß fünfzig Dollar Bußgeld bezahlen. Der Lebensstandard scheint höher als in Frankreich. Man sieht Superreiche in Luxusautos herumfahren. Ich weiß nicht, womit sie ihr Geld verdienen. Die Stadt ist riesengroß und sehr sauber. Ein Geschäft reiht sich ans andere. Ich wollte mir Schuhe kaufen, Turnschuhe, und sie selber aussuchen. Meine Eltern hatten nichts dagegen. Ich brauche immer sehr lange, bis ich meine Wahl getroffen habe. Ich habe also ein Paar nach dem andern anprobiert, bis ich endlich eins gefunden habe, in dem ich mich auf Anhieb wohl fühlte. Ich ging an die Kasse, bezahlte und stürmte nach draußen, weil meine Eltern auf mich warteten. Nach nicht einmal drei Metern stolperte ich und fiel der Länge nach hin. Der Grund: Meine schönen neuen Treter waren mindestens zwei Nummern zu groß! Kein Wunder, daß sie so schrecklich bequem waren. Mama ging mit mir zurück in den Laden, um sie umzutauschen. Papa war sauer, weil er nochmal eine ganze Weile warten mußte. Als wir später an einem Schnellimbiß vorbeikamen, verschlimmerte ich meine Lage: Ich hatte nämlich Appetit auf einen Hamburger.

»Nein!« sagte Papa.

»Und warum nicht?«

»Nein!«

Einfach nur so? Ohne Begründung? Das war der Hammer!

»Wenn es dir nicht paßt, mußt du eben sehen, wie du allein zurecht kommst.«

Ich nahm die Herausforderung an und marschierte los. Als ich mich umdrehte, um zu sehen, ob meine Eltern mir folgten, machte ich eine ziemlich wüste Geste. Mein Vater sprang auf mich zu. Da bekam ich es mit der Angst und rannte, bis ich in dem Gewühl untergetaucht war. Ich ging in ein großes Einkaufszentrum und kaufte mir meinen Hamburger. Als ich ihn aufgegessen hatte, machte ich mich auf den Weg zurück zum Hotel.

Ich hockte mich auf die Treppe vor dem Eingang und wartete auf meine Eltern. Sie hatten in der ganzen Stadt nach mir gesucht. Ich war sehr stolz, daß ich mich nicht verlaufen hatte.

»Na, seid ihr auch schon da?«

»Treib's nicht auf die Spitze, Freundchen!« sagte Papa. »Du kannst von Glück sagen, daß du vor uns zurückgekommen bist.«

(Ein Lob für meinen Orientierungssinn wäre das mindeste gewesen!)

Wir flogen nach Jakarta. Eine schmutzige, trostlose Stadt unter einer dicken Smogschicht und mit vielen verdreckten kleinen Kneipen. Die Hitze erdrückte einen schier. Ich blieb die meiste Zeit im Hotel und arbeitete. Papa zeigte mir, wie man Bestellungen schreibt; ich rechnete Versandkosten und Preisnachlässe aus. Ich rechne gut und schnell. Am nächsten Tag wollten wir nach Bali fliegen. Ich freute mich schon auf den Strand von Kuta.

Ich hatte nicht mehr an das balinesische Neujahr gedacht. Ich wäre so gern zwischen den Bougainvilleasträuchern und den Palmen zum Meer hinuntergelaufen, um auf seinen einmaligen Wellen zu reiten. Ich machte ein langes Gesicht.

»Arthur kennt das Neujahrsfest noch nicht. Warum gehst du nicht mit ihm hin und zeigst es ihm?« schlug Mama vor.

Die Balineser hatten wie jedes Jahr große Figuren aus Pappmaché gebastelt, die die bösen Geister verkörpern. Nachdem sie sie über die ganze Insel getragen und ihren Göttern Opfer dargebracht hatten, verbrannten sie sie am Strand. Die Flammen loderten meterhoch, und Arthur staunte. Von Mitternacht an durfte sich niemand mehr auf den Straßen aufhalten. Überall herrschten Ruhe und Finsternis. Vierundzwanzig Stunden später erwachte Bali wieder zum Leben. Alle Einwohner gingen in ihren Festtagskleidern zum Strand hinunter, wo die Reinigungszeremonie stattfand.

(In der Schule hatte der Lehrer vor Jahren einmal von uns verlangt, daß wir einen Weihnachtsmann zeichnen sollte. Ich schaute ziemlich dumm aus der Wäsche. Ich hatte Weihnachten noch nie in Frankreich gefeiert. Die Dämonen von Bali hätte ich malen können, aber die kannte ich damals noch nicht. Also zeichnete ich, was mir als erstes einfiel: die indische Göttin Kali.)

Arthur weckte mich. Es war noch nicht einmal 7 Uhr. Draußen war ein Höllenlärm. Wir schauten nach, was denn da los war. Die Hotelangestellten fällten eine große Palme. Der Baum fiel krachend um, und aus einem Nest in der Krone purzelten junge Vögelchen. Die Indonesier sammelten die schrill piepsenden Tierchen auf und warfen sie den Katzenwelsen im Teich zum Fraß vor. Es war kein schöner Anblick. Arthur schrie vor Empörung. Ein Indonesier, der ein wenig mehr Herz als die andern hatte, gab ihm die beiden Vögelchen, die er vom Boden aufgelesen hatte.

Wir nahmen sie mit auf unser Zimmer, polsterten einen Aschenbecher mit Baumwolle und einer von Arthurs Windeln aus und setzten die Vögel hinein. Ich fütterte sie mit rohem Reis, den ich zu einem Brei zerkaute. Es schien ihnen zu schmecken, sie sperrten gierig die Schnäbel auf. Es war schon ein ergreifendes Gefühl, sie beim Füttern in der Hand zu halten. In der Nacht träumte ich eine ganze Menge, vor allem von Vögeln. Am andern Morgen weckte mich mein Vater und teilte mir ohne Umschweife mit, die Ratten hätten unsere Vögel gefressen.

»Heul nicht, sei stark, du bist ein Mann.«

Ich lief hinaus und sprang kopfüber in den Swimmingpool, wo mich niemand sehen konnte.

Mama machte einen Einkaufsbummel. Es gibt viele Geschäfte, und alle sind mit kleinen Papayablüten geschmückt. An der Hauptstraße hören die Bauarbeiten nicht auf. Die Fahrbahn muß aufgrund der starken Monsunregen ständig erneuert werden. Es war entsetzlich heiß. Ich stellte mich ein paarmal am Tag unter die Dusche, aber das Wasser war nie kalt. Mein Vater nervte mich wegen meiner Schularbeiten. Eine der Rechenaufgaben kapierte ich einfach nicht. »Was muß ich denn da machen?«

Er lachte mich aus und ging aus dem Zimmer. Er hätte mir wenigstens einen Tip geben können! Geduld war wirklich nicht seine starke Seite. Ich hätte heulen mögen, aber ich war viel zu wütend.

Es ging um senkrechte Geraden, und er hatte eine

Stunde an der Aufgabe herumgetüftelt. Wenn ich nicht damit klarkam, würde Papa noch sehr viel zorniger sein, als ich es war. Er würde denken, er hätte als Lehrer versagt, und mich nicht mehr mitnehmen. Da ich meinen Vater liebe und gern verreise, strengte ich mich an und fand die Lösung schließlich.

Endlich frei! Als erstes schlug ich mir im Restaurant die Wampe voll. Dann lief ich zum Strand hinunter, wo ich bis um sechs surfte, Volleyball und Federball spielte. Anschließend biß ich in den sauren Apfel und beschäftigte mich mit meinem kleinen Bruder. Gegen acht traf ich mich mit meinen Freunden vom Strand (Australier um die Zwanzig, die mit den Hühnern aufstehen und sich mit den ersten Sonnenstrahlen auf ihr Surfbrett schwingen) zum Billardspielen. Wir haben zusammen gegessen und ein paar Mädchen angebaggert, und dann sind wir in den Peanuts Club tanzen gegangen. Um 1 Uhr morgens fand ich den Weg in mein Bett, wo ich mir noch eine Kassette meiner Lieblingsgruppe anhörte.

Der Ernst des Lebens begann acht Tage später. Auf einer alten Fähre setzten wir auf die Insel Lombok über. Ein liebliches Klima, freundliche Menschen, Karren mit kleinen Pferden davor. Die Leute dort haben mich praktisch aufwachsen sehen. Ich habe eine Menge Bekannte, und mir gefällt es, wenn ich ein Hotel oder ein Restaurant betrete, wo man mich kennt und wo ich freudig begrüßt werde. (»Spießer!« hat mein Vater zu mir gesagt. Weil ich angeblich wie ein Tourist empfinde. Und wenn schon. Ich bin, wie ich bin.) Ich kaufte Ananas, Bananen, Mandarinen, Papayas. (Das preiswerte Leben auf diesen kleinen Inseln verführt zum Konsumieren. Ich gebe zu, ich neige zur Verschwendung. Das Obst verfault manchmal, bevor ich es aufessen kann, und das macht Papa rasend.)

Sumbawa hat eine längliche Form. Die Insel ist grün, das ganze Jahr über, und die Moskitos sind besonders angriffslustig. Die Hitze ist bereits am frühen Morgen unerträglich. Und auf den Bus muß man meist eine Ewigkeit warten.

»Das hier ist Indonesien, Jacob«, sagte Mama. »Hier trägt niemand eine Uhr. Das Leben auf den Inseln geht einen geruhsamen Gang.«

Wir kletterten in den Bus und quetschten uns auf die Eisenbänke. Ich nahm Arthur auf den Schoß. Links neben mir saß eine alte, in einen *Ikat* gewickelte Frau mit von Betel roten Lippen; rechts ein alter Mann mit Hut und einem Hahn auf den Knien. Ganz hinten im Bus fuhr ein Ziegenbock mit. Der Fahrer raste wie ein Irrer (ob der Bus überhaupt Bremsen hatte?). Er schaltete das Radio ein. Ein indonesischer Schlager dröhnte in voller Lautstärke aus den Lautsprechern. Ich sang mit, um Arthur zum Lachen zu bringen: *»Hu, appolinu . . .«* Mama stimmte mit ein, und bald sangen alle Fahrgäste mit: *»Hu, appolinu . . .«* Die Indonesier sind immer guter Dinge. Nichts kann sie aus der Ruhe bringen. Zum Glück, denn wenig später blieb der Bus mit einer Panne liegen. Alles aussteigen! Wir setzten uns an den Straßenrand und blieben gelassen. Irgendwo findet sich im Notfall immer eine Unterkunft und eine Schale Reis. Aber, oh Wunder!, ein Zittern lief durch den Bus, er ruckte und knatterte und sprang wieder an. Alles einsteigen! In einem Kaff auf halber Strecke legten wir eine Rast ein. Ich wußte im voraus, was es zu essen geben würde: *Nasi campur* (Reis und Gemüse). Etwas anderes gibt es nicht. Die Dorfbewohner starrten uns an. Wir waren die erste weiße Familie, die sie zu Gesicht bekamen. Sie schienen ganz erstaunt darüber, daß auch Weiße sich fortpflanzen und in einer Familie leben können. Zurück in den Bus. Ich streckte den Kopf zum Fenster hinaus und gab alles von mir, was ich im Magen hatte. Scheiße, ging das schon wieder los! Ich hatte es satt, ich wollte zurück nach Bali und surfen.

Arthur schaute mir in die Augen und sagte: »Aus dir wird nie ein richtiger Busfahrer!« Er rutschte von meinem Schoß herunter und kletterte auf Mamas Knie. Ich blieb ihm die Antwort schuldig.

Als wir endlich am Ziel waren, regnete es in Strömen, und die Straßen hatten sich in Morast verwandelt. Mit geschulterten Rucksäcken wateten wir auf der Suche nach einer Herberge durch den Schlamm. Eine Kolonne von Indonesiern marschierte spöttelnd hinter uns her. Ich hatte nur noch einen Wunsch: meinen Rucksack abwerfen und mich irgendwo im Trokkenen hinlegen und schlafen. Was für ein Idiot hat gesagt, daß Indonesien nichts als ein endloser, von Kokospalmen gesäumter und von glasklarem Wasser umspülter Strand wäre?

Nach einer weiteren Woche im Bus stiegen wir auf ein Schiff um, das uns nach Komodo brachte. (Mama wird leicht seekrank. Auf dem Meer muß sie sich meistens hinlegen.) Komodo, die Insel der Drachen, kannte ich bereits. Außer den Rangern und ein paar Fischern wohnt niemand dort. Wir sind wieder in eine der Holzhütten auf Pfählen gezogen.

Ich ging gleich mit Arthur an den Strand hinunter. Vielleicht würden wir Hirsche sehen. Und tatsächlich: Es waren einige da. Wir gingen langsam auf sie zu. Sie rannten zwar nicht weg, aber streicheln ließen sie sich nicht. Arthur war enttäuscht. Er hatte gehofft, sich auf einen Hirsch schwingen, ihn bei den Hörnern packen und durch den Wald galoppieren zu können. Nachts hörten wir die Hirsche und die Wildschweine draußen umherstreifen. Wir hörten das Trippeln der Ratten und gelegentlich sogar das Röcheln eines Warans, der, von unserem Geruch angelockt, unter unserer Hütte hindurchkroch.

Die Behörden verweigerten uns die Genehmigung für einen Ausflug zu den Waranen. Sie hatten uns wiedererkannt. Wir waren keine gewöhnlichen Touristen, sondern die Bekloppten, die sich für Indiana Jones hielten und nach Komodo gekommen waren, um die Warane zu ärgern. Seit ein Schweizer vor fünfzehn Jahren von den Drachen angefallen und verspeist und der verantwortliche Ranger zu zehn Jahren Gefängnis verurteilt worden war, hatte man eine härtere Gangart angeschlagen.

Aber Arthur brannte darauf, den großen Echsen Auge in Auge gegenüberzustehen. Also schlichen wir uns in der größten Mittagshitze aus dem Camp. Wir spazierten kreuz und quer durch die Gegend – und stießen auf eine Gruppe Drachen. Wir waren vielleicht aufgeregt! Ich näherte mich dem dicksten Waran und drückte ihm mit meinem gegabelten Stock den Kopf nach unten. Mama packte ihn am Schwanz, und Papa setzte sich mit Arthur auf seinen Rücken. Mein kleiner Bruder quietschte vor Freude. Aber dann fauchte der Waran, und wie! Ein Rodeo hatte bestimmt noch nie jemand mit ihm veranstaltet. Und die Führer hüten sich, die Tiere anzufassen. Wir ließen den Drachen sofort los. Plötzlich hörte ich ein scharfes Zischen, wie von einer Peitsche: Der Schwanz streifte noch mein Bein. Ich bekam einen höllischen Schrecken. Ich solle ganz langsam zurückgehen, rief Papa mir zu, bloß nicht rennen! Denn wenn der Waran auf die Idee käme, mir nachzulaufen, wäre ich geliefert. Aber er zog sich zum Glück friedlich ins Dickicht zurück, um in Ruhe sein Fressen zu verdauen. Wir waren selig: Wir hatten sie aufgestöbert, und Mama hatte wieder ein paar Sensationsfotos geschossen!

Unser fliegendes Taxi war diesmal eine kleine Propellermaschine, die einen höchst altersschwachen Eindruck auf mich machte. Ich wich unwillkürlich einen Schritt zurück. Papa sah mich scharf an. Verstanden. Ich kletterte hinein. Ohne ein Wort. Mama sagte nichts, mein Vater auch nicht, und Arthur hielt angesichts von soviel Schweigen ebenfalls den Mund. Jeder schwieg, weil er die andern nicht mit seiner Angst anstecken wollte.

Auf Flores sind die Straßen in einem erbärmlichen Zustand. Der Bus hatte praktisch jede Stunde eine Reifenpanne. Aber die Reparatur war jedesmal aufs neue sehenswert. Der Busfahrer lief zum nächsten Haus, um Wasser zu holen, und flickte den großen Reifen wie einen Fahrradreifen: Er montierte den Schlauch ab, legte ihn ins Wasser und klebte einen Gummiflicken auf den Riß. Dann ging es weiter. Bis zum nächsten Mal.

Unsere Ankunft rief in jedem Dorf den gleichen Tumult hervor. Als erstes stürmten die Kinder johlend auf uns zu, dann die Frauen, fröhlich lachend, dahinter die Männer und zum Schluß der Dorfälteste, der sich – meist vergeblich – bemühte, die Ruhe wiederherzustellen. Für viele waren wir die ersten Weißen, die sie in ihrem Leben sahen.

Papa palaverte mit dem *Kepala Desa*. Mama hielt sich wie die einheimischen Frauen im Hintergrund. Nach den üblichen Höflichkeitsfloskeln bat Papa, das

Gastrecht in Anspruch nehmen zu dürfen. Der Dorfälteste wies uns eine strohgedeckte Hütte zu. Das ganze Dorf heftete sich an unsere Fersen, als wir hinmarschierten.

Umringt von etwa fünfzig Kindern, machte ich morgens meine Schularbeiten. Gar nicht leicht, sich unter solchen Umständen zu konzentrieren! Sie kramten in meinem Schulranzen, stellten tausend Fragen, beobachteten mich, registrierten jede Bewegung. Ich war fremdartig für sie. Wir blieben nie allzu lange in einem Dorf. Neugier kann leicht in Aggressivität umschlagen.

Auf dieser Reise entdeckte ich einen genialen Trick, wie ich die Meute in Schach halten konnte. Sobald die Kinder auf uns losstürmten, holte ich einen Fußball hervor und rief: »Hallo, Freunde, ich komme aus dem Land Michel Platinis!« Und ich schoß den Ball, so weit ich konnte. Sämtliche Kinder liefen hinter mir und dem Ball her. (Wenn es einen Franzosen gibt, der in ganz Indonesien bekannt ist, dann ist es Michel Platini! Wohl dem, der Fußball spielen kann!) Der Trick funktioniert immer. Und während ich die Kinder ablenke, können meine Eltern in Ruhe mit dem Dorfältesten verhandeln – und um Kunstgegenstände feilschen.

In Maumere haben sich Mama und Arthur Malaria geholt. Mama hat erst ziemlich spät gemerkt, daß es sich um Malaria handelte. Sie machte alles mögliche für ihren Zustand verantwortlich: die Hitze, die Luftfeuchtigkeit, die Erschöpfung, ihre Seekrankheit. Aber dann sorgte sie sich vor allem um Arthur. Für ein Kind kann Malaria tödlich sein. Zum Glück verstanden sich die Ärzte in Maumere auf die Behandlung von Malaria (besser als auf die irgendeiner anderen Krankheit).

Mama und Arthur unterzogen sich einer Blutuntersuchung. Das Ergebnis lag bereits zwei Stunden später vor. Die Ärzte verordneten Chininpräparate sowie Antibiotika. Drei Tage später war Arthur wieder völlig gesund.

Aber Mama ging es sehr schlecht. Sie hatte Lähmungen im Rücken, eingeklemmte Wirbel. Die Dorfbewohnerinnen rieten ihr, den Heilkundigen des Dorfs, einen Chinesen, aufzusuchen. Er behandle die Kranken mit Kräutern und Gebeten. Mama hatte 40 Grad Fieber, und die schwüle, drückende Hitze setzte ihr furchtbar zu. (Malaria ist etwas Grauenvolles: Fieber, Schüttelfrost und so starke Kopfschmerzen, daß man glaubt, der Schädel müsse einem platzen.) Da sie nichts zu verlieren hatte, folgte sie dem Rat der Frauen.

Das dunkle Zimmer, in das sie geführt wurde, war spärlich möbliert. Ein alter Chinese kam herein und sagte:

»*Sakit, sakit!*« (Es wird weh tun.)

»*Tidak apa apa*«, antwortete Mama: Das macht nichts.

Er bedeutete ihr, sie möge sich auf die Liege legen, und zwar auf den Bauch. Vier Frauen hielten sie an Armen und Beinen fest.

»*Sakit, sakit!*« wiederholte der Chinese.

Tapfer erwiderte Mama: »*Tidak apa apa.*«

Daraufhin legte der Heiler ihr Ingwerscheiben auf den Rücken und auf jede Scheibe ein Stückchen einer Arzneipflanze. (Bei 30.000 Rupien pro Scheibe kein schlechtes Geschäft!) Er zündete die Kräuter an und verließ das Zimmer. Mamas Rücken rauchte! Ich hörte den Chinesen nebenan beten. Mama wurde bei lebendigem Leib geröstet! Sie schaute auf und brüllte meinem Vater zu:

»Schnell, Paddy, hol die Videokamera!«

In Anbetracht der Umstände fand ich das todesmutig von ihr. Das Feuer erlosch nach sehr kurzer Zeit. Die Frauen ließen Mama los. Sie erhob sich langsam. Sie war ganz benommen und verzog das Gesicht vor Schmerzen. Der Chinese gab ihr eine Salbe für die Verbrennungen mit. Sie hatte riesengroße Blasen auf dem Rücken. Und nach wie vor verklemmte Wirbel. Ihr Heldenmut war umsonst gewesen.

Der Chinese zuckte schicksalsergeben mit den Schultern. Dann ging er seine Rupien zählen.

Einige Tage später sank das Fieber endlich, aber die Kopfschmerzen blieben.

Als Mama sich wieder einigermaßen fit fühlte (trotzdem war die Fahrt eine Qual für sie: Sie weinte sogar, was äußerst selten vorkommt), bestiegen wir den Bus nach Larantuka, das ganz am Ende von Flores liegt. Am darauffolgenden Tag brachte uns ein kleines Holzboot auf die Insel Adonara (zwischen Flores und Lomblen). Dort gab es zwei Herbergen: eine von Christen und eine von Moslems geführte. Meine Eltern entschieden sich für die christliche, weil sie nicht um 4 Uhr früh vom islamischen Ruf zum Gebet geweckt werden wollten. Der Wirt besaß einen Schwarzweißfernseher, den er mit Hilfe einer auf den Bildschirm geklebten Folie in einen Farbfernseher verwandelt hatte. Ich fand es irre komisch, wie Starsky und Hutch sich ihre Wortgefechte mit Gangstern auf Indonesisch lieferten. Leider fiel unser Besuch mitten in den Golfkrieg (auf Komodo hatten meine Eltern bereits von den Rangern erfahren, daß die Amerikaner Bagdad bombardiert hatten). Ganz Indonesien befand sich in Alarmbereitschaft, denn nirgendwo auf der Welt leben so viele Moslems wie in Indonesien. Im Fernsehen waren immer die gleichen Archivaufnahmen zu sehen: ein Flugzeug, das von einem Flugzeugträger aus startet, und Panzer im Wüstensand. Als Papa den Wirt fragte, ob er überhaupt wisse, wo der Irak liege, machte er eine unbestimmte Handbewegung: irgendwo dort drüben . . .

Papa gingen die Inselbewohner auf die Nerven. Daher stiegen wir bereits am nächsten Tag auf das Schiff nach Lomblen.

Das Boot schlingerte nicht allzusehr. Zum Zeitvertreib spielte ich Schach mit den Fahrgästen. In Indonesien spielen alle Schach. Ich spielte bestimmt fünf, sechs Partien am Tag. Auf diese Weise kam ich mit den Erwachsenen ins Gespräch. Mit den Kindern konnte ich nur Fußball spielen, und das wurde schnell langweilig.

Zwei Monate nach Beginn unserer Reise kamen wir endlich auf Lomblen, der Insel der Walfänger, an. Von einem winzigen Hafen aus führte eine zweihundert Meter lange Teerpiste zu einem Dutzend Hütten mit Wellblechdach, und das war's auch schon! Dahinter lag nur noch Dschungel.

Mir ging es nicht besonders, ich hatte einen richtigen Schwächeanfall.

»Wo finde ich den Chinesen?« fragte Papa.

(Auf allen kleinen Inseln haben die Chinesen die Geschäfte fest in der Hand: Sie führen das Hotel und besitzen vor allem das einzige Transportmittel weit und breit.)

Das Fischerdorf liegt am andern Ende der Insel. Wir kletterten in den Jeep des Chinesen und fuhren auf einem Weg, der sich im strömenden Regen in eine rutschige Schlammpiste mit tiefen Gräben verwandelte. Nach fünf Stunden hielt unser Fahrer an. Die Piste war hier zu Ende.

»In welcher Richtung liegt Lamalera?« fragte Papa.

Der Mann zeigte auf den Dschungel vor uns.

Wir marschierten unter stechender Sonne, umschwirrt von Moskitos. Endlich traten wir aus dem Urwald heraus, und ich entdeckte ein kleines Dorf an einem zum Meer hin abfallenden Hang. Das Dorf der Walfänger. Das schönste Dorf auf der ganzen Insel.

Von den steinernen Häusern aus konnte man die Wale kommen sehen. Der schmale Streifen Strand bestand aus schwarzem Sand. Unter Strohdächern warteten etwa zwanzig kleine Boote. Am Ufer bleichten Walgerippe in der Sonne. Auf Holzgestellen hingen große Fetzen Walfleisch zur Gewinnung des Trans. Ein gräßlicher ranziger Geruch hing in der Luft.

Die Fischer von Lamalera erlegen etwa zwanzig Wale pro Jahr mit der Harpune. Unsere Hoffnung, einen Walfang miterleben zu dürfen, erfüllte sich leider nicht. Ich war maßlos enttäuscht. Aber in dem malerischen Dörfchen fiel es mir nicht schwer, mir vorzustellen, wie sich so eine Jagd auf den Wal abspielte. Ich schrieb in mein Heft: »Plötzlich ein Schrei: *Balena! Balena! Balena!* Zweihundert Fischer laufen zum Strand hinunter und schieben die Boote ins Wasser. Die Ruderer nehmen ihre Plätze ein, der Steuermann feuert die Mannschaft an, und der Harpunierer steht, bereit zum Wurf, am Bug. Das Boot nähert sich dem Wal. Als es ihm ganz nah ist, springt der Harpunierer auf das Tier und stößt ihm die Harpune in den Kopf. *Balena, balena, balena!* Fünf Stunden später schleppen die Fischer den toten Wal ans Ufer, wo sie von Frauen und Kindern jubelnd empfangen werden.«

Am andern Tag kehrten wir in den Hauptort der Insel, Lewoleba, zurück. Der Chinese, bei dem wir untergekommen waren, verkaufte uns schöne Perlen.

Meine Eltern wollten die Reise weiter in Richtung Osten fortsetzen, aber Transportmittel gab es so gut wie keine.

Wir fanden zu guter Letzt einen Fischer, der sich bereit erklärte, uns nach Balauring zu bringen, ein verlassenes Nest am Ende der Welt. Armselig, trostlos. Wellblechhütten und Morast, wohin man blickte. Die Einwohner kamen herausgelaufen, um uns zu begrüßen. Ein Armeeangehöriger bahnte sich einen Weg durch die Menge. Er wollte unsere Pässe sehen. Wir folgten ihm in sein Büro, um uns registrieren zu lassen. Man sah ihm an, daß er sich fragte, was wir hier wollten.

»Gibt es hier ein Boot, das uns nach Wewarang und weiter nach Alor bringen könnte?«

»Basuk«, antwortete der Offizier: Morgen.

»Und die Herberge? Wo finden wir die?«

So etwas gab es nicht. Aber der Offizier kannte jemanden, der Durchreisende bei sich aufnahm. Wir folgten ihm in ein großes, rechteckiges Haus mit Holzwänden und einem Fußboden aus gestampfter Erde. Das ganze Dorf hatte sich an unsere Fersen geheftet. In einem großen Zimmer standen Etagenbetten; dann gab es noch einen kleineren Raum mit einem alten Radio darin, eine Küche und ein weiteres Zimmer. Ungefähr hundert Leute wanderten mit uns durch das Haus. Sie ließen uns keinen Moment aus den Augen. Ich fühlte mich gar nicht wohl in meiner Haut.

»Und das Boot kommt wirklich morgen?« fragte Mama skeptisch.

»Ja, *basuk, basuk.*«

Am 4. Februar warteten wir vergeblich, am 5. auch. *»Basuk, basuk«,* hieß es auf unsere Fragen. Da dämmerte es uns, daß basuk nicht nur »morgen«, sondern auch »bald« bedeuten kann. Das Boot würde sicher kommen, irgendwann in den nächsten Tagen. Oder Wochen ...

Ich setzte mich an meine Schularbeiten. Eine Rennstrecke hat eine Länge von 7,825 Kilometern. Wieviel Kilometer legt ein Fahrer zurück, der 35 Runden dreht? Sein Fahrzeug verbraucht 12,4 Liter auf hundert Kilometern, der Liter kostet 5,40 Francs, wieviel gibt er für Benzin aus? Ich gab's auf. Ich konnte mich unmöglich konzentrieren, wenn mir das ganze Dorf über die Schulter blickte. Was ich auch tat, wohin ich auch ging, ständig klebten die Bewohner an mir. Die Kinder warfen Steine nach mir und machten sich über mich lustig. Mama konnte sich nicht ungestört draußen an der Wassertonne waschen, alle sahen ihr dabei zu. Und es regnete ununterbrochen. Wir lebten im Schlamm. Unsere Betten waren einfach eklig. Papa klapperte die ganze Gegend auf der Suche nach einer Lösung ab. Und er fand – einen Chinesen!

Findet den Chinesen, und ihr seid gerettet! Er besaß einen alten, klapprigen Lastwagen, der die dreißig Kilometer durch den Dschungel bis nach Wewarang gelegentlich noch schaffte. Papa mietete die Klapperkiste, zu einem Preis, der sich gewaschen hatte. Die Piste war nach den Regenfällen kaum befahrbar. Felsbrocken und Baumstämme blockierten den Weg, und wir räumten die Hindernisse mit bloßen Händen beiseite. Inselbewohner tauchten aus dem Urwald auf und fragten, ob wir sie nicht mitnehmen könnten. Das taten wir, gegen Entgelt, versteht sich. Ich nahm das Fahrgeld entgegen. Das gab mir Gelegenheit, meine Rechenkünste in der Praxis anzuwenden. Und wir bekamen auf diese Weise einen Teil der horrenden Summe wieder herein, die wir selbst bezahlt hatten.

Endlich erreichten wir Wewarang. Ein Nest genau wie das andere, aber die Menschen hier waren freundlich und gutmütig. Ein paar alte Fischer forderten mich auf, mich zu ihnen zu setzen. Sie gaben mir zu essen und zu trinken. Sie gehören zwar dem Islam an, haben sich aber nicht völlig von ihrer Naturreligion entfernt. Wir spielten Schach. Ich fühlte mich wohl in der Gesellschaft der Alten. Geborgen. Ihre Sicht der Dinge schien so einfach und klar.

Ich hörte, wie Papa den Dorfältesten fragte:

»Wann kommt das nächste Schiff?«

»Basuk«, lautete die Antwort.

Alles klar. Ich sagte zu Arthur, wir könnten uns darauf einrichten, ein paar Tage hier festzusitzen.

Am andern Morgen weckte Papa uns mit einem gutgelaunten: »Aufstehen, Jungs!«

An der Landestelle hatte ein fünfzehn Meter langes, mit Benzinfässern beladenes Schiff angelegt. Wir eilten an Bord. Und zweihundert andere Leute samt Gepäck mit uns! Wir konnten es nicht fassen. Das würde doch niemals gutgehen! Das Meer war bewegt, das Schiff würde kentern! Wir waren offensichtlich die einzigen, die sich deswegen Gedanken machten. Die Leute lachten und scherzten, sie freuten sich, mit uns zusammen reisen zu können. Sowie ich ein paar Brokken Indonesisch radebrechte, schlugen sie mir anerkennend auf die Schulter. Dabei wollte ich mir bloß nicht anmerken lassen, daß ich die Hosen voll hatte. Ich ließ die Küste keine Sekunde aus den Augen. Wir waren etwa einen Kilometer von ihr entfernt: Im Notfall könnten wir sie schwimmend erreichen.

Wir näherten uns der Insel Alor. Ich fragte mich, wie wir dort empfangen werden würden. Sind die Menschen nett, bieten sie uns sofort etwas zu essen an: eine Schale mit warmem Reis und – je nachdem, ob sie reich oder arm sind – Gemüse, Fisch, Fleisch und Curry.

Ein heftiger Regen ging über Kalabahi, der Inselhauptstadt, nieder. Wir konnten unser Hotel kaum verlassen. Ich nutzte die Zeit, um zu lernen und meinen Rückstand aufzuholen. Am vierten Tag endlich schien die Sonne wieder, und wir besuchten ein Dorf namens Tapkala, das etwa fünfzig Kilometer entfernt hoch oben auf einem Hügel lag.

Die Häuser sind in traditioneller Bauweise errichtet, doch die Bewohner sind zum christlichen Glauben übergetreten. Sie schüttelten uns in einem fort die Hand, verbeugten sich und setzten uns wilden Reis vor. Während ich mich im Bogenschießen übte, spielte Arthur, eine Zigarette im Mundwinkel, den Clown. Die Frauen lachten Tränen. Nach dem Essen boten sie uns an, für uns zu tanzen, vorausgesetzt, Papa blätterte ein paar Rupien hin. Er war einverstanden. Fünf Minuten später waren sie wieder da, in ihren traditionellen Kostümen samt Säbel, Pfeil und Bogen. Sie tanzten im Kreis, singend und sich an den Händen haltend. Das war wirklich phantastisch! Wie ein Indianertanz!

Am 14. Februar gingen wir trotz aufgewühlter See an Bord eines Eisenschiffs mit plattem Boden. Die Überfahrt zur Insel Timor sollte achtzehn Stunden dauern. Ich dachte, ich sterbe. Sowie ich auch nur den Kopf hob, mußte ich mich übergeben. In welchem Zustand Mama sich befand, möchte ich lieber nicht schildern.

In Kupang schuftete ich den ganzen Tag, um meinen Rückstand aufzuholen. Papa traf sich mit einem Radscha, das ist so eine Art Fürst, der über mehrere

Dörfer herrscht. Der Radscha hat Zugang zu den heiligen Stätten, die niemand sonst betreten darf und in denen prachtvolle und sehr alte Steinfiguren stehen. Wir haben den Radscha seitdem mehrfach auf Timor besucht, er ist unser bester Freund geworden in Indonesien.

Allmählich wurde es Zeit, an die Heimreise zu denken. Doch das war gar nicht so einfach. Wir mußten Zwischenstation auf etlichen anderen Inseln machen, zum Beispiel auf Sumba, das ich bereits von früher kannte und die für mich eine der schönsten Inseln überhaupt ist.

Wenn ich richtig gerechnet habe, habe ich im Verlauf dieser Reise etwa ein Dutzend Inseln besucht, vierundzwanzig Stunden auf dem Meer zugebracht und noch einmal soviele im Bus. Aber ich war noch ganz gut in Schuß. Gut genug jedenfalls, um mich auf Bali beim Wellenreiten zu vergnügen.

Es ist schon schwer, sich mit dem Gedanken an die Heimreise vertraut zu machen, wenn man unter Palmen gemütlich am Pool liegt und einen Bananen-Milchshake schlürft. Meine Leistungen waren alles in allem ganz passabel.

Anfang April trafen wir in Frankreich ein.

»Da ist ja unser Zugvogel!« begrüßte mich der Direktor und strich mir übers Haar.

Ich habe Monsieur Serrat und Madame Félix, meinen alten Lehrern, guten Tag gesagt und bin dann in meine Klasse gegangen. In der Pause nach dem Unterricht würde ich meinen Freunden das Märchen von Jacob, dem Walfänger, auftischen, der mit der Harpune in der Hand am Bug steht und nach Walen Ausschau hält.

13

Mit Arthur auf Reisen

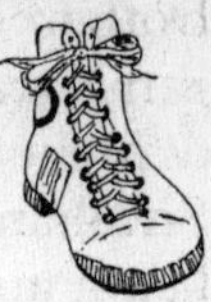

Arthur war drei und ich elf Jahre alt. Ich ging inzwischen aufs Gymnasium, in die erste Klasse. Meine letzte Indienreise war sozusagen eine Bildungsreise gewesen, kein Trip von reisewütigen Spinnern so wie früher. Papa, Mama und ich wollten Arthur eine schöne Reise schenken.

Und das war sie auch gewesen. Meine Eltern hatten Geld. Wir haben in schönen Hotels gewohnt und uns im Ambassador herumchauffieren lassen. Papa mußte jetzt mehr Zeit für meinen Unterricht aufwenden, der Lernstoff war anspruchsvoller, und ich habe hart gearbeitet. In meiner Freizeit schob ich Arthur in seinem Sportwagen spazieren, zwischen Pferdefuhrwerken, Autos, Rikschas, Handkarren, Hunden, Kühen und Kindern hindurch. Manchmal beklagte er sich bitter:

»Dauernd kneifen sie mich! Mir tun schon die Backen weh!«

»Daran gewöhnst du dich. Wenn du erst mal so groß bist wie ich, werden sie dich nicht mehr kneifen.«

Ich war schadenfroh. Die Inder sind einfach zu kinderlieb. Aber trotz des Kneifens gedieh mein kleiner Bruder prächtig. Er blühte sichtlich auf. Überall stand er im Mittelpunkt. Das ist nicht immer so.

Wir waren am 16. Dezember 1991 in Bombay eingetroffen. Eine tolle Überraschung erwartete uns: Die Rupie war abgewertet worden.

Mein Vater schleppte unser Gepäck und ich meinen Schulranzen, der immer schwerer wurde. Wir hatten kaum ausgepackt, als Papa mir auftrug, die Tafel mit den Wirbeltieren abzuschreiben und mir die Übungen zu Maßen und Gewichten anzuschauen. Klar, Papa, bloß keine Zeit verlieren!

Die Reise dauerte nur drei Monate. Wir waren im friedlicheren Teil des Landes, nämlich im Süden, unterwegs von Bombay bis nach Pondicherry, und bereisten die Bundesstaaten Karnataka, Kerala und Tamil Nadu.

Dabei wäre die ganze Reise fast ins Wasser gefallen. In Poona stellten meine Eltern nämlich fest, daß sie unsere Pässe verloren hatten. Und ohne Paß geht überhaupt nichts. Der Hotelbesitzer wollte uns kein Zimmer geben. Meine Eltern riefen in dem Hotel in Bombay an, wo wir abgestiegen waren. Und siehe da: Ein Zimmermädchen hatte die Pässe gefunden. Meine Eltern hatten sie auf dem Nachttisch liegenlassen. Aber was tun? Mitten in der Nacht nach Bombay zurückkehren?

»*No problem*«, sagte der Hotelmanager in Bombay, »wir schicken Ihnen die Pässe per Eilboten nach Poona.«

Meine Eltern waren skeptisch. Ob die 24-Stunden-Lieferung in Indien funktionieren würde? Aber als sie den Hotelier in Poona über den Stand der Dinge informierten, sagte auch er: »*No problem!*«

Und tatsächlich waren die Pässe am nächsten Tag da.

»Das ist das Mysterium Indien«, meinte Mama. »Uralt und supermodern zugleich.«

Unsere Traumreise konnte beginnen. Arthur gab den Rhythmus vor. Unsere Etappen waren kurz. Wir brachen nachmittags nach Arthurs Mittagsschläfchen auf. Meine Eltern scheuten inzwischen nicht mehr davor zurück, irgendwelche Sehenswürdigkeiten zu besichtigen oder Vergnügungsparks zu besuchen. Freilich waren sie weiterhin auf der Suche nach Antiquitäten. Wir irrten nicht mehr umher wie Nomaden. Meine Eltern waren sehr viel cooler, viel lockerer als früher, und das übertrug sich auch auf mich. Da ich mich um Arthur kümmerte, hatten sie mehr Zeit für sich. (Mama hat mich schon sehr früh in Babypflege unterwiesen!) Ich mag meine Rolle als großer Bruder. Ich decke ihn zu, wenn es kühl wird. Ich nehme ihn mit zum Einkaufen. Und es macht mir Spaß, ihm all die Dinge zu zeigen, die ich auf früheren Reisen entdeckt habe. Seit Arthur da ist, fühle ich mich nicht mehr so allein. Auf der einen Seite Papa und Mama, auf der andern Arthur und ich. Im Bus, im Flugzeug, wir sind immer zusammen, und manchmal stellen wir uns vor, wie es wäre, ganz allein, ohne Eltern, zu verreisen. Wir haben unsere Spiele, unsere Geschichten. Früher habe ich immer versucht, mich wie ein Erwachsener zu benehmen. Im Grunde hatte ich keine andere Wahl: Ich habe sehr früh und in sehr kurzer Zeit Dinge erlebt, die mich zuweilen ängstlich, mißtrauisch, aggressiv machten. Heute bin ich ausgeglichener. Ich bin der große Bruder, der Komplize und der Lehrer, ich bin aber auch der anpassungsfähige Globetrotter. Ich bin umgänglicher geworden, geselliger, diplomatischer. Nicht nur im Umgang mit den Indern, sondern auch mit anderen Kindern. Früher habe ich schnell zugeschlagen, wenn mir einer dumm kam. Und die andern Kinder, indonesische, indische, chinesische, pakistanische oder Papua-Kinder, gingen mir gehörig auf den Geist. Ich fand sie oft ein bißchen doof. Machten sie Schularbeiten? Nein! Kamen sie in der Welt herum? Nein! Hatten sie gesehen, was ich gesehen hatte? Nein! Die Papuas zum Beispiel mochte ich sehr gern, aber in meinen Augen waren das komplette Idioten. Daß sie umgekehrt mit dem gleichen Recht auch mich für einen kompletten Idioten halten konnten, begriff ich erst später. Wir stammen eben aus verschiedenen Welten. Was uns trennt, hat nichts mit Überlegenheit oder Minderwertigkeit zu tun: Wir sind einfach anders. Ich habe gelernt, tolerant zu sein. Ich bin weniger Krieger – Tarak – und mehr Jacob. Ich bin mehr und mehr ich selbst.

Ich lief mit Arthur über die Festungswälle von Bidar. (In Bidar mußten wir übrigens im Bahnhof schlafen. Unter reger Anteilnahme der Bevölkerung. Das hat mich an unsere früheren Reisen erinnert. Wir hatten keinen Ambassador gefunden, und unser Zug hatte gut zehn Stunden Verspätung.) Ich besichtigte die Ruinen von Hampi. Wir waren in Wildreservaten und in Tierparks. In Ooty, in 1.500 Meter Höhe, machten wir Ausflüge zu Pferde rings um einen See (Arthur hielt sich ganz phantastisch im Sattel!) und galoppierten wie die Reiter der Apokalypse ins Dorf. (Papa ging der Gaul durch: Als er den heimatlichen Stall roch, war er nicht mehr zu bremsen, und die andern beiden Pferde galoppierten natürlich hinterher!) Wir besuchten die portugiesische Enklave Cochin; die Hafenstadt beherbergt die älteste jüdische Gemeinde in Indien. Hellhäutige Juden, die sich nie mit den Indern vermischt haben. In Kovalam spielte ich mit den Erwachsenen Volleyball. Die Inder schauten mir zu und klatschten Beifall.

»Gib nicht so an, Jacob!« meinte Papa.

Vormittags lernte ich fleißig. In Mathe wurden die Aufgaben langsam interessant. Wie zum Beispiel die folgende: Welche Maße muß eine Garage haben, wenn das Auto 4,10 Meter lang und 1,65 breit ist und davor und dahinter jeweils 1,90 Meter und auf beiden Seiten jeweils 90 Zentimeter Platz sein sollen?

Nachmittags ging ich mit Arthur tauchen, oder wir spielten Ball. Abends schenkten uns die Fischer Fische zum Spielen. In Quilon hatten wir einen Palast ganz für uns allein. Ein buckliger Zwerg in tadelloser Livrée las uns jeden Wunsch von den Augen ab. Ich kam mir vor wie im Märchen . . .

»Deine Aufgaben, Jacob! Du mußt noch Bruchrechnungen machen. Und morgen erkläre ich dir das Dreieck, die Sekanten, die senkrechten Geraden, die rechtwinklig zueinander verlaufenden Geraden und die Parallele.«

Das war längst nicht alles. In Erdkunde mußte ich die Klimazonen Europas auswendig lernen. In Französisch die Konjugation der Verben in allen Zeiten. In Englisch die Besonderheiten bei der Pluralbildung.

Auf Mamas Hilfe brauchte ich nicht zu hoffen. »Regle das mit deinem Vater! Er ist der Boß!«

(Mama sieht ihre Aufgabe darin, auf den reibungslosen Ablauf unseres Alltags zu achten. Ansonsten will sie uns zur Selbständigkeit erziehen, indem sie sich nicht andauernd einmischt.)

Manchmal durchstreifte Papa auf der Suche nach seltenen Kunstgegenständen im *Tuk-Tuk* die Gegend, während wir in irgendeiner Stadt auf ihn warteten. Gelegentlich begleitete ich ihn, aber sobald es dunkel wurde, drängte ich darauf, daß wir umkehrten. Ich haßte und liebte die nächtlichen Fahrten im *Tuk-Tuk*.

Ich hatte einerseits Schiß und andererseits Visionen. An steilen Hängen muß man das *Tuk-Tuk* schon mal schieben. Aber meistens fährt es schnell, viel zu schnell für die holprigen Buckelpisten. Der Wind blies mir ins Gesicht, daß mir die Tränen kamen. Nicht nur wegen der Kälte, sondern wegen meiner Phantasie. Immer wenn wir an irgendeinem Tempel vorbeifuhren, rechnete ich damit, daß gleich einer aus dem Schatten springen und über uns herfallen würde. Ein *Tuk-Tuk* hat keinen Scheinwerfer, es ist also stockdunkel ringsherum. Und aus der Dunkelheit tauchen immer wieder schemenhaft Dinge auf, die man oft nur um Haaresbreite verfehlt: ein Ochsenkarren, Fahrräder, Traktoren, eine Mauer. Einmal näherten wir uns einem Bahnübergang. Das *Tuk-Tuk* bremste (es hatte tatsächlich Bremsen!) gerade noch rechtzeitig: Eine Dampflok ratterte schnaubend und tutend an uns vorbei und hüllte uns in eine eklige Qualmwolke. Als die ersten Lichter der Stadt vor uns auftauchten, atmete ich auf. Papa machte sich lustig über mich. Ich würde mich immer viel zu sehr in meine Phantasien hineinsteigern. Dachte er sich denn nie irgendwelche verrückten Geschichten aus?

In Thanjavar waren wir zu einer Hochzeit eingeladen, und Papa nahm für einige Minuten den Platz des Bräutigams ein. Er benimmt sich wirklich unmöglich! An die Straße von Thanjavar nach Pondicherry kann ich mich gut erinnern. Sie führte durch rote Erde, und die Felder waren von kleinen Mäuerchen begrenzt, auf denen sich die unterschiedlichsten Kakteenarten angesiedelt hatten. Wie in einem Videospiel!

Ich war gespannt auf Pondicherry. Die schöne weiße Stadt am Meer war einst Hauptstadt der französischen Besitzungen in Indien und hat sich den Zauber längst vergangener Zeiten bewahrt. Hohe Mauern und wuchtige Holztüren schützen die Häuser vor neugierigen Blicken. Wir haben Franzosen kennengelernt, die noch heute so leben wie in der Kolonialzeit, als wäre die Zeit stehengeblieben, als hätte die Unabhängigkeit nie stattgefunden.

»Von den 400.000 Indern in Pondicherry sprechen ungefähr 16.000 Französisch«, sagte Papa.

Während Mama sich für die Idealstadt von *La Mère* begeisterte, freundete ich mich mit ehemaligen Angehörigen der französischen Armee an: Inder, die mir erzählten, sie seien in der Charente stationiert gewesen und in zahllosen französischen Städten, die ich überhaupt nicht kannte. Sie beziehen eine Pension von 9.000 Francs im Monat. In Indien ist das ein Vermögen! Sie leben wie Paschas. Sie hocken von früh bis spät in Bars und Restaurants und geben ihr Geld mit vollen Händen aus. Wir haben getanzt und gesungen und auf die französische Armee angestoßen.

La Mères Ashram ist der wichtigste Wirtschaftsfaktor Pondicherrys. Die Frau, die sich *La Mère,* Mutter, nannte, war eine Französin, die in den dreißiger (oder in den fünfziger?) Jahren nach Indien kam. Sie heiratete einen Bengali namens Aurobindo und setzte es sich zum Ziel, dessen Traum von der Gründung einer idealen Stadt zu verwirklichen. Ideal ist die Stadt jedoch keineswegs. *La Mères* Anhänger sind nach wie vor mit dem Bau einer gigantischen kugelförmigen Konstruktion beschäftigt. Aurobindos Utopie wird zum Teil von der Familie Tata, der reichsten des Landes, finanziert. (Die Tata-Gruppe ist unter anderem an der Eisen- und Stahlindustrie, am Lokomotivbau und an der Automobilindustrie beteiligt. Die Tatas sind aus dem Iran eingewanderte Parsen. In Indien leben höchstens zwanzigtausend. Die Toten werden von der Familie auf den Türmen des Schweigens aufgebahrt, wo sie von den Adlern zerrupft werden.) Mama besuchte mit mir das Grab von *La Mère* im Ashram. In einem blühenden, nach Weihrauch und anderen Wohlgerüchen duftenden Garten voller zwitschernder Vögel stand eine alte, luxuriös eingerichtete englische Villa, und in dieser Villa befand sich das weiße Marmorgrab von *La Mère.* Piekfeine Inder in weißem Hemd, weißen Shorts, weißen Tennisschuhen und weißen Socken hatten sich ringsherum versammelt. Ich konnte mir das nicht lange ansehen, ich verspürte einen unbändigen Lachreiz, ich weiß auch nicht, warum. Ich wartete draußen auf Mama. Als sie herauskam, sagte sie zu mir, ich sei ein Lausebengel, mußte selbst aber auch lachen.

Wir fuhren an der Coromandelküste entlang bis nach Mahabalipuram, der letzten Etappe unserer Reise.

»Von diesem Hafen aus stachen die Hindus in See, als sie nach Indonesien auswanderten«, sagte Papa.

Am Abend fand ein Fest statt. Als Arthur die Musik hörte und die bunten Kostüme und die Lichter sah, fing er an zu tanzen, ganz ungeniert, vor allen Leuten.

»Es hat ihn wieder gepackt«, sagte ich zu Papa.

Das war nämlich nicht das erste Mal. Ich weiß noch, wir waren einmal aus einem Bahnhof gekommen, und Arthur ging neben mir. Plötzlich war er weg! Ich schaute mich panisch um, konnte ihn aber nirgends entdecken. Ich sagte schnell meinen Eltern Bescheid und rannte los, ihn zu suchen. Ein Stück weiter vorn hatte sich ein Auflauf gebildet. Der Schreck fuhr mir in die Glieder. Es wird ihm doch nichts passiert sein? Ich raste los, boxte mich durch die Menge und sah – meinen kleinen Bruder, der barfuß zu den Klängen eines Straßenmusikanten tanzte! Er bewegte anmutig die Arme und tanzte dazu auf den Fußspitzen. Niemand hatte ihm das beigebracht. Daß Dutzende Leute ihm dabei zusahen, störte ihn nicht im geringsten. Und jetzt in Mahabalipuram fing er wieder damit an. Die Tänzer auf der Bühne mußten die Vorstellung unterbrechen, weil sich keiner mehr für sie interessierte: Die Augen aller waren auf Arthur gerichtet. Da forderten sie ihn auf, seine Tanzeinlage auf der Bühne vorzuführen, und das tat er auch, mit einem Spagat als krönendem Abschluß! Mama war ganz hingerissen.

»Was der für eine Schau abzieht!« staunte Papa.

Mich nervt so was! Als ich so alt war wie er, war ich ganz anders. Er ähnelt mir überhaupt nicht. Er prügelt sich nicht gern, er malt und tanzt lieber. Mama sagt, ich sei ja bloß neidisch, weil ich nicht so gut zeichnen könne. Das stimmt nicht ganz. Ich kann auch gut zeichnen – aber Arthur ist einfach ein As!

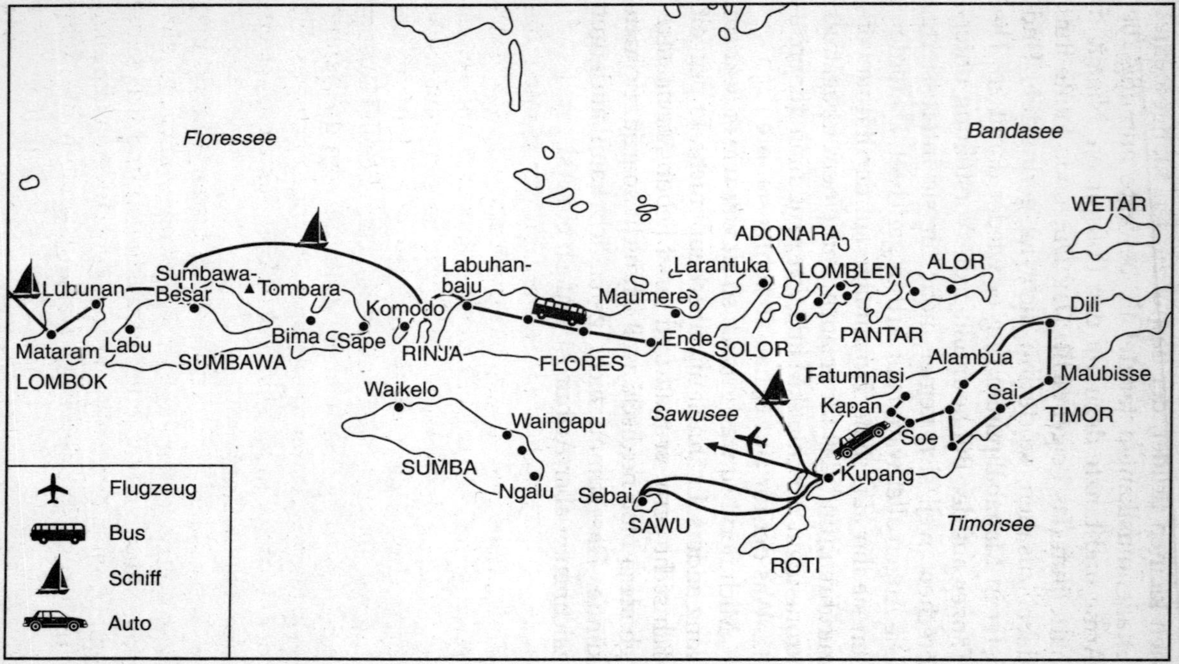
Floressee
Bandasee
WETAR
ADONARA
Larantuka
LOMBLEN
ALOR
Sumbawa-
Besar
Tombara
Labuhan-
baju
Maumere
Lubunan
Komodo
Dili
Bima
Sape
Ende
SOLOR
PANTAR
Mataram
Labu
RINJA
FLORES
Alambua
SUMBAWA
Maubisse
LOMBOK
Fatumnasi
Sai
Waikelo
Kapan
TIMOR
Sawusee
Waingapu
Soe
SUMBA
Kupang
Ngalu
Sebai
SAWU
Timorsee
ROTI
Flugzeug
Bus
Schiff
Auto

14

Die heiligen Steine von Timor

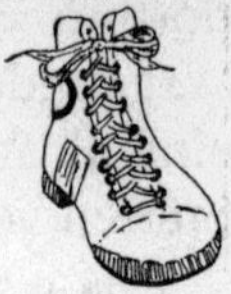

Im Herbst des darauffolgenden Jahres brachen wir einmal mehr nach Indonesien auf. Es wurde auch höchste Zeit: Ich langweilte mich zu Tode in der Schule.

Mein Vater hatte sich mit dem Sohn eines Radscha angefreundet, und der hatte sein Interesse für die Kunst Timors geweckt, die Papas Meinung nach aufregender ist als die Afrikas oder des Himalaja. Er hatte bereits Masken, Holzgegenstände und Steinfiguren von Timor mitgebracht.

Bis 1947 standen die Dörfer auf Timor unter der Verwaltung eines Radscha. Seine politische Macht hat er zwar verloren, nicht aber sein Ansehen und seinen Einfluß auf das sittliche Verhalten der Einwohner. Die Steinfiguren, die nach dem Bildnis eines Toten gefertigt wurden, befinden sich in den königlichen Häusern und dürfen erst nach einem Zeitraum von drei Jahren gekauft bzw. verkauft werden: So lange dauert es, bis der Radscha (oder sein Sohn) den sakralen Gegenstand entheiligt hat.

Papa plante eine Reise in den Osten Timors, und zwar ohne seinen Freund, weil er mehr über die jahrtausendealten Statuetten herausfinden und sich selbst ein Urteil bilden wollte. Wegen der schweren Unruhen in diesem Teil der Insel war Ausländern die Reise dorthin verboten. Papa mußte also nicht nur einen Weg finden, über die Grenze zu kommen, sondern, einmal am Ziel, sich auch Zugang zu den heiligen Stätten verschaffen.

Das würde mein zehnte Reise werden. Meine Aufgabe war es, mich um Arthur zu kümmern und natürlich meine Schularbeiten zu machen (ich war inzwischen in der Quinta).

In der ersten Woche auf Bali bin ich sehr fleißig gewesen. Ich lernte, mit dem Zirkel umzugehen, schlug mich mit Vierecken, Parallelogrammen und symmetrischen Figuren herum und zeichnete meine ersten graphischen Darstellungen. Dann reisten wir ab. Ein Schiff brachte uns auf die bergige Vulkaninsel Lombok, die wir im Bus durchquerten. Wir setzten nach Sumbawa über und trafen zehn Tage später in Labuhanbajo auf Flores ein. Davor aber hatten wir einen Abstecher auf die winzige Insel Rinja gemacht.

Die Überfahrt im Fischerboot dauerte einen ganzen Tag. (Meine Eltern hatten sich vorher mit Essen eingedeckt, weil es auf dem Inselchen nichts zu essen gab, und ein Huhn und einen Hahn gekauft. Mit dem Geflügel hofften sie Warane anzulocken, mit denen sie sozusagen noch ein Hühnchen zu rupfen hatten. Papa hatte nämlich erfahren, daß die Warane auf Komodo schon ein bißchen gezähmt waren – das minderte natürlich den Wert unserer Heldentat ganz gewaltig. Auf Rinja hingegen waren die großen Echsen sich selbst überlassen. Deshalb war diese Insel, auf der es nichts zu tun gab, als seine Haut zu riskieren, kurzfristig ins Programm aufgenommen worden.)

Auf Rinja schien sich in den letzten zweitausend Jahren nichts verändert zu haben. Am Strand entdeckte ich tonnenweise versteinerte Muscheln. Sogar auf der Straße fand ich welche. Aber die Insel war nicht unbewohnt, wie man uns gesagt hatte. Es gab ein kleines Dorf und sogar ein aus Pfahlbauten bestehendes Wildhütercamp. Papa band das Geflügel in einer der Hütten an, und dann brachen wir zu einem Streifzug durch den Dschungel auf. Ein Ranger hatte uns ein Foto von einem gigantischen Penis aus Stein gezeigt, der irgendwo in den Bergen stand.

»Den will ich mir ansehen!« sagte Mama sofort.

Wir marschierten bestimmt sechs Stunden durch den Wald auf der Suche nach dem überdimensionalen Phallus. Einmal stießen wir auf eine Horde Wildpferde. Als sie uns witterten, galoppierten sie davon. Ich lief ihnen nach. Sie brauchten doch keine Angst vor mir zu haben! Der Boß, ein Hengst, sagte zu den andern, sie sollten einen Augenblick warten. Er fiel in Trab, drehte sich zu mir um, sah mich und sprengte im Galopp davon. Das vergess' ich nie! Endlich fanden wir den Penis. Wir wären beinah draufgetreten, so mickrig war das Ding. Auf dem Foto sah er riesig aus, aber in Wirklichkeit war er höchstens sechzig Zentimeter hoch. Außerdem war er sichtlich von Menschenhand gefertigt worden. Man hatte uns auf den Arm genommen.

Als wir zurückkamen, fehlte unserem Hahn ein Bein.

»Das gibt's nicht!« sagte Papa. »Ein Waran muß hereingeklettert sein.«

Meine Eltern töteten den Hahn. Wir gingen ein paar Meter in den Wald und hängten ihn an einem Ast auf. Dann versteckten wir uns. Wir brauchten nicht lange zu warten. Zwei Warane, beide etwa einen Meter fünfzig lang, kamen regelrecht angeflitzt. Ihr Schwanz peitschte schnell hin und her. Es dauerte höchstens zwei Minuten, bis sie den Hahn verspeist hatten. Und wir, die wir uns so toll vorgekommen waren, weil wir uns auf den Rücken eines Komodo-Warans getraut hatten, wir wichen ängstlich vor diesen kleinen, ungezähmten, nervösen, grindigen, ausgehungerten Drachen zurück. Die hätten Hackfleisch aus uns gemacht! Auf dem Rückweg sagte keiner ein Wort. Wir hatten Hunger. Wir schlachteten das Huhn.

Das Fischerboot brachte uns zurück nach Flores. Mein Vater hatte einmal ein geschnitztes Holzpferd in Indonesien gekauft. Von der gleichen Art gab es nur noch drei Stück. Er wollte die Gelegenheit nutzen, sich auf Flores danach umzusehen. Wir wanderten in die Berge hinauf. In jedem Dorf stürzten die Einwohner aus ihren Häusern und schlossen sich uns an. Zum Schluß war unsere Gruppe auf etwa zweihundert Leuten angewachsen. Unser Ausflug ähnelte einer Prozession. Die Inselbewohner waren in Festtagsstimmung. Wir kamen an einer Schule vorbei. Alle Kinder standen an den Fenstern und winkten und schrien.

»Kommt, sagen wir ihnen guten Tag«, meinte Papa.

Der Lehrer empfing uns an der Tür zum Klassenzimmer. Er ist eine geachtete Persönlichkeit in Indonesien, wo sich die Bevölkerung hauptsächlich aus Bauern und Fischern zusammensetzt. Jede Insel hat ihren eigenen Dialekt, und Aufgabe des Lehrers ist es, den Kindern Indonesisch beizubringen. Politisch gesehen erfüllt er eine wichtige Funktion.

Auf Flores beginnt der Unterricht bereits um 6 Uhr morgens. In ihren Schuluniformen (weiße Bluse und dunkelroter oder blauer Rock für die Mädchen, weißes Hemd und blaue Shorts für die Jungen) sehen sie wie Musterschüler aus. Ihre Hefte tragen sie in kleinen Plastikeimern. Ihr Schulweg ist über eine Stunde lang.

Sie kennen weder Schulranzen noch Schulbusse. Der Unterricht endet um 13 Uhr.

»Seit zehn Jahren haben wir hier keine Weißen mehr gesehen«, erzählt uns der Lehrer. Er war froh, Englisch reden zu können. »Die letzten, die hier waren, waren Ethnologen. Sie wollten wissen, wieviel Menschen in dem Dorf droben leben. Etwa achthundert, sagte ich. Sie haben sich die Zahl notiert und sind wieder gegangen. Sie hatten kein Interesse, bis ganz nach oben zu wandern.«

Bis ganz nach oben bedeutete acht Stunden in der Hitze marschieren, Moskitos und Blutegel, die sich im Wasser an einem festsaugten, mit eingeschlossen.

»Auf geht's!« sagte Papa. »Vielleicht finden wir ein Pferd oder eine Statuette.«

Wir kletterten die Hänge hinauf, schweißüberströmt und von Moskitos zerstochen. Aber unsere Mühe wurde belohnt. Mitten im Dorf stand ein Holzpferd. Papa verhandelte mit dem Dorfältesten, während der Hüter des Brauchtums ihn argwöhnisch beobachtete. Oft verweigert er die Erlaubnis, eine heilige Figur aus der Nähe betrachten oder fotografieren zu dürfen. Dann treten Arthur und ich in Aktion. Wir fangen an herumzublödeln, spielen Fangen, hüpfen hierhin und dorthin und landen wie zufällig auf dem heiligen Pferd. »Papa! Mama! Schaut doch mal!« Die Gelehrige-Affen-Nummer. Und Mama spielt die fröhliche Unschuld: »Wartet, Kinder, nicht bewegen, ich will nur schnell ein Foto machen!« Wer kann spielenden Kindern schon böse sein? Niemand schöpft Verdacht.

Wir kehrten in die Hauptstadt Endeh zurück, von wo wir mit der Fähre nach Timor übersetzten.

Die Insel liegt ganz im Osten des indonesischen Archipels. Sie wurde 1520 von den Portugiesen entdeckt. Portugiesen und Holländer teilten sie untereinander auf. 1946 fiel die westliche, niederländische Hälfte an das unabhängig gewordene Indonesien. 1975 marschierten die indonesischen Streitkräfte in Portugiesisch-Timor ein und besetzten es. Und ein Jahr später wurde es dem indonesischen Staat eingegliedert.

In der Bevölkerung bildete sich Widerstand gegen die Zwangseingliederung. Seit zwanzig Jahren kommt es immer wieder zu Unruhen mit Tausenden von Toten (die Schätzungen reichen von fünfzig- bis zu zweihunderttausend Toten). Die Insel befindet sich in einem permanenten Kriegszustand, von dem die Weltöffentlichkeit allerdings kaum etwas erfährt.

In Kupang, der Hauptstadt der Westhälfte, verweigerten uns die Militärs wie erwartet die Genehmigung, in die östliche Inselhälfte zu reisen. Papa hatte vorgesorgt und sich eine Generalstabskarte beschafft. Die Frage war nur: Wie kamen wir über die Grenze?

Wir fuhren nach Oecussi, einer im Westen gelegenen dreißig Quadratkilometer großen portugiesischen Enklave mit einem Hafen.

»Wir bleiben erst mal ein paar Tage hier, damit Jacob in Ruhe lernen kann«, entschied Papa. »Genug Zeit für die vier Regeln der Proportionalität. Danach geht's weiter Richtung Süden.«

Meine Eltern mieteten ein Allradfahrzeug mit Chauffeur, und dank Papas Karte kamen wir überall hin, wo wir wollten. Aber es lief einiges schief. Im ersten Dorf wurde unser Jeep fast gestürmt. Die Leute umringten uns und rüttelten am Auto, als ob wir . . . was weiß ich, Rockstars auf Tournee wären! Wirklich verrückt. Mindestens zweihundert Menschen hatten sich um uns geschart. Meine Eltern stiegen aus, Papa hob Arthur auf seine Schultern.

»Was ist? Kommst du, Jacob?«

Ich weigerte mich, den Jeep zu verlassen. Ich schloß mich ein. Durchs Fenster sah ich, wie Arthur vor Angst heulte und schrie. Die Leute faßten meine Eltern an, lutschten an ihrer Haut. Papa erkundigte sich in aller Eile nach den Statuetten. Dann machten sie kehrt und gingen langsam zum Auto zurück. Sie versuchten, sich ihr Unbehagen nicht anmerken zu lassen. Die Gesten der Menschen wurden aggressiv, drohend. Wer weiß, welche Reaktionen ein hastiger Rückzug hervorrufen würde.

»Weit und breit keine Steine«, sagte Papa. »Wir müssen unbedingt über die Grenze.«

Zunächst haben wir aber weiter die ganze Gegend abgefahren. Ein Dorf war wie das andere: strohgedeckte Hütten auf Pfählen, ein großer Platz aus gestampfter Erde und in der Mitte ein riesiger Baum.

»Früher hat man rings um den Baum heilige Statuen aufgestellt«, sagte Papa.

Auf seine Frage nach Steinen antwortete der Hüter des Brauchtums stets: »Alle verkauft.«

Papa holte Informationen ein und fand schließlich heraus, daß es eine Busverbindung zur Grenze gab. Wir setzten uns in den Bus. Am ersten Grenzposten winkten die Soldaten uns heraus: Wir durften die Grenze nicht passieren.

Papa folgte dem diensthabenden Offizier ins Schilderhaus.

»Ich bin mit meiner Familie unterwegs, ich möchte lediglich eine Spazierfahrt mit meiner Frau und meinen Kindern machen:«

»*No way!*«

»Ich bin Lehrer.«

»Sie sind Australier!«

»Nein, ich bin Franzose. Ich bin ein Lehrer aus Frankreich, der Urlaub mit seiner Familie macht. Das hier ist meine Frau Anne. Mein ältester Sohn Jacob. Und Arthur, unser Jüngster . . .«

Er hatte tatsächlich »Familie« gesagt und nicht »Sippschaft« oder »Mischpoke«. Aber gedacht hat er es. Der Soldat wahrscheinlich auch.

»Ich glaube Ihnen kein Wort. Sie sind Journalist und kommen aus Australien! Sie sind ein Spion! *No way!*«

(Einige australische Reporter sind ums Leben gekommen, als sie über die Ereignisse in Ost-Timor berichteten. Das verschärfte die Spannungen zwischen Indonesien und Australien, die durch die illegalen indonesischen Einwanderer und die Plünderung der Fischgründe vor der australischen Küste durch indonesische Fischer hervorgerufen worden waren.)

Mama brannte darauf, irgend etwas zu unternehmen. Sie wollte die Militärs aber nicht reizen. Dabei gibt es nichts Lustigeres als einen zornigen Indonesier: Er wird dann ganz bleich im Gesicht, und seine Jochbeinmuskeln fangen an zu zucken. Mama hat eine besondere Begabung dafür, die Jochbeinmuskeln von Vertretern der indonesischen Staatsgewalt zum Zucken zu bringen, zum Beispiel durch Singen, Lachen oder Flucht durchs Fenster. Folglich hielt sie sich zurück. Arthur begriff nicht, wo das Problem lag. Wir waren geschniegelt und gebügelt und ordentlich frisiert. (In Indonesien muß ein Weißer immer sauber und gut gekleidet sein, schließlich kommt er aus einem reichen Land. In ärmlicher Kleidung wird er für jemanden gehalten, der in seinem eigenen Land keine

Achtung genießt. Mit der Folge, daß er wie ein Fußabtreter behandelt wird.)

»Jetzt reicht's!«

Mama nahm Arthur und setzte ihn dem Soldaten kurzerhand auf den Schoß. Dann plauderte sie übers Wetter. Der Uniformierte war sichtlich irritiert. Ganz im Gegensatz zu dem blondgelockten Knirps, der ihn anstrahlte und am Schultergurt seiner Maschinenpistole herumzuspielen begann. Nach einer Weile ließ der Soldat sich tatsächlich erweichen. Wir durften passieren. Mama war unheimlich stolz.

Beim zweiten Posten ging das Theater von vorn los. Wir mußten aussteigen. Seltsame Soldaten waren das hier: Sie trugen keine Uniform, sondern Jeans und Hemd und waren mit Gewehren und Kalaschnikows bewaffnet. Keiner war älter als achtzehn.

»Lächeln, Kinder, lächeln!« flüsterte Mama uns zu. »Wir wollen sie auf keinen Fall verärgern.«

»Alles klar«, rief Papa uns nach einem Augenblick zu. »Wir können weiterfahren.«

Wir übernachteten in einem riesengroßen Hotel in Suai. Wir waren die einzigen Gäste. Am andern Morgen stürmten Militärs herein.

»Was machen Sie hier? Ihre Pässe!«

Sie hielten uns lange fest, ließen uns dann aber gehen. Auf der Insel herrschte eine gedrückte Atmosphäre. Die Menschen beklagten ihre Toten.

»Jacob, du bleibst mit Arthur im Hotel und machst deine Schularbeiten. Anne und ich werden uns in den Dörfern ein bißchen umsehen.«

Arthur stand am Fenster und hielt nach unseren Eltern Ausschau. Sie kamen nach sehr kurzer Zeit zurück. Ich hatte gerade eine Reihe von Sätzen mit

Verben im Konjunktiv Präsens geschrieben. Ich sprang auf und lief Papa und Mama entgegen.

Es war gar nicht gut gelaufen. Die Leute waren feindselig gewesen, sie hatten nicht einmal mit meinen Eltern reden wollen, geschweige denn, sie in ihr Haus gebeten. Sie hielten sie für Schnüffler, für Eindringlinge. Mama hatte einen wunderschönen *Ikat* gesehen, aber die alte Frau, die ihn trug, hatte sie keines Blickes gewürdigt.

Mama, noch immer ganz außer sich, sagte: »Ich bin sicher, daß uns das mit Jacob und Arthur nicht passiert wäre.«

Also brachen wir wieder auf, diesmal zu viert. Als die Dörfler uns Kinder sahen, waren sie wie ausgewechselt. Sie bereiteten uns einen herzlichen Empfang. Wahrscheinlich fühlten sie sich geehrt, daß meine Eltern ihnen ihre Kinder vorstellen wollten. Wie auch immer, dieses Mal bekam Mama jeden *Ikat*, den sie haben wollte.

Wir zogen weiter in Richtung Dili. Ich entdeckte eine Landschaft, wie ich sie bisher auf keiner indonesischen Insel gesehen hatte: große Wälder, mächtige Flüsse, breite Furten, hohe, grasbewachsene Berge.

»Man könnte meinen, wir sind in Kanada!« rief Papa aus.

»Oder in Mexiko.« Mama zeigte auf Männer hoch zu Roß, die kleine Sombreros trugen.

Die heiligen Steine fanden wir leider nicht. Die Dörfler mißtrauten uns.

»Keine Steine«, sagten sie kopfschüttelnd.

Mama, die Indonesisch spricht, hörte eine Frau dem Dorfältesten zuflüstern: »Verlang Geld von ihnen.«

Da wurde Mama böse. »Ich habe genau gehört, was

du gesagt hast! Sag mir, wo die Steine sind! Sag es mir, und ich gebe dir Geld. Sonst nicht.«

Sie begannen zu feilschen. Die Dörfler verlangten astronomische Summen.

»Schön, wie ihr wollt. Wir sind Lehrer, ihr werdet noch von uns hören!« drohte Mama.

Ich kann verstehen, daß die Menschen uns ihre Steine nicht zeigen wollen. Die indonesischen Soldaten zerstören alle Überreste ihrer alten Religion, jedes Götzenbild, jede Statue. Verständlich, daß sie ein solches Geheimnis daraus machen. Das sieht Papa ja auch ein. Er hätte die Steine eben gern an ihrem ursprünglichen Platz im Dorf gesehen, bevor sie zerstört oder in irgendein Museum geschafft werden. Denn in den Dörfern werden sie sicher nicht bleiben: Die Jungen, verführt vom Fernsehen und der Regierungspropaganda, wenden sich von ihrer Vergangenheit ab, und die Alten, die Hüter der Traditionen, leben nicht ewig.

Wir fuhren weiter nach Maubisse, wo wir in einem tollen Haus mit Ziegeldach übernachteten. Es stand ganz oben auf einem Hügel. Zum Essen sind wir ins Dorf hinuntergegangen. Dort sahen wir viele schwarzgekleidete Alte, und die Frauen küßten uns die Hand.

Danach fuhren wir zurück über die Grenze. Papa wollte sich genauer in West-Timor umsehen.

In Atambua mietete Papa einen Jeep (natürlich von einem Chinesen). Und er hatte einen guten Tip bekommen. Wir brachen in der Morgendämmerung auf und folgten mindestens drei Stunden lang einer Piste. Wir durchquerten eine Furt, und auf der anderen Seite des Flusses – war keine Piste mehr da. Wir gingen zu Fuß weiter in die Berge hinauf. Und wir hatten Glück.

Wir fanden eine heilige Stätte. Aus Stroh und achtzehn Meter hoch. Das Gebilde erinnerte mich an einen Mühlstein. In der Mitte eine kleine runde Öffnung, das war alles, keine Fenster, gar nichts. Aber als ich hineinging, erlebte ich eine Überraschung: Dahinter verbarg sich nämlich ein auf Pfählen erbautes Holzhaus. Ich kletterte die Leiter hinauf und stand auf einer Plattform, wo einige Männer beisammensaßen und redeten. Kein Weißer hatte je so ein Haus betreten. Es war dreihundert Jahre alt und erdbebensicher gebaut. Drinnen entdeckte ich dicke, mit Schnitzereien verzierte Holzwände. Öllampen erhellten die Räume, und in einem von ihnen befanden sich die heiligen Steine.

Endlich hatten wir sie gesehen, die heiligen Steine von Timor! Aber wir konnten nicht länger bleiben, unser Fahrer wartete unten am Fluß auf uns, und wir wollten vor Einbruch der Dunkelheit wieder im Dorf sein. Eilig machten wir uns auf den Rückweg. Nun ist es aber in Indonesien so, daß die Leute zwar sehr freundlich sind, einen jedoch nicht unbedingt in die richtige Richtung schicken, wenn man sie nach dem Weg fragt. Kurz und gut, wir haben uns verlaufen. Als wir in ein Dorf kamen, fanden wir merkwürdigerweise niemanden, der uns aufnehmen wollte. (Weil wir eine heilige Stätte betreten hatten?) Wir irrten weiter. Unsere Stimmung war auf dem Nullpunkt. Papa sagte nichts, ich auch nicht, Mama hielt einen Stock in der Hand und zog Arthur, der das andere Ende festhielt, hinter sich her. Arthur spürte, daß wir kurz vor dem Zusammenbruch standen. Da sagte er in die Stille hinein:

»Was wollt ihr denn, sind wir Abenteurer oder nicht?«

Das gab uns wieder Auftrieb. Papa entschied, daß wir am Fluß entlanggehen würden. Und zu guter Letzt fanden wir unsern Jeep wieder, allerdings nicht an der Stelle, an der wir ihn verlassen hatten. Unser Fahrer hatte über das »indonesische Telefon« erfahren, wo er uns zu erwarten hatte. Das bedeutete, wir wurden überwacht. Inzwischen war es schon recht dunkel geworden und eine Durchquerung des Flusses nicht mehr möglich. Wir würden die Nacht im Jeep verbringen müssen.

»Kommt überhaupt nicht in Frage!« protestierte Mama. »Wir sind neun Stunden marschiert, haben nichts im Magen und sind völlig durchgeschwitzt. Irgendwo wird es hier doch jemanden geben, der uns für eine Nacht aufnimmt!«

Sie stapfte los, wir hinterher. Nach einer Weile zeichneten sich die Umrisse eines Hauses in der Dunkelheit ab. Mama klopfte. Eine hochbetagte Frau öffnete. Mama bat sie auf indonesisch um Essen für ihre Kinder. Wir durften hereinkommen, und die Oma kochte uns Nudeln. Wir haben uns richtig darauf gestürzt, so hungrig waren wir. Mama und Arthur schlotterten vor Kälte. Plötzlich wurde Mamas Blick wie magisch von einem *Ikat* angezogen, der zusammengefaltet auf einer Truhe lag.

»Er ist sehr, sehr schön, dein *Ikat*. Ich möchte ihn dir abkaufen.«

»Nein, den hat meine Mutter für mich gemacht, er ist nicht zu verkaufen.«

»Ich friere und mein Sohn auch. Wieviel möchtest du haben?«

»Ich leihe ihn dir für heute nacht. Aber er ist nicht zu verkaufen.«

Die Oma lud uns nicht ein, die Nacht über zu bleiben, und so sind wir ein bißchen bedrückt zu unserem Jeep zurückgekehrt. Am andern Morgen brachte Mama den *Ikat* zurück. Sie drückte der Bäuerin ein paar Geldscheine in die Hand, und die verfehlten ihre Wirkung nicht: Mama bekam ihren *Ikat*.

Unser nächstes Ziel war die Insel Sawu.

»Dort können wir tauchen, angeln, am Strand ein Lagerfeuer machen und Fische grillen«, sagte Mama.

Super! Ich habe schon eine Menge Fische gefangen, sogar Muränen. Ich habe auch schon Mantarochen gesehen und elektrische Fische. So ein Rochen hat einen Umfang von fünf Metern. Sobald er einen Fisch oder einen Menschen aufspürt, schwimmt er dicht an der Oberfläche über seiner Beute und verhindert, daß sie aufsteigen kann. Und wenn man es mit Gewalt versucht, beißt er zu. Sein Biß ist tödlich.

Ein Fischerboot brachte uns nach Sawu, einem Inselchen am Ende der Welt, vor der Spitze von West-Timor. Dort gab es nichts außer ein paar Holzhütten und einigen armen Fischern.

Die Bewohner ernähren sich von einer Palme namens *Lontar* und von Reis. Sie sammeln den Palmensaft. Das ist der einzige Reichtum der Insel. Einmal pro Woche kommt ein Schiff vorbei und holt den Palmzucker ab.

Der Aufenthalt auf Sawu kam einer Strafe gleich. Nichts war mit Angeln, Tauchen und so weiter. Die Inselbewohner sind Animisten. Ihre Religion verbietet es ihnen, ins Meer zu gehen. Sie sind mehr oder weniger an ihr Haus, an ihr Dorf gefesselt. Ständig schauten sie uns auf die Finger. Wenn Arthur und ich mit den Hühnern spielten, hieß es, das dürft ihr nicht, das ist gefährlich. Wenn wir über die Felsen am Ufer kletterten, zwischen denen sich viele kleine Fische tummelten, hieß es, das dürft ihr nicht, das ist gefährlich, die Fische stechen. Wir hatten wirklich nicht viel zu lachen. Zudem waren wir bei einer Familie untergebracht, die um ihre Tochter trauerte: Sie war an Malaria erkrankt und schließlich an einer Hirnhautentzündung gestorben. Wir wurden fast krank in dieser Atmosphäre. Die Tage vergingen, und unsere Portionen wurden immer kleiner. Am ersten Tag bekamen wir Reis und Gemüse, am zweiten Reis und einen Fisch, am dritten nur noch Reis.

»Morgen kriegen wir gar nichts mehr«, prophezeite Papa. »Wir werden hier verhungern!«

Ich werde nie erfahren, ob er mit seiner Vorhersage recht behalten hätte, denn am Morgen des vierten Tages legte das Schiff an. Wir waren erlöst!

Wir kehrten nach Bali zurück, wo das Leben angenehm süß und fruchtig ist. Leider hatte ich nichts davon: Papa, Arthur und ich bekamen nämlich ein Mordsfieber. Und in Frankreich wartete die Schule auf mich. Nicht unbedingt rosige Aussichten.

15

Planet Schule

Sexta, Quinta, Quarta, jetzt die Tertia: Die Herausforderung, die mein Vater an mich gerichtet hat, wird immer schwieriger zu meistern.

Aber warum ein bewährtes Rezept ändern?

Jeden Morgen, auch an Sonn- und Feiertagen, schlage ich mein Heft auf und mache die Aufgaben, die mein Vater tags zuvor für mich vorbereitet hat. Bin ich ausnahmsweise einmal nicht dazu in der Lage, weil ich vielleicht in einer engen Piroge hocke oder auf dem Dach eines überfüllten Busses, dann hat Papa einen Fehler in seiner Reiseplanung gemacht. Das kann natürlich mal vorkommen, aber normalerweise ist alles so organisiert, daß ich unter günstigen Bedingungen lernen kann: sei es im Hotelzimmer, in einer Schiffskabine, einem Schlafsaal, einem Bahnhofswartesaal, im Flughafen oder bei den Leuten, die uns aufgenommen haben: in einer Jurte, einem Pfahlbau, einer Hütte aus Wellblech oder getrocknetem Lehm. Ich brauche nicht unbedingt Ruhe zum Arbeiten, ich kann mich beispielsweise auch in einem lauten Bahnhof konzentrieren. Was ich allerdings nicht vertrage, ist, alle fünf Minuten von neugierigen Kindern gestört zu werden. Auf unseren Reisen, die drei bis sechs Monate dauern, haben meine Eltern immer einen einwöchigen Aufenthalt irgendwo eingeplant, damit wir uns erholen können und ich in Ruhe meine Aufgaben machen kann. Ansonsten steuern wir praktisch täglich ein neues Ziel an. Die kräftezehrendste Reise war die nach Borneo und China. Da war ich acht Monate mit Papa unterwegs. Mama war mit Arthur schwanger. In all den andern Jahren habe ich bis zum 15. Oktober die Schule besucht, bin dann mit meinen Eltern nach Lille zu meinen Großeltern gefahren und anschließend nach Asien geflogen. Im April bin ich wieder zurückgekommen und habe am letzten Trimester teilgenommen. Ich habe mein ganzes Leben so verbracht, eine Hälfte in Europa, die andere in Asien. Nur im vergangenen Jahr sind wir nicht verreist, weil Papa aus beruflichen Gründen in Frankreich bleiben mußte.

In Mathe arbeite ich zunächst das Lehrbuch durch, dann mache ich die Übungen, die mein Vater für mich vorbereitet hat. Er muß mir nur selten etwas erklären, seine Aufgaben sind klar und präzise gestellt.

In Französisch diktiert er mir täglich einen Text, jeden zweiten Tag ist die Konjugationstabelle dran und alle vierzehn Tage ein Aufsatz. Französisch ist für Papa das höchste der Gefühle. Wenn es nach ihm ginge, müßte ich mich wie Voltaire oder Diderot ausdrücken und den Gebrauch der Ironie ebenso meisterhaft handhaben können. (Ach, wäre ich doch nur halb so gescheit wie mein Herr Vater, nichts würde mir mehr fehlen zu meinem Glück!)

In Englisch mache ich sehr viele Grammatikübungen, damit mir die Syntax in Fleisch und Blut übergeht. Ich spreche fließend die Umgangssprache, wie ich sie in Indien und überall auf der Welt gelernt habe. Mein Vater findet das scheußlich, er besteht darauf, daß ich Oxfordenglisch spreche.

In Geschichte und Geographie weiß er so viel, daß

er den Umfang des Lehrbuchs glatt verdoppeln könnte. Abends liest er mir ein Kapitel daraus vor, fügt eigene Ergänzungen an, und am nächsten Tag entdecke ich fünfzehn Fragen in meinem Heft. Die ich natürlich beantworten kann.

In Biologie, Chemie und Physik streikt mein Vater. Er erklärt mir überhaupt nichts. Ich lerne das Buch auswendig.

Ich arbeite immer drei Stunden mit meinem Heft. Den Rest des Tages kann ich tun und lassen, was ich will. Freilich gibt es Tage, wo ich müde bin oder einfach keine Lust habe. Aber Papa zwingt mich zum Arbeiten, und wenn ich in Tränen ausbreche oder einen Wutanfall kriege! Sind die drei Stunden in der Hölle um, ist alles vergessen. Ich ziehe los und gehe auf Entdeckungsreise. In neun Jahren unter Papas Fittichen habe ich nicht einen einzigen Vormittag geschwänzt! Hinter seiner lässigen, unkonventionellen Fassade verbirgt sich ein eiserner Wille, wie Mama immer sagt. Fürs Improvisieren bleibt in der Regel kein Platz. Ich mache mit stoischem Gleichmut meine Übungen. Unterwegs allerdings, wo wir immer wieder in unvorhersehbare Situationen geraten, auf die wir uns immer wieder neu einstellen müssen, liegen die Dinge anders. Meine Eltern suchen den intensiv gelebten, den unvergeßlichen Augenblick. Begegnungen, Entdekkungen prägen unser Leben.

Abends lesen meine Eltern uns Märchen vor. Anschließend diskutieren wir über ihren Sinn. Wir versuchen uns darüber klarzuwerden, was es bedeutet, ein Mensch zu sein.

Papa hat in seiner Kindheit in Marokko eine äußerst freizügige Erziehung genossen. Das Land selbst kannte er kaum. Er lebte in seinem Elfenbeinturm, in der Obhut eines Kindermädchens aus Europa. Seinen Vater bekam er nur zu den Mahlzeiten zu Gesicht. Als seine Eltern von Marokko nach Nordfrankreich übersiedelten, weigerte sich Papa, das Gymnasium zu besuchen, und zog statt dessen in der Welt herum. Aus Protest? Oder aus Leidenschaft? Bald haftete ihm der Ruf des Globetrotters an, ein Image, das er nicht mehr loswurde. Jedesmal, wenn er zurückkam, fragten die Freunde: »Und? Wann geht's wieder los?« Dann lernte er Mama kennen, und jetzt fragten die Freunde: »Und? Wann brecht ihr wieder auf?« Als ich geboren wurde, dachten alle, jetzt würden sie seßhaft werden wie andere Leute auch. Aber sie reisten weiter in der Welt herum. Ohne Geld. Wir schliefen auf der Straße wie Obdachlose. Ganz zu Beginn soll ich unter dem rastlosen, ärmlichen Leben, das wir führten, gelitten haben, aber ich erinnere mich nicht daran. Nachdem sie einen Wohnsitz in Südfrankreich gefunden hatten, konnten sie endlich so leben, wie sie es sich vorgestellt hatten. Deshalb schärft mir mein Vater auch ein, mir kleine Verfehlungen nicht zu Herzen zu nehmen und das, was ich gern tue, so gut wie möglich zu tun, ohne mich um die Meinung anderer zu kümmern. Als ich ganz klein war, lebten meine Eltern vom Import handgefertigter Textilien und Schmuckstücke, dann spezialisierte sich Papa auf primitive Kunst. Meine Eltern hatten einen Weg gefunden, ihr teils seßhaftes, teils nomadisches Leben weiterzuführen.

Als ich ins schulpflichtige Alter kam, brach bei meinen Eltern Panik aus. Mein Vater weigerte sich, mich einfach abzuschieben und die Verantwortung für mich der Institution Schule aufzubürden, während er seiner Leidenschaft für Kunst und Reisen frönte. Ich sollte nicht das durchmachen müssen, was er selbst durchgemacht hatte. Er hat versucht, mich so aufwachsen zu lassen, wie er selbst gern aufgewachsen wäre.

»Das erste Vorbild eines Kindes ist der Vater«, sagte er. »Ich habe immer nach einem Vaterbild gesucht, aber es nie gefunden.«

Ich brauche das nicht: Ich habe einen Vater. Ich entdecke die Welt in der Geborgenheit einer Familie. Das war Mamas Traum, als sie so alt war wie ich. Wir sind eine Familie, und die Welt gehört uns. Sie kann uns nicht weh tun. Sie nimmt uns, was sie muß, und gibt uns, was sie kann. Unterwegs haben wir eine Menge zu tun: Ich habe meine Schularbeiten, meine Eltern kümmern sich ums Geschäftliche, und alle drei miteinander sind wir mit Arthurs Erziehung beschäftigt. Da bleibt keine Zeit zum Streiten.

Vertrauen, Zuneigung und die Liebe zum Leben, das sind die Grundlagen meiner Erziehung. Deshalb gibt es auch keine spezielle Methode: Liebe ist nicht programmierbar. Mein Vater hat sich von Anfang an intensiv mit meinen Heften befaßt. Er korrigierte nicht nur zwei Stunden täglich meine Aufgaben, sondern malte auch die Seiten aus oder klebte Fotos hinein.

»Selbst wenn wir viel Geld hätten«, sagte er, »ein schöneres Geschenk als diese Hefte könnte ich dir sowieso nicht machen.«

Ich bin immer sehr sorgsam mit ihnen umgegangen, ich habe nie eins verloren, und ich habe sie überallhin mitgenommen.

In der Grundschule war es super. Ich mochte Monsieur Serrat und Madame Félix sehr. Sie haben Papa hervorragend über den Arbeitsrhythmus in den ersten beiden Trimestern, in denen ich nicht da war, informiert. Dennoch beurteilten sie unsere Chancen auf Erfolg sehr skeptisch. Würden meine Eltern die Disziplin aufbringen, die nötig wäre, um mich Tag für Tag, auch unter widrigen Umständen, zum Lernen anzuhalten? Würden sie die erforderliche Autorität haben durchzusetzen, daß ich mich auch mit langweiligen, trockenen Themen auseinandersetzte? Mein Vater büffelte die Lektionen in den Übungsbüchern. Mama half ihm, als es galt, mir Lesen, Schreiben, Rechnen beizubringen. In den ersten beiden Jahren schickten sie Monsieur Serrat meine Hefte, weil sie stolz auf sich waren. Meines Vaters größte Sorge war gewesen, ich könnte den andern Kindern hinterherhinken. Daher setzte er mich ganz schön unter Druck. Er korrigierte und benotete meine Arbeiten. Und vor lauter Angst, zu nachsichtig zu sein, war er übermäßig streng. In der Schule schnellten meine Noten nach oben, weil der Lehrer weniger streng benotete als mein Vater! Das machte mir Mut. Ich hatte Vertrauen zu mir und zu Papa. Monsieur Serrat und später auch Madame Félix freuten sich jedesmal sehr über unsere Post aus Indonesien oder Nepal, und sie beantworteten sie stets. Auch meine Klassenkameraden schrieben mir, postlagernd nach Kuta (Bali) oder nach Saumlaki (Molukken) oder nach Bombay. Manchmal waren fünfundzwanzig Briefe für mich da! Wenn ich zurückkam, hielt ich ihnen jedesmal einen kleinen Vortrag über meine Erlebnisse, meine Erfahrungen, meine Entdekkungen. Papa erzählte mir unterwegs immer einen ganzen Roman über irgendeine Sehenswürdigkeit, irgendeinen Ort, den wir besuchten. Und in Indien gab es phantastische Museen mit Nachbildungen aus Terrakotta und Figuren in den jeweiligen Gewändern ihrer Zeit. Aber was ich meinen Schulkameraden mitzuteilen versuchte, war meine ganz persönliche Sicht der

Dinge. Und sie hingen alle an meinen Lippen. Das waren wirklich glückliche Jahre.

Als ich aufs Gymnasium wechselte, betrat ich eine andere Welt. Der Offenheit meines Vaters begegnete der Direktor so:

»Ich kann Sie nicht daran hindern zu verreisen, Monsieur. Ich kann mich auch nicht weigern, Ihren Sohn aufzunehmen, dies ist eine staatliche Schule. Daher möchte ich Sie bitten, daß Sie mich schriftlich von jeder Verantwortung entbinden.«

Im Gymnasium habe ich mehrere Lehrer und nicht mehr nur einen wie in der Grundschule. Das ändert natürlich alles. Trotzdem habe ich das Gefühl, daß ihnen mein Leben, meine Erfahrungen mehr oder weniger egal sind. Ob sie überhaupt merken, daß ich fort bin?

»Sei glücklich, Jacob, belaste dich nicht mit unnötigen Sorgen!« sagt Papa immer.

Ich bin ein ganz normaler Junge, dessen Leben ein wenig anders aussieht als das anderer Jungs. Ich muß gute Noten nach Hause bringen, damit ich die Hälfte des Jahres in der Welt herumreisen darf. Und ich arbeite hart, weil ich immer Angst habe, nicht gut genug zu sein.

Papa und ich sind uns – zwangsläufig – unterwegs sehr nahe. Aber unsere Geschmäcker sind sehr verschieden!

Ich achte auf mein Äußeres, während Papa das seine eher ein wenig vernachlässigt. Ich konsumiere gern. Er dagegen haßt Verschwendung. Ich liebe Videospiele und technisch raffiniertes Spielzeug. Papa ist nur glücklich, wenn er möglichst wenig elektronische Geräte um sich herum hat. Ich lese gern Zeitung, schaue gern fern, höre Musik am liebsten auf voller Lautstärke. Mein Vater warnt mich vor Verdummung.

Vergangenen Sommer hatte ich einen Job gefunden und Geld verdient. Anstatt mich zu beglückwünschen, hat er mir vorgeworfen, gegen seine Ideale zu rebellieren!

»Du kannst Hippies und Beatniks nicht ausstehen, weil du uns dafür hältst«, sagte er. »Vor zwei, drei Jahren wolltest du nicht, daß ich dich von der Schule abhole. Es war dir peinlich. Du hast dich geschämt wegen meiner Klamotten.«

Das ist nicht wahr, es war das Auto! Ihr 2CV, die coole Nonkonformistenkiste, auf die sie so schrecklich stolz sind. Das Auto ist absolut das letzte! Falls wir je einmal einen Unfall haben sollten, gegen einen Baum fahren oder irgendwas, sind wir tot!

»Du sprichst mit niemandem über deine Reisen.«

Doch, mit guten Freunden. In Gesellschaft aller andern habe ich nicht das Bedürfnis, mich zum Außenseiter zu machen.

»Du lebst in einem Wohnwagen, aber du würdest viel lieber in einem richtigen Haus wohnen.«

Er will mich provozieren, mich verunsichern. Ich könne sehr gut allein zurechtkommen, fügt er dann hinzu, ich sei überall in der Welt zu Hause, und wenn es keine Gesetze gäbe, die das verbieten, könne ich überallhin reisen, ganz allein, und bräuchte mir von niemandem mehr dreinreden lassen.

Stimmt, ich bin anpassungsfähig. Ich reise gern, ich lebe gern im Wohnwagen, aber ich würde mich auch in der Stadt wohl fühlen oder irgendwo auf dem Land, wo ich Pferde züchten würde. Es macht mir Spaß, Geld zu verdienen, aber ich kann auch ohne auskommen. Ich kenne nagenden Hunger, brennenden Durst,

Übermüdung, Kälte, Krankheit. Ich habe gelernt einzustecken und das Wesentliche vom Unwichtigen zu unterscheiden. Ich mache meinen Eltern und meinem kleinen Bruder gern Geschenke, ich vergesse in der Ferne niemals die Adresse meiner Freunde, ich kenne den Wert eines Versprechens.

Unsere Lebensweise ist keine alltägliche. Und alles fließt, alles verändert sich, darin stimme ich mit Papa überein. Vergangenen Winter sind wir daheimgeblieben. Wir haben ein ganzes Jahr in einem Haus gewohnt. Ich ging morgens zur Schule und kam spätabends nach Hause. Statt Schularbeiten zu machen, hockte ich mich mit meinem Vater vor den Fernseher. Ich sprach nicht mehr mit ihm, er nicht mehr mit mir, und meine Mutter sagte auch nichts. Arthur saß in einer Ecke und malte. Wir waren nicht unglücklich, wir waren einfach grauenhaft. Meine schulischen Leistungen fielen ab. Die ganze Familie fiel ab! Als wir wieder auf Reisen gehen konnten, freuten wir uns richtiggehend darauf, uns von Moskitos stechen und von Blutegeln aussaugen zu lassen. Ich fand meinen Rhythmus wieder: drei Stunden Unterricht pro Tag und danach das Studium der Welt.

Beides zusammen lehrt mich alles, was ich wissen muß. Schulnoten sind nicht das einzige, was zählt im Leben, es kommt auch darauf an, wie man sich durchzuschlagen versteht, ob man lebenstüchtig ist. Wenn ich in einem Fach eine Drei habe, möchte ich mich auf eine Zwei verbessern, das ist so eine Art Herausforderung an mich selbst, und wenn ich es schaffe, bin ich stolz und glücklich. Aber das ist nicht das Wesentliche. Das Wesentliche, meine Eltern haben es mich gelehrt, ist die Welt, die vor mir liegt, sie gehört mir, ich brauche bloß zuzugreifen. Und das lernt man nicht in der Schule.

Bücher sind eine Reise durch das Wissen. Aber Reisen ist die Schule des Lebens.

Band 61905

Giles Whittell

Zwischen den Kontinenten

In einem Londoner Antiquariat entdeckt der Journalist Giles Whittell den Bericht, den der *Times*-Reporter Stephen Graham über seine Reise nach Zentralasien 1914 - vom Kaspischen Meer bis nach Sibirien - verfaßt hat. Dieses Buch fasziniert Giles so sehr, daß er beschließt, Grahams Spuren zu folgen, um zu sehen, was heute - achtzig Jahre später - noch von seinem »Paradies« übrig ist.
Auf seiner Reise durch einsame Steppen, Wüsten und Gebirge, durch Städte mit märchenhaften Namen wie Samarkand und Taschkent und bei seinen Begegnungen mit den unterschiedlichsten Menschen findet er zwar eine Art Paradies, aber gleichzeitig auch die Hölle: Riesige, durch Atomtests verseuchte Gebiete Kasachstans oder die dramatische Austrocknung des Aralsees sind nur zwei Beispiele für den erschütternden Raubbau an der Natur.

Band 61906

Catherine Oddie

Enkop Ai
Mein Leben mit dem Massai

Schon als Kind war die Australierin Catherine Oddie von Afrika fasziniert. 1989 erfüllt sie sich endlich ihren Traum und macht eine Safari in Südkenia.
Sie verliebt sich leidenschaftlich in das Land und seine Bewohner - und in den Massai-Krieger Robert. Ihr ganzes Leben verändert sich schlagartig: Sie läßt Karriere und Großstadtleben hinter sich, um bei den freundlichen, stolzen Massai in einer Lehmhütte zu leben. Sie lernt Sprache, Religion, Riten und Alltag des traditionsbewußtesten Massai-Stammes in Kenia kennen, bekommt eine eigene Hütte, eine Herde, einen neuen Namen und eine Pflegetochter, die fünfjährige Ndoondo. Catherine gelingt es, eine Brücke zwischen zwei Kulturen, wie sie unterschiedlicher nicht sein könnten, zu schlagen, nicht zuletzt, weil ihre neue Familie sie herzlich aufnimmt und ohne jedes Vorurteil integriert.

Mit zahlreichen Abbildungen

BASTEI
LÜBBE